JN065505

佐貫 浩 Hiroshi Sanuki

危機の時代に立ち向かう「共同」の教育

「表現」と「方法としての政治」で生きる場を切り拓く

旬報社

序

(1) 私たちが生きる「今日」という日の性格

今、私たちは、かつてない危機を含んだ歴史的時間を生きている。世界が二つに分断されて、戦争が拡大していくおそれの中で、日々を生きている。資源や食糧の確保が、この対立の中で重要な駆け引きの「戦略」となり、世界全体がこの武力対抗に巻き込まれつつある。

コロナ禍は、次々に遺伝子変異を獲得して猛威を振るうウイルスによって、その収束の見通しが立たないままに、経済的危機をも引き起こし、格差、貧困を拡大し、医療措置を受けられないままに放置されて命を失っていく悲惨な事態が引き起こされた。

地球温暖化は、気候危機を各地に引き起こしつつある。世界的、人類的規模の共同の対策が実行されない限り、二〇三〇年までに後戻りできない気候崩壊（ティッピング・ポイント――危機回避への後戻りが不可能な転換点）が到来する可能性が高まっている。戦争、コロナ禍、気候崩壊は、相互につながって、世界に膨大な難民移動や紛争を引き起し、命の危機を拡大しているのではないか。この危機の中で、強権的な政治を行う世界の大国が、自国の資源力や核兵器を含む軍事力を戦略的に行使して、独裁的な権力支配を維持するために排他的な国家戦略を行使するならば、世界の分断と対立はさらに深刻化するだろう。

今、人類史的な危機に対処する共同を立ち上げない限り、明日の希望を語れなくなっている。その共同の構築が一日でも遅れるならば、危機解決の希望は急速に遠のいていく。今、このような時代認識をもたなければならない。

(2) 認識と教育における乖離・分断

しかし、今述べたような認識は、子どもたちの間でも、また学校においても、いや社会においても、共有されていないように思われる。私たちの日々の生活意識と、降りかかってきている現実との間には、大きな乖離と分断がある。多くの人々にとって、危機は遠い未来のこと、日常と交わらないままに平行に進行するバーチャルな別世界のことのように感じられているようにも思われる。

日々の競争の規範と論理は、私たちの生きている時間と空間を強力に支配し、意味づけ、その中でのサバイバルのために、私たちや子どもたちの全エネルギーと注意力を吸い尽くしているかにすら思われる。そのサバイバル競争のリアリティーの前には、温暖化による気候崩壊や戦争の拡大などは、現実感のないものとなってしまう。

学校という空間は、今日では、競争世界として設計されている。社会や地球の危機など存在しないという前提の上で、巨大な資本の主導する生産と科学技術の開発競争の目的に沿って、それに応答する人材育成と科学技術開発のために学校が組織されている。そしてその競争の結果は、個人への富の配分の基準となり、格差・貧困も「自己責任」となる。

社会の危機との乖離・分断は、教育内容や学校文化にも深く組み込まれている。加えて、社会問題、ましてや危機を教材にしたり学習のテーマにすることは、「教育の中立性」を侵すという恫喝が繰り返されている。そのような圧力が習慣化してくるなかで、教師の間にも、「忖度」という構えにおいて、論争問題を避けようとする傾向が広まっている。

もう一つの乖離・分断がここに加わる。根本的に見れば、子どもが生きる世界の土台にある大人たちがつくる意識世界――教師も含んでの意識世界――は、子どもにとって最もリアルな現実である。その大人の意識世界は、子どもたちが何を考え、意識し、目的として生きていくのかを考える基盤である。その基盤を子どもたちに提供することにおいて、大人は、直面している危機をいかに受け止め、いかに対処すべきかを考え、どう行動するか――その「本音」――を、子どもに提示している。そして残念なことに、大人はその基盤において、事態と正対する構えを子どもに示すことに失敗しているのではないか。

社会の競争の論理が生み出す分断、学校という仕組みに組み込まれた分断、加えて大人世界が提供する意識基盤に組み込まれた分断という三重の分断、この三重のずらしによって、子どもたちの主体形成は、社会と世界の危機から分断され、切断されている。とするならば、この「分断」をいかに克服するかが、教育の重要な課題となる。

⑶「合意知」による人間の共同の力の回復

このような認識の乖離・分断の中に追いやられている子ども・若者の世界のもう一つの特徴は、自分の力を、そして人々が共同することの力を実感できないことではないか。

そこでは力とは、他者を支配する力であり、他者よりすぐれているという力の差として捉えられているのではないか。その力は孤立した力であり、いかんともしがたい社会の大きな流れの中で、他者より有利にサバイバルするための、孤立した個の力、そういう意味の競争力として把握されているように思われる。子どもたちは、学校という閉じられた競争世界の中で、そういう競争力を獲得しようと必死になり、「苦役」としての「勉強」に取り組んでいるのではないか。

そこでは、人々が共同することによって生み出すことができる巨大な力は認識されず、気づかれないままに終わる。自分の中にその共同を創る力が存在することもまた知ることなく日々を過ごしている。共同の力こそが、日々直面する困難や矛盾や理不尽を解決する力であること、自分を取り戻す力でもありそれが自分の中にあること、自分が生きている空間の中にその力を浮上させ働かせることができることに気づかないままに、無力さを嘆きつつ孤立した日々を生きさせられている。

それは一体どういう力なのか。それは、自分の中に日々湧き上がってくる人間的な思い――個の存在そのものから発せられる声――に結びついたものであり、その思いの表現によって社会へと突き出され現実化される力であり、他者にその思いを伝えるコミュニケーションを通して社会化される力であり、民主主義を介した合意によって社会の力として働く力である。

その力は、学校という世界では、あまり意識されないままに来ている。なぜか。それは学校で獲得すべき力が、先に述べた孤立して他者に対抗し、他者を上回る競争力だと捉えられていることと関係している。そして、そういう能力の形成のために必要な知は「正解知」だと考えられている。「正解知」とは、客観的な――すなわち個々人の価値判断からは独立して――「正解」が存在する知を指す。だからそれは個人の思いや願いや切実で主体的な判断とつながることなく、人間存在の「外」から「正解」が提示される知を意味する。科学的物理的な実験によって証明される科学と技術の知は基本的にこの「正解知」に属する。そしてその科学的な正しさが証明された膨大な知の習得が、人間に、子どもに、求められ、その達成度が人間の値打ちを計測する評価基準となる。しかし、ここで強調する人間の共同の力とは、個々の人間の思いや価値意識、判断、人間の人格的エネルギーから生み出され、紡ぎ出され、合意され、社会に働く知に支えられた、人間の共同の力のことである。その知は、表現を介して社会に出現し、民主主義を介して社会の力として組織され、社会を創り、世界を創り出していくことのできる知――それを「合意知」と呼ぶことにする――の力のことを指す。憲法に示されたような社会の正義の歴史的な到達点は、そういう「合意知」の結晶したものということができる。それらを社会のシステムを動かす力、正義の規範として具体化することで、私たちは、自分がよりよく生きる世界を創り出してきたということができる。

社会の現実がもたらす矛盾、困難、理不尽等々は、当事者の判断を超えて、その解決のための「正解」がすでに決まっている事態としてではなく、人々の判断や思いに依拠して、どうすれば良いのかの合意を再形成しなければならない事態として常に私たちに突きつけられてくる。意識的に生きるためには、この課題に主体的に立ち向かい、この「合意知」の世界を改めて発動させ、制度や日々の生活を組み替える方法と力を回復することが不可欠となる。

そういう方法と力を子どもたちに身につけさせるためには、ほとんど「正解知」で埋め尽くされてしまった学校の時間と空間に、「合意知」が機能する仕組みと学びの質を回復することが不可欠となっている。そのためには、学校の中に、表現、コミュニケーション、議論と論争、民主主義によって展開する学びを回復していくことが不可欠になる。

(4)「政治」とは何か——政治の歴史を振り返る

現代社会は、巨大なシステムとして構築されている。そのため、孤立した個の力は、ほとんど無力なものと実感されてしまう。しかし人類は、そういう事態に対して、人間の力が対処可能になるための仕組みを、「政治」の方法と仕組みとして創り出してきた。

もちろん、「政治」は最初からそういうものとして生み出されてきたということはできないかもしれない。意識的な制度としての政治は、人類社会に生み出されてきた階級支配の中で、支配階級が人々を支配するための仕組みとして創り出した制度といってよい。しかし長い階級社会の時代を経たあと、市民革命が展開され、人々に人権と参政権が保障されるようになり、議会制民主主義の仕組みを通して国民主権の意思を実現する民主主義の政治が実現されるに至った。それは同時に、国家という単位の内部においては、権力奪取をめぐる武力闘争を排し、民主主義の規範に従って政府を選び出すという「平和」の政治を実現することを可能にしたという意味で、平和についての人類史的な進歩であった。

その政治の方法が憲法によって規定されること――立憲主義の政治が開始されること――によって、国民は、国家という大きな単位において、民主主義に基づく「合意」による共同の力を自分たちの力として行使することができるようになったのである。いうまでもなくそれは政治という事柄についての一面に過ぎない。しかしそのことによって、「政治」は国民主権にたった合意の方法として機能させることができるようになったのであり、この政治のより高度な実現を目指すことが、社会の課題に立ち向かう基本的な方法、平和の方法となってきたのである。だから、戦争や環境危機やコロナ禍というようなまさに人類史的な課題に対処するためには、この政治が組織することができる人間の共同の方法、人類の共同の方法に依拠するほかないのである。

しかし、私たちは、先に見たようなほとんど時間の猶予がない危機の到来に対して、果たして、この共同のための政治の力を、自分たちの信頼できる力として、それに依拠して人類史的課題に対処しようとする構えを取ることができているのだろうか。危機の中で、政治が希望を生み出す機能を果たしているのだろうか。子どもにそのような政治の方法を伝えているのだろうか。

もちろん、いろいろな議論があることは承知している。しかし、政治という方法に依拠して巨大な共同を組織し、諸困難に対処するという人間の力を回復すること、そういう力を子どもたちに獲得させることが、教育の責務になっているのではないか。

(5) 政治とは何か——子どもが生きる方法としての政治

政治を、子どもの力として回復するという言い方は、政治を子どもたちの生活の外からもってきて、子どもの生きる方法に転化するというように聞こえるかもしれない。しかしそうではない。実は政治は、子どもたちの生活世界において、現にリアルな方法として、そしてある意味で子どもたちを不自由にする性格を帯びて、機能し続けている。

具体的にはいじめという支配の方法がまん延し、同調と忖度、強いものへの屈服、表現の自由の剝奪、自分の人間的思いの封印、ジェンダーによる差別、暴力による支配、等々を内容とするミクロ・ポリティクスが展開している。もちろん、それは事柄の一面である。子どもたちが生きている「親密圏」の生活世界においては、人格と人格の共感的な交わりの世界もまた展開している。個の尊厳を土台としたケアの関係もまた存在している。しかし現実には、その双方が入り交じった生活世界を——全体としては否定的な性格が支配的になった状況の中で——子どもたちは生きさせられている。

重要なことは、このような生活世界の中で、暴力や競争や孤立化させて力を奪い取るような政治の方法が、より有利にサバイバルするための基本となっていることである。もちろんそれを子どもたちが、「政治」として意識的に把握していることはほとんどない。しかしその体感された政治の方法を、実に巧みに、あるいは深く、あるいは打撃的に――人格を破壊するほどの打撃を伴って――行使し、あるいはその方法に支配されて生きている。そしてスキャンダルとともに子どもに伝達される大人の政治もまた、子どもたちが味わっている否定的なミクロ・ポリティクス世界と相通じるものとして受け止められているように思われる。だから、自分たちの中にある、本来の政治、民主主義を介して他者との共同を創り出すことによって自らをエンパワーすることができる「政治」に気づくことはほとんどない。その意味では子どもの意識においても、「政治」という方法の価値は忘れられている。

しかし、この、子どもに政治を否定的な姿において意識させ続けているミクロ・ポリティクス世界に対して、そこに正義を回復する意識的な取り組みが生まれるならば、ポジティブな「政治」が姿を現し、力強く立ち上がる可能性がある。それまでの不自由な生き方を克服する共同の力を組織する政治という方法――自治と共同の世界――が、子どもたちによって創り出される可能性がそこに開かれている。

その政治を起ち上げるためには、自分の思いを表現し、表現される人間的な思いへの共感を組織し、それらをコミュニケーションによって交流し合い、相互信頼の基盤の上での議論を介して「合意」を形成していく方法を実現すること、そのコミュニケーションを介して、不正義を不正義として排すること、正義を登場させることを共通の課題とした空間、公共性空間を自分たちが生きる場に創り出していくことが必要となる。そのために憲法は、人権を保障し、「思想・信条の自由」（第一九条）を保障し、真理探究の自由（第二三条「学問の自由」）を保障し、「表現の自由」（第二一条）を保障し、それを妨げる暴力の行使を禁じたのである。

とするならば、学校教育の大きな役割は、子どもが生きる世界に展開する矛盾に満ちたミクロ・ポリティクス世界を、正義のための共同を創り出す場、個の尊厳に立って生き方を切り拓いていく「方法としての政治」の世界、民主主義とコミュニケーションによって自分たちの生き方を切り拓いていく自治の世界として、回復・実現することではないか。それは深い苦悩と矛盾を抱えて孤立している子どもたちが、その困難に立ち向かうための方法を見いだし、自分と共同し平和の関係性の中で共に生きていくことのできる他者と出会い直すことを可能にする方法である。

(6)「教育的価値」としての「政治」という把握

私はその意味で、「政治」というものを「教育的価値」として把握する。それは別の言い方をすれば、人間の最も重要な基礎的能力として「政治」という人間の共同の方法を使いこなす能力を把握し、人間の成長、とりわけ人間の社会的主体化にとって、欠かせない発達目標として把握するということである。

戦後改革、その中心的な理念となった憲法・教育基本法（旧法、一九四七年法）は、憲法の民主主義と平和の理念の実現は、「**根本において教育の力にまつべきものである**」ことを宣言した。戦後において、多くの国民、そして教師の心に刻み込まれた戦争反対、再び戦争を引き起こしてはならないという強力な戦争反省は、子どもたちがこの思いを受け継ぎ、主権者として平和の政治の担い手になってくれることを期待し、教育的価値としての政治の力――自治、民主主義、表現に依拠して平和に向かう人間の共同をつくる力――を子どもたちに獲得させせようとした。

戦後保守政治は、多くの教師たちが、今述べた教育的価値としての政治の理念と方法を子どもたちに獲得させようとしてきた努力と試行錯誤を、偏向教育、教育の政治的中立性を侵すものとして抑圧、禁止しようとしてきた。しかし今、社会は、世界は、この「政治」という人間の共同の方法なくしては対処することができない局面に立たされている。

(7)「新自由主義」による「政治」の排除

もう一つの困難が私たちの前に立ちふさがっている。それは人々から、「政治」という方法を奪い取ろうとする、新自由主義の理念に立った国民支配の戦略である。

資本主義経済は、市場に作用する資本の論理を介して、社会を大きく展開・改造し、様々な矛盾をも生み出した。貧困、格差、失業、恐慌、植民地支配、帝国主義戦争、等々。そして政治はむしろそういう資本の論理を国民に強制する権力による国民支配として展開した。二度にわたる世界大戦となった帝国主義戦争はその極点というべきものであった。しかし一方で、人類は、民主主義政治、議会制民主主義の政治を立ち上げることを通して、社会のあり方を国民が自らの意思によって創り変えようとする仕組みを手にし、その機能を高めようとしてきた。戦後における福祉国家の世界的展開においては、政治は、経済世界への統治（規制）によって、資本の経済活動を統制し、資本の蓄積した巨大な富を、国民の人権と福祉、生存権実現のために再配分する機能をも担うようになっていった。主権者政治のさらなる発展によって、社会の諸矛盾を克服する強力な政治のイニシアチブが展開していくかに思われた。しかし事態は大きく一変した。

冷戦の終結、資本主義制度の世界化、グローバル世界市場の誕生という条件が一挙に展開する中で、国家の規制から離脱した巨大資本による世界競争が展開した。これらの巨大資本は、一国単位の規制を離脱して、低賃金、資本に負荷をかける福祉制度の解体、安価な資源の渉猟、資本への規制のない市場やタックス・ヘイブン等々を追求し、やがて蓄積した富と経済権力を行使して、国家をそのような条件を創り出す強権的権力として改造・掌握しはじめることとなった。一九八〇年代から、二〇〇〇年代にかけて、そのような国家権力が、世界各地に新自由主義政権として展開した。

新自由主義政権は、政治の民主主義を奪うことを通じて、国民主権の政治を次第に後退させ、人権と福祉の社会制度を後退させていった。不安定で劣悪な雇用制度が拡大し、「ワーキングプア」が大量に生み出される社会が到来した。人々の生存を等しく支える社会諸制度が解体され、生存のために必要な仕組みは、資本が市場で提供する商品を各自が自己責任で買い取る制度へと後退させられていった。貧困や貧困による生存の危機は自己責任化されるという社会が展開した。そしてその基盤の上に、コロナ禍が展開し、気候危機が拡大し、生存と命の危機が日常化する危機社会が出現しつつある。巨大な社会の富を、政治の民主主義によって生み出される共同の力で危機への対処に注ぎ込む方法が、この数十年間に大きく後退を余儀なくされてきたのである。その意味では新自由主義は、政治というもののもつ人間の共同を組織する力（主権者＝ホモ・ポリティクスとしての生き方を展開させる方法）を大きく後退させ、国民を資本が構築する巨大な競争市場で、「自己責任」でサバイバルする生き方（ホモ・エコノミクスとしての生き方）へ向かわせてきた。

ミシェル・フーコーが分析したように、新自由主義の政治は、そのような新自由主義的市場の規範にどう国民を同化するかという方法論を、国民統治の技術（「生政治」）として展開する。学校教育は、その最も重要な統治の方法を具体化する「場」となる。そのため、新自由主義の教育政策は、そのようなホモ・エコノミクスとしていかに競争社会でのサバイバル力を獲得するかという人間像を、徹底して教育現場に組み込みつつある。

(8) 教育をめぐる対決の構造

以上のように現代の人間のありさまをめぐる対抗を把握するとき、教育における対決の焦点は、グローバルな力をもった資本の目的を自らの目的として競争の中に生きようとする人間像を教育の目標の中心に据えるのか、それとも、私たちを覆いつつある社会と世界の持続と共同の危機に対して、人々の生存と安全と自由と平等と持続のための共同を創り出すことのできる主体的人間像を教育の目標の中心に据えるかにあるということができる。人間の共同の方法としての政治を、子どもが生きる場に、教育の場に、子どもの生きる方法の中に起ち上げることが課題となっている。

しかし、その視点から見るとき、今、教育政策が展開している学力政策、「資質・能力」形成政策は、子どもが生きる力と人格を子どもに獲得させるのではなく、財界や国家が求める人材力や人格特性を学力として獲得することを求めるものへと歪められつつあるように思われる。子どもがその尊厳を承認され、存在の固有性を実現することができるように働きかける教育ではなく、企業に売りこむことができる、国家の期待する人格特性をもつ、そういう「資質・能力」を備えた人間になることを求める教育へと傾斜しつつあるように思われる。そして、学力を「資質・能力」という質をもつものへと高めるために、学習過程に人格的な力を注ぎこむことを求められてきているように思われる。率直に言ってそこでは人格が学力を自己実現のために捉え意味づけるのではなく、学力形成のために人格が動員されているという逆転、いわば人格の手段化が生み出されつつあるのではないか。

表現や自治や民主主義や、加えて方法としての政治を、人間形成や人間の主体化にとって決定的に重要と考え、またそれらの方法的な価値規範や力量を発達上の教育的価値として位置づけ直したいと思うのは、何よりも、人格が学力を獲得して、他者、社会、世界、自然へと働きかけようとするときに、学力がもつべき生きて働く様態、方法として働く姿がそこにあると考えるからである。人格が、生きている場、生きている世界において主体となり、変革と創造の主体となるふるまい方が、そのような学力のありさまの中にあると考えるからである。

改めて指摘しておくが、それは、時の政治の対抗のどちらかの陣営に立って、その政治選択を教え込む（教化する）教育を主張することとは全く異なる。政治主義的に学力を規定しようとするものでもない。時の課題に対して、どういう政治選択をするかは、一人ひとりの選択に任されている。教育は直接その選択を押しつけるものであってはならない。共同の方法としての政治とは、そして教育的価値としての政治の力量（方法）とは、各自の選択に依拠しつつコミュニケーションを介して合意を形成していく方法であり、最も強力な意思を結集した共同を組織する方法にほかならない。それは他者を支配し、従属させ、他者の力を奪い、自らの目的を実現するためにその力を利用しようとする方法とは異なっている。一人ひとりの思いや考えを引き出し、コミュニケーションを介して人々の力を結び合わせ、一人ひとりの主体性を共同の中に結び合わせるものである。それは、共同のための人間の力量の形成として働く教育的価値としての政治、「方法としての政治」を、教育の中に意識的に組み込むことである。

本書は、以上のような論理を介して、現代に生きる人間にとって最も切実に求められる方法としての政治の力量、教育的価値として働く政治を、子ども・若者の中に取り戻す教育のあり方、学校のありさまを考え、提示しようとするものである。

目次

第3章　個を切り拓く方法として民主主義をとらえる——教育における民主主義の意味と役割……69

第4章　「方法としての平和」論再論——平和と表現・民主主義の関係を考える……86

第Ⅰ部

世界と子ども世界の平和の危機の中で

第1章

平和を回復するための思いをつなげあう場を教室の中に取り戻す

——ロシアのウクライナ侵略戦争の中で教育を考える

一　今学校と教室の中にこの戦争を議論する場をつくり出す

——ロシアの侵略を考える教育研究集会への呼びかけ（二〇二二年四月）

ロシアのウクライナへの軍事侵略が開始され、それを阻止する有効な方法が見つからないままに、自らの無力を思い知らされながら、それでも私たちは、なんとかこの事態を終わらせる道がないかと、日々思いあぐねている。人類が長い時間をかけて獲得してきたはずの、国家の戦争を終わらせるための仕組みも、有効に機能していない。高度に発達した情報システムが、戦争の無惨さ、人間の命を奪っていく理不尽さを、私たちに、また幼い子どもたちの心にも、容赦なく、リアルな映像を伴って、刻み込んでいく。

目の前に展開しているこの事態を、兵器を持たないことの無力さの証明であるかのように日本の憲法第九条は時代錯誤であるといい、日本の核保有、敵基地攻撃能力の保持、そしてそれらを公認する憲法の改正をという声が、いま噴出しつつある。一つの歴史的事件が、その時代に蓄積されつつあった不穏な動きを一挙に呼び出し、それまで想像もしなかったような新たな危険な時代の激流を引きだすかのような、そんな激変のただ中に私たちは今、引きだされつつある。

この危機をはらんだ今日の動きの中で、もし、私たちが、言葉を失ったかのように、送られてくる現実の圧倒的な映像の前で沈黙を続けるならば、時代変化の観衆とはなり得ても、その時代に立ち向かい、それを切り拓く主体となることはできない。

子どもたちもまた、圧倒的な軍事力によって演じられる攻防に、平和の声の無力を感じ、高度の武力武装こそが平和の保障であるという観念を強くしつつあるのかもしれない。なによりも、命の尊さを言う大人たちがそれを平和の方法で守り得ない無力さ、それを守る仕組みを未だに構築できていなかったのはなぜなのかと、私たちに問うているのではないか。

教育の場――学校や教室――では、事態の困難さ、戦争を止めさせられない無力感に圧倒されて、教師も沈黙を強いられてしまっているかにも思える。今、大人たちは、教師は、子どもに何を伝えるべきかの声を奪われてしまっているかに見える。しかし現実の進行に対して無言、無力のままでいていいのか。

つたなくてもかまわない。必要なことは平和を願う声を交わしあい、どうすればいいのかを話し合い、皆がこの事態をおかしいと思い、その解決を願って必死で考え、声を挙げ、できることなら行動したいと願っている——その思いで互いにつながり合う場を、教育の場に創り出すことが今求められているのではないか。それがこの非人間的な事態の展開の中で、人間の命を、平和を取り戻すための教育の基本の方法ではないか。

教育の場で、学校でそういう話し合いがもたれなければ、先生が何も話さなければ、子どもたちが一人ひとりさまざまな思いを抱きながら、互いになんとかして戦争を終わらせたいと願っていることすら知ることができないままに終わり、平和への希望をもつことができなくなるのではないか。その思いを結び合わせ、どうやってこの戦争を終わらせることができるのかを皆で考えること、皆がそれを考えているという平和のための共同の土台を目に見えるようにすることが求められているのではないか。今、一人ひとりの教師が、そして子どもたちが、どんな声を発し、どんな議論をしようとしているのか、その思いを交流する場を創り出すことを呼びかけたい。

二　ロシアのウクライナ侵略戦争を教育の中でどう学び語り合うか
──平和への希望と信頼をつくり出すために

（平和国際教育研究会・歴史教育者協議会・全国民主主義教育研究会
合同研究集会基調報告　二〇二二年六月一一日）

ロシアの侵略はすでに五カ月間にわたって継続されている。その悲惨な、非人道的で戦争犯罪と指摘される事態が、映像として世界に送り続けられている。残念ながらこの戦争を止める力が世界にも、国連にも、私たちにも不足していることは、無念というほかない。

⑴ 戦争の「世界化」

確かにこの戦争を、ある意味で客観的に、「冷静」に把握すべきことが多様に指摘されてきている。単に、ロシア・プーチンの国連憲章侵犯やその大ロシア主義、領土拡大主義批判だけではなく、帝政ロシアによる他民族支配、ナチスによるロシア侵略をめぐるウクライナの複雑な位置、ソ連形成とスターリン独裁による多大なウクライナの犠牲、さらにソ連崩壊後のウクライナ独立、オレンジ革命やマイダン革命、それに続くクリミア半島のロシア領への併合、ドネツク、ルガンスクのロシア系住民による独自国家樹立を目的とした内戦に近い状態等々、複雑な紛争状態の連続の中でロシアの軍事侵略を捉える必要がある。

またロシアを追い詰めるアメリカ・NATOの戦略が、二〇〇〇年以降かなり周到に実現されてきている経過も指摘されている。この機会にロシアの孤立を拡大し、疲弊させ、世界支配を有利に推進しようとするアメリカの戦略、さらにはその背後にある兵器産業の戦略も働いており、ウクライナのゼレンスキー大統領の徹底抗戦という激しい態度表明は、このアメリカ・NATO戦略を世界に支持させるパフォーマンスとして演じさせられているのではないかという危うさも指摘されている。そして世界はNATO対ロシアの対抗に沿って分断され、核使用をも含んだ世界を巻き込んだ戦争への展開の危機を高めている。

(2) ロシアの侵略戦争が世界と世界史を右にターンさせつつある

それとともに、このロシアの軍事攻撃が、歴史を大きく右旋回させる波となって、世界各地に影響を与えつつある。日本では、この間、一挙に日米安保体制と結合された軍事武装国家への変貌が組織されつつある。ロシア侵略という事態で軍事力強化へと傾斜しつつあるかに見える世論を背景に、日本の軍事費の対GDP比二%化（二倍化）、敵基地攻撃能力（「指揮統制機能」攻撃）の整備、核共有などの声が飛び交い、二〇二二年七月一〇日の参議院選挙では自民、公明、維新などの改憲勢力が憲法改正発議に必要な議会の三分の二を超えた。

すでに台湾をめぐる米中危機に備えて、沖縄の基地の拡張が進められている。二〇一四年の閣議決定、集団的自衛権の「承認」という解釈改憲の暴挙で、アメリカの危機と戦争は日本の安全の危機だという強引な論理が日本政府の論理となり、台湾をめぐる戦争勃発の有事には、日本の基地（特に沖縄の基地）は、アメリカの敵（戦争相手）は日本に戦争を仕掛ける敵という論理を介して、日本の自衛のための「敵基地攻撃」の軍事行動を開始するという体制が整備されつつある。ＮＨＫ「映像の世紀バタフライエフェクト――キューバ危機　世界が最も核戦争に近づいた日」（二〇二二年六月二七日放送）は、「キューバ危機」（一九六二年）で、日本の沖縄の核ミサイル基地にミサイル発射命令が送られ、発射命令を実行しようとしたが、命令のおかしさに気づいて確認すると、その命令が誤情報であったことが明らかになり、きわどい危機が回避されたという経過が紹介されている。

今、一挙にそういう危機をはらんだアメリカの世界軍事戦略に、日本も包摂されつつある。ロシア侵略という事態は、日本の政治も急旋回させ、世界を戦争と軍事対決へと方向転換させつつある。

(3) 今どこに岐路があるのか――国連憲章の「集団安全保障体制」の意味・その到達点

では、どのようにすれば良いのか。重要な分岐点は、この事態を、アメリカとＮＡＴＯの戦略の枠組みの中で対処するという方向にさらに傾斜し、両者の軍事的対決の継続・エスカレートに向かうのか、それとも、国連憲章の「〔国家による戦争〕の違法化」の論理に沿って対処する方向に向かい、この戦争を停止させ、大国による軍事力の行使を封じ込める強固な世界の仕組みの構築への道を切り拓いていくのかにある。

まず、その点に関わって、ロシアのウクライナへの侵略攻撃は、国際法に照らして、まったく違法なものとなっている。国際法学者の松井芳郎氏は、その問題点を次のような点で指摘している[1]。

第一に、これは明確な国連憲章第二条四項（武力行使禁止原則）への侵犯であること。それは、国際紛争に対処する「多国間主義」を否定した「単独行動主義」であり、国連憲章の理念に反する。

第二に、ロシアが承認した東部ロシア系二国（ドネツク、ルガンスク人民共和国）の要請に基づく集団的自衛権の行使（国連憲章第五一条の集団的自衛権）だというロシアの主張は、この二国は国際法上の国家という資格をもたず、ウクライナの二州であり、成り立たないこと。

第三に、ウクラウイナがNATO加盟に向かうことでロシアの安全が脅かされることを理由に挙げているが、ウクライナからのロシアへの武力攻撃の存在はロシア・プーチンも主張しておらず、したがって他国からの武力攻撃の存在によって初めて発動が可能となる自衛権の行使という論拠は成り立たないこと。

第四に、東部二州でのジェノサイドの犠牲者の保護という主張は、そのような事実が国際的に確認されていないこと。またジェノサイドへの対処として、ジェノサイド条約（一九五一年）は、国連の対処を前提としており、単独行動主義による対処を認めていない。

さらに、国連の安全保障理事会がロシアの拒否権行使で機能しないなか、国連緊急特別総会で、ロシアの侵略行為が圧倒的多数で批判され、その撤退が求められている。二〇二二年三月二日の緊急特別総会では「ウクライナに対する侵略」決議が一四一対五、棄権三五、投票不参加一二で採択され、三月二四日には「ウクライナ侵略の人道的危機」決議、四月七日には「ロシアの人権理事会理事国の資格の停止」が決議されている。これらの点で、今回のロシアの行為は、まさに国際法の基本原則を犯すものであり、ロシアはその侵略戦争を直ちに止めなければならないことは明白である。

その点で、国連憲章をもういちど読み直すことが不可欠になっている。国連憲章の「[国家による戦争]」の違法化」の規範は、人類が第一次世界大戦（死者数一六〇〇万人）、第二次世界大戦（死者数五〇〇〇万~八〇〇〇万人）という未曾有の悲劇を経て、到達したものである。

国連憲章の第一章第二条第四項は、「すべての加盟国は、その国際関係において、武力による威嚇又は武力の行使を、いかなる国の領土保全又は政治的独立に対するものも、また、国際連合の目的と両立しない他のいかなる方法によるものも慎まなければならない」と、[国家による戦争]を違法化した。そして、もしその「違法化された戦争」を開始する国家が出現した場合は、その国家に対して、他の国連加盟国すべてが一致して、平和的手段で、さらには一定の軍事的な力を行使して、その国を取り押さえる仕組みを提起した。

この国連憲章の提示する「集団安全保障体制」と、一部の国家が同盟を組んだ「集団的自衛権」の違いを正確に理解することが必要である。その決定的な違いは、「集団的自衛権」では、そのグループの国家が、他国からの軍事攻撃があったかどうかの判断を自分で行い、その攻撃への自衛権の発動だと宣言して軍事攻撃（戦争）を他国に対して発動することが国際法上可能になるのに対して、国連憲章の集団安全保障体制では、いかなる国家も自衛権を理由に他国への攻撃を開始することはできず――攻撃から国民の命を守る緊急の反撃を除いて――、ただ唯一、国連の決議によってのみ、戦争を開始した「国連憲章侵犯国家」に対して、平和的ないし軍事的制裁を、国連決議に従ってのみ行うことができるとする点にある。（補注）国連憲章は、個別国家の判断で、他国の行為を「侵略」と認定し、だから自衛権が発動できるとして軍事行動を個別国家の判断で発動する権利を、すべての国家から剝奪し、「国家による戦争」の違法化」を決定したのである。だからそれは国家行為としての戦争の開始・発動を一切認めないという規範である。集団的自衛権体制とは、とどのつまり、個別国家が戦争を開始する国家主権を持つという国家による戦争を不可避とする第一次世界大戦勃発時へ逆戻りする論理を含んでいるのである。

（補注）国連憲章は、相手国から侵略、武力攻撃があった場合、その国が、国民の命を守るために抵抗と反撃をする「自衛権」を第五一条で認めている。その「自衛権」は、「安全保障理事会が国際の平和及び安全の維持に必要な措置をとるまでの間」に限って許容している。しかし国連がその「攻撃」について国連憲章違反であると認識し、国連としてそれを停止させる決議をしたときには、それは、個別国家の自衛権の発動を超えて、国連による、国連憲章に基づく「国家による戦争の禁止」のための行為の一環となる。逆にそれが国連で「国連憲章違反」ではないと判断された場合にはその「自衛」は「自衛権」としては成立しなくなる。けれども国連憲章に個別国家の限定的な「自衛権」に止まらず、「集団的自衛権」がアメリカの提案によって書き込まれたことで、国連憲章は、攻撃を行ったとされる国家の行為が「侵略」であるかどうかを、国連の判断に先立って集団的自衛権を結んだ関係にある他国が判断する権利を与えることとなり、国連のみが、軍事力をも含むその攻撃国への制裁を決定し、それを実行する権利をもつという論理が大きく後退させられてきた。だから集団的自衛権を書き込んだことは国連憲章の「[国家による戦争]の違法化」の論理をかなり後退させてしまった。そのために、常任理事国の拒否権が行使されるときには、安全保障理事会が有効に機能し得ない下で、国際紛争や国家による侵略が、直ちに集団的自衛権の論理で、例えばＮＡＴＯの論理で対処されるという事態につながってしまうという大きな後退が生まれる可能性を組み込んでしまうこととなった。五一条はそういう矛盾を国連憲章に持ち込む規定となっている。(2)

そして、日本国憲法第九条の「戦争の放棄」、「軍隊の不保持」という選択は、その国連の仕組みに依拠して平和を実現しようとする歴史の最先端に立つ決断であった。日本国憲法は、「政府の行為によつて再び戦争の惨禍がおこることのないやうにすることを決意し……この憲法を確定する」と宣言し、「平和を愛する諸国民の公正と信義に信頼してわれらの安全と生存を保持しようと決意した」と述べ、「平和的生存権」(「平和のうちに生存する権利」憲法前文)を宣言した。そこに示されたのは、まさに国連憲章に合意された集団安全保障体制に依拠して日本の平和と独立を維持しようという英断であり、それゆえに日本は軍隊をもたない国のあり方を選ぶのだとし、二度と他国に侵略戦争を仕掛ける手段をもたない国家をつくるということを世界に宣誓したのである。

[国家による戦争]を違法化することで戦争を廃止することを、幾千万人の悲痛な死の経験を経て国連憲章として合意してきた歴史的到達点を、あらためて共有する必要がある。

確かに、冷戦の下で、米ソ両陣営に属する大国の安全保障理事会での拒否権の行使によって、世界の紛争や戦争に対して、国連として有効に対処できなくなっていった。しかし冷戦が終わった後、9・11テロ事件やイラクの侵略のときに、国連の決定なしに、国家の軍事力の発動をしてはならないということが、国連憲章の規範に則して世界世論になる新たな動向が生まれた。もしその時点で、国連憲章の「[国家による戦争」の違法化」が、強力な規範として、アメリカなどの個別判断での軍事力の発動を許さない力が組織されていたならば、国連憲章の「[国家による戦争」の違法化」の規範は、二一世紀の世界の平和をつくり出す新たな力として機能する方向へ進んでいたに違いない。しかしアメリカなどが、国連憲章を無視して、自国の判断で、イラク攻撃やアフガン戦争を開始したことによって、その新たな可能性が再び頓挫せざるを得なかったのである。

しかし、この国連憲章の到達点を無視して、再び国家の軍事力を、個別国家の判断で行使して、正義の国が不正義の国を押さえるという戦争による解決という方法に戻ることはけっしてできないし、そうしてはならない。核兵器を含むかつてない高度な軍事技術の展開の中で、多くの人の命を奪わない形で正義の軍事力が不正義の軍事力を圧倒するという保障はなくなっている。軍事大国が核兵器の使用をも辞さない構えをもつとき、もはや軍事力による解決はあり得ない。ただ世界の破壊と人命の膨大な剝奪、そして地球環境そのものの破壊のみが拡大されていくだろう。クライナの軍事的抵抗は続くとしても、戦争を終わらせる基本は、世界の世論であり、国連憲章の理念の現実化の他はない。

ベトナムへのアメリカの侵略戦争を追い詰めたのは世界の世論の力が大きかったことをあらためて思い起こす。そしてまたあのとき、多くの学生が声を挙げたことを思い起こす。今、学生の中で、そのような動きが生まれることを特に強く願う。

しかし、一体、この国連憲章の理念、論理、方法は、どれだけ正確に把握されているのか。先に述べたような国連の集団安全保障体制と集団的自衛権体制の違いを正確に捉えている大学生は、大人は、どれくらいいるのだろうかとあらためて考えてしまう。繰り返すが、国連憲章の「[国家による戦争]の違法化」の論理は、個別国家が国家間の紛争を解決する方法として武力による戦争を開始することを絶対に認めない(禁止する、放棄する)という規範なのである。それは、二一世紀において国家間の平和を実現する唯一の方向なのである。集団的自衛権の論理は、結局は、個別国家があれこれと理屈をつけて、自国の軍隊を、その国家利益の観点に立って他国へ発動するという、いわば第一次世界大戦時の個別国家の戦争発動を「自衛」と「集団的自衛」の論理によって国家主権として容認し、国家による戦争が全面化していった「国際秩序」に引き戻すものなのである。

(4) 戦争を手段とすることの非人間性、反人間性

ロシア侵略の様子が世界に報道され、「勇敢」に戦うウクライナを軍事的に支えようとする声が呼び起こされる面がある。しかし、戦争が長期化し、子どもや住民がミサイルで殺害される映像は、戦争そのものの残虐さ、非人間性、非合理性をますます明確に「実証」しつつある。その意味では、一人ひとりの人間の尊厳、命の尊さの論理から、人間の殺害を手段とする方法(戦争)によって国家間

の問題を決着させるという「国家による戦争の論理」それ自体を停止させる方向にこそ、事態解決の基本方向がある。

国際世界に、国家による戦争の違法化の規範を貫かせる強力な合意と仕組みが獲得されていたなら、ウクライナが武器による抵抗を捨てて、ロシアの武力攻撃を「無意味」なものにする「無抵抗の抵抗」を行い、国連と国際社会がそこに介入して、双方の命を犠牲にしない打開の道を選ぶという、戦争に拠らない解決が可能になったかもしれない。そのようなレベルの「戦争の放棄」が可能になる世界秩序の実現をこそ、私たちも世界も望んでいるのではないか。ロシア侵略の展開の中で、そのレベルに戦争の違法化を進めることが、世界史的な課題として提示されているのではないか。

(5) 教育の課題

大人たちが、そして教師も、五カ月もの間、戦争を止められないでおり、そのことに大人たちが怒りも無念も表明せず、なにも行動しようとせず、声を挙げようとせず、そして日々の「課題」を遂行することに追い立てられるままに、この戦争の継続されている毎日を日常として「平気」で生きている状態が続くならば、戦争を「廃絶」する声と努力が世界に満ち、継承すべき重要な到達点を生み出してきたこと、平和への願いが歴史を変えてきたこと、人類が依拠すべき変革の力とその方法が見えなくなってしまう。その力と到達点が、子どもたちの平和な未来をつくる拠点であること、子どもたちがそれを受け継ぐことが自分たちの世代の責務であると受け止めて危機の時代の主体へと成長していくことが困難となってしまうのではないか。この事態に対抗する大人の構えなしに、子どもたちを、非人間的な狂気ともいうべき事態にさらすことが、どれほど大きな衝撃と、不信と希望剝奪をもたらすのかについての深い想像力をもたなければならない。

この事態に対処するための原点は、大人（教師）と子ども、子ども同士がこの問題を話し合うこと、議論すること、大人の思いを知らせること、戦争を止めさせるにはどうすればよいのかを議論することにある。このような人類にとっての危機、そしてそれが子どもたちにも深く影響を与えている事態を学校で、教育の場で議論できないならば、学校は、教室は、子どもたちを、二一世紀の人類史的な危機の到来する時代に生きる主体者として育てること、人類への信頼と希望を抱かせることができなくなるのではないか。教師は、誰でも自分の声で、その一歩を切り拓くことができる。そのことをあらためて訴えたい。

（集会のタイトルをこの「基調報告」のタイトルとさせていただきました。）

三　声によって平和をつくる

――高校生平和ゼミとともに

（ドキュメンタリー映画『声をあげる高校生たち』完成披露試写会での発言

二〇二三年二月二三日）

高校生平和ゼミの勇気ある活動に、本当に私たち大人が励まされ、また今、大人はどうすべきかが問われていることをあらためて強く感じました。二つのことを話したいと思います。

(1)「表現」・「声」とは何か――「手紙は民主主義の最も重要な武器」、高校生平和ゼミの出発点

第一に、考えてみたいことは、この記録映画のタイトルにある「声」とは何か、「表現」とは何かという点です。

振り返ってみると、高校生平和ゼミナールの活動はその出発点から「声」を力とした運動であったと思います。その最初にあったのが、ノエル＝ベーカー卿との出会いでした。一九七七年原水禁世界大会に参加した外国人に安田女子高校社会科学研究部の生徒がインタビューしたところ、偶然にもノーベル平和賞を受賞したノエル＝ベーカー卿と出会い、平和のための手紙運動を高校生が開始しま

した。

ノエル＝ベーカー卿は、高校生に、総理大臣に原水禁大会に参加するよう手紙を出すことを提案し、「手紙、手紙、手紙です。たくさんの手紙を出すことです。郵便切手は民主主義の最も重要な武器です。」（Letters Letters Letters! The postage-stamp is the most important weapon of democracy!）と高校生に呼びかけていました[3]。

そうです、民主主義は「声」によって起ち上がるのです。「声」こそが民主主義をつくり出すのです。ハンナ・アーレントという思想家は、「言論」（表現・声）は人間としての存在を「現す」行為だといいました。そしてその「声」が表現される空間――アーレントはそれを表現によって人間が「出現（アピアランス）」する空間という意味で「出現（アピアランス）の空間」と呼んでいます――に本当の「政治」、平和の政治が起ち上がるといいました。その声が共感し合うところに、その「声」が求める人間の願いを実現する政治が生まれるといいました[4]。

今、私たちに求められているのは、平和ゼミの高校生と同じように、この「声」を出し合うことによって、平和を求める政治を世界中に起動させることなのです。

(2)「声」「表現」を抑圧するメカニズムを打ち破る

しかし日本社会に、また学校に、この「声」を抑圧する強い仕組みが張りめぐらされています。その負の性格を組み替えることが、戦争を終わらせるためにも不可欠になっています。

子どもたちは、自分の思いや願いを表現することができない状況の中におかれています。いじめの空間は、その空間の支配者へ同調するほかない表現抑圧の空間です。そこでは、人権や個の尊厳を求める声は封殺されています。ネットの「いいね」しか言えない世界もまた同調を強要する表現抑圧の空間です。子どもたちの世界に展開するこのようなミクロ・ポリティクスは、人権抑圧や暴力支配や差別をまるでゲームのように展開し、その中で生き延びるにはこの支配の力学に同調し、本当の自分を断念し、自分を封じ込めて（自分の中にある本当の人間を押し隠して）生きるほかない空間になっているのです。だから子どもたちが生きている場には、本当の自分、自分の中の人間が登場することができない社会空間が生まれてしまうのです。そうなると教室は生きにくい、生きられない空間になってしまうのです。

そのような「空間」は、論争を避ける空間となります。他者の考えていない事柄を持ち込んで議論することを避ける空間です。議論をして対立をその関係の中に持ち込むやっかいなことを避けたいと思う雰囲気によってそれは避けられ、いやがられてしまうのです。だから、「いいね」とか「そうだよ」とか言えない、あるいは笑いとして消費できない話題を持ち込むこと、議論が避けられない問題を持ち込むことは嫌がられ、避けられてしまいます。だから本当の人間的な思いや願いを感じても、それを「表現」し、「共感」し、議論することが拒否される空間が生まれているのです。だから戦争問題も貧困問題も環境危機も、体では感じていても、話題にできず、一緒に考えることができなくなっているのです。

今、私たちを覆っている困難、子どもたち、若者たちを襲っている困難を、人間としての感覚で受け止め、共感し、つながり、共同を生み出していくためには、この壁を打ち壊していく必要があります。平和ゼミの皆さんが感じている「しんどさ」や「勇気」がいるという感覚は、このような「声」を挙げることが背負う重い役割、「声」がもつ現実を切り拓く力の重さの結果にほかなりません。「勇気」が要るのは、「声」が民主主義を起ち上げ、平和の政治を起ち上げ、社会の抑圧構造に立ち向かうたたかいを背負っていることによるものなのです。「声」を挙げることが、社会が直面させられている課題と向かい合い、個の尊厳を支え合い、閉塞に追いやられようとしている社会を切り拓く行為としての意味をもっているのです。

そのことはまた、大人にも問われています。大人たちもまた、「声」を挙げることの重さを一緒に背負わなければなりません。

(3) 学校の学びのスタイルと「表現」の喪失

もう一つ考えてみたいことは、学校が表現を引き出す機能を大きく剥奪されているのではないかということです。もちろん、教室空間に組み込まれたミクロ・ポリティクスがその点で大きな障害となっていることは、今述べたとおりです。でもそれに止まらず、もう一つの問題を学校は抱えているのです。

それは学校で扱われる知が「正解知」だけになっているということです。「正解知」とは、科学などの方法で客観的真理であることが証明されている知のことを指します。比喩的に言えば、テストで正解のある知のことです。個々人がどう考えようと、そのことからは独立してこれが正しいと証明できる知識です。今の学校は、そういう「正解知」を伝達する空間に一面化されています。そういう「正解知」を獲得するためには民主主義も議論もほとんど必要がなく、教師が「正解知」を一方的に伝達することになります。だから子どもたちは「自分の考え」をつくり出す必要を感じないのです。また、本当に考える習慣を身につけられず、自分の考えや判断の力をつけられないままになっているのです。

しかし知には、「正解知」のように、科学技術を発展させ、社会の生産力を高めていく知のほかに、みんなが考えを持ち寄ってどうすればいいかを合意していくことで社会を発展させていく知があります。それを私は、「合意知」と呼んでいます。憲法的正義などは基本的にそういう「合意知」に属します。人権、平等、生存権保障などの社会的正義規範は、個々人の判断の「外」で、これが「正解」だとして決められた「正解知」ではあり得ないのです。社会問題や環境問題や平和の問題をどう解決していくかは、この「合意知」によるほかないのです。学校での学び、知の形成のおそらく半分ぐらいは、この「合意知」の形成という回路を不可欠とするのです。社会科や国語や家庭科や、あるいは環境問題や、道徳的価値の形成なども、この合意知を中心的に扱っているのです。合意知を扱うにはコミュニケーション、民主主義が不可欠です。「真理」や「正義」や「相互の人格的信頼」という規範を背負いつつ、応答責任を互いに担う議論とコミュニケーションが不可欠なのです。

ところが日本の学校の学びの空間に、この合意知を扱う場（公共性の空間）とプロセスがほとんど組み込まれていないのです。だからそもそも、社会問題や人間の共同性の課題にどう対処していくのかということを扱えない場になってしまっているのではないかと思うのです。もちろんそれは受験対応の学びに一面化していることと一体の関係にあります。

だから日本の学校の学びからは民主主義が起ち上がらない、社会問題を議論できない、子どもが自分の考えをつくることも求められない、表現によって自分がその関係性の中に「現れ」て生きる場をつくり変えていく主体となることもできない、自分が知（考え）をつくり出していく主体だという感覚も生まれないというような性格を深く背負わされてしまっているのです。

こういう日本の学校の性格、病理が、「声」を生み出すことを困難にし、子どもたちが主権者として自分たちが生きている空間に「現れる」ことを困難にしているのではないかと思うのです。平和ゼミの活動をしている皆さんの「声」を挙げることの「しんどさ」は、この学校の壁、民主主義を起ち上げない壁が、生み出しているのだと思うのです。

そう考えるならば、高校生平和ゼミの運動、そこで頑張っている若者を本当の意味で支えるためには、日本の学校の学びの質を組み替えることが不可欠になっているのではないかと思うのです。学校の学びの過程が民主主義を生み出し、「声」（表現）を力として生きる方法を獲得できるようにすることが求められているのだと思うのです。

(4)「戦前」の進行を押しとどめるために「声」を

タレントのタモリさんが黒柳徹子さんとの対話の中で今「新しい戦前」が生まれつつあるのではないかと述べたことが話題になっています。それは単なる杞憂ではなく、多くの事態が「新しい戦前」が生まれつつあるのではないかということを示しています。

第一には、ロシアのウクライナ侵略戦争が、次第に「世界化」しつつあり、世界がNATO対ロシアの対決に向かい、軍事力で相手を上回ることでこの戦争に決着をつけるという方向に動きつつあるように思われることです。食料やエネルギー資源がこの戦争で勝つための戦略に組み込まれて、食糧危機が急速に拡大し、温暖化に対処する世界の共同もまた急速に後退しつつあります。この戦争の「世界化」が世界戦争につながる可能性が生まれています。

第二に、第一次世界大戦の悲惨の反省によって国際連盟やパリ不戦条約などが生み出されたにもかかわらず、日本とドイツが国家による戦争を開始することで第二次世界大戦が始まりました。それと同じように、国連憲章で国家による戦争が違法化されたにもかかわらず、ロシアという大国が公然と国家による戦争を開始したことで、戦争の開始を阻止する世界の仕組みが機能不全に陥り、各国が国家による戦争の体制を強めつつあることです。

第三に、世界の軍拡がこの間一挙に進み、日本が五年で四三兆円を費やして世界第三位の軍事大国への道を歩み始めつつあることです。しかも国債の発行による軍事費補填という、戦争反省から絶対の禁じ手とされたことを反故にして、軍事費を調達しはじめています。

第四に、アメリカは先制攻撃と核攻撃態勢による世界への軍事支配システムを構築していますが、閣議決定による憲法第九条解釈の変更でアメリカの集団的自衛権体制に日本が組み込まれ、そのもとで「敵基地攻撃能力」の保持が開始され、アメリカの戦争が開始されれば日本がミサイルによる先制攻撃を「敵基地」に行うという仕組みが完成されつつあります。そのときには日本が真っ先に「敵」からのミサイル攻撃を受けることは確実になります。そういう形で米中軍事対立の中に日本が深く組み込まれつつあるのです。九条改憲はそのためのものです。

第五に、戦争は表現の自由、学問の自由の抑圧によって準備されてきました。それは戦争からの大きな教訓です。今、日本学術会議会員の任命拒否が、五人の候補について起こっています。重大な学問の自由の危機が訪れ、それを阻止できるかどうかが問われる事態になっています。

第六に大新聞やＮＨＫテレビなどが、こういう動きの危険性を批判しないだけでなく、「メディアにも防衛力の強化の必要性について理解が広がるようにする責任がある」（読売新聞社長山口寿一氏）、「南西諸島で基地の日米共同使用推進を」（船橋洋一朝日新聞元主筆）（「しんぶん赤旗」二〇二三年一月二六日による）などと、政府の危険な軍拡を擁護するような構えになってきていることです。国民世論が、内閣の戦争準備政策に同調するようにマスメディアが動きつつあるのです。

これらの動きは、「戦前」を次第にリアルな現実として顕現させせつつあるように思います。そのような「新たな戦前」の進行をストップさせることが今本当に重要な課題になっています。そしてその力は「声」を高めることです。声によって一人ひとりの願いを社会的な力へとより合わせること、声によって民主主義の政治を社会のいろいろなところから起ち上げること、声によって一人ひとりがもっている平和の力を「現す」ことが今求められています。

今、あらためて、教育が平和に向かうこの出発点に立ち戻る必要を感じます。出発点とは、学校・教室で、この戦争を話し合い、戦争をストップさせる願いを共有し合うことです。しかし学校・教室は、今、この危機と分断されつつあります。そこに公教育の危機があります。平和のための高度な教育技術やカリキュラムがあれば、その分断が克服できるということではないと思います。教師の、大人の平和への願いが新たな教育を創り出すという基本の力が弱まっていると思うのです。あえて言えば、私たちはこの問題を話さないことで、特に子どもの前で話さないことで、「無関心」を学校や教室の中に創り出しているのではないでしょうか。きつい言い方をすれば、平和への願いを断念しているかにも見えてしまう大人の姿を子どもの前にさらしているのではないでしょうか。「戦前」は事態に関与しない「無関心」で促進されていきます。「声」と「思い」を表現することが、事態に立ち向かう原点、教育の責務に取り組む基本ではないでしょうか。そのことが問われていると思います。

今日の集会で、高校生の平和ゼミの取り組みに本当に励まされました。あらためて、私たち一人ひとりが「声」を強めていきたいと思います。この集会（試写会）に参加くださいまして本当にありがとうございました。

注

（1）松井芳郎「多国間主義の危機――ウクライナ侵略と国際社会の進路」雑誌『世界』二〇二二年七月号、岩波書店。松井芳郎「ウクライナ危機と国際法の到達点」『前衛』日本共産党中央委員会、二〇二二年五月号。
（2）国連憲章の五一条の成立過程における集団的自衛権規定の挿入の経過とその問題点については、松井芳郎・森英樹著、自由法曹団大阪支部編『国際法・憲法と集団的自衛権』清風堂書店、二〇一五年、祖川武夫「第二章　集団的自衛権――いわゆるUS Formulaの論理的構造と現実的機能」『祖川武夫論文集「国際法と戦争違法化」』信山社、二〇〇四年、参照。
（3）松崎徹「高校生は未来に向って」、佐貫浩編著『生き方を創造する平和教育』一光社、一九八五年。
（4）ハンナ・アーレント、志水速雄訳『人間の条件』ちくま学芸文庫、一九九四年。

第2章

社会・世界・自らの生活世界を平和の方法でつくり出す

――主権者を「現れさせる」民主主義の空間をつくり出す

一　ロシア侵略による戦争の「世界化」

ロシアの武力侵攻を終わらせる見通しが立たないままに、ロシアの侵略がもう一年に近づきつつある。この戦争は、その犯罪性を地球規模に高め、戦争の世界化を引き起こしつつある。

ウクライナの住宅や学校、商業施設などにミサイルが無数に撃ち込まれる映像が繰り返し世界中の人々、子どもの目と心に送り続けられている。核兵器の使用も懸念される。国連憲章、人類が到達した「国家の戦争」の違法化の合意が踏みにじられ、大国が軍事力で他国を侵略するという、まるで一世紀前の第一次、第二次世界大戦に向かう戦前が復活したかに思われる事態が生まれている。

その中で、冷戦の産物・遺物のNATOが、グローバル世界でのアメリカの軍事覇権維持のために継続され、ロシアとＮＡＴＯの軍事的衝突へ展開し、冷戦構造が新たに展開しつつある。ウクライナのＮＡＴＯ加盟をちらつかせてロシアを挑発し、ＮＡＴＯの正当化と拡大を策すバイデン・アメリカ覇権主義の戦略が背後に見える。加えてＮＡＴＯ vs ロシアの軍事対決に、台湾問題での米中軍事対峙が重なり、世界の分断、覇権主義諸国家（ロシア＋中国 vs ＮＡＴＯ）による世界の争奪戦ともいうべき冷戦的対立が深まりつつある。また資源大国ロシアの戦争遂行戦略などで、世界中でエネルギー危機や途上国の食糧危機、飢餓が深刻化し、全世界を巻き込んだ資源争奪、食料争奪、そして経済の覇権をめぐる総力戦へと展開しつつある。そして、コロナと気候崩壊危機への共同対処が後退して必要な資金も軍事支出に回され、世界と地球の未来への無責任が広がりつつある。二〇三〇年を後戻り不可能な気候崩壊の連鎖（ティッピング・ポイント）阻止の期限とする人類史的気候危機への対処が、戦争の勃発で放棄されかねない危うい事態を迎えつつある。

日本でも、軍事的恫喝の飛び交うなか、岸田政権は、軍事費の対ＧＤＰ比二％への急拡大（五年間で四三兆円の大増額）を進め、日本がアメリカの対中国包囲網に集団的自衛権で組み込まれ、従来の日本政府が憲法第九条の解釈で否定してきた他国攻撃兵器保有を犯す「敵基地攻撃能力」の装備へと踏み出した。五年間で四兆円を費やしての基地「強靭化」――科学、生物、核兵器攻撃対応化――が目指されつつある。米中軍事衝突勃発時には日本の基地から中国の基地攻撃ミサイルが真っ先に発射され、それへの報復ミサイル攻撃で、日本が戦火のただ中に置かれる可能性が高まる新たな段階の日米軍事同盟が起動しつつある。ロシアの侵略戦争は、人々の意識を新たな軍拡競争へと向かわせ、国家主義、軍備拡大、排外的ナショナリズムを呼び出しつつある。

しかし、かつてないレベルに高度化した軍事技術の開発の下では、軍事力で正義が勝つ保障はどこにもない。ウクライナ国民の独立と命を守るたたかいの崇高さにもかかわらず、戦争という方法それ自体の理不尽と非人間性は、今や人類の理性に絶対的に反するものとなり、その理性の回復こそが人類に求められている。

「戦争の世界化」と言うとき、その「世界化」の様相はこれから展開すると考えがちだが、今その「世界化」が現実化しつつあると言うべきだろう。戦争に向けて社会が改変され、物事が軍事的対決の論理で判断され、人々がその仕組みを基準に選択を行うようになるなど、戦争体制と人間の思考が結びつき、その変化を人々が受け入れるようになっていく。今まさに、各所、各国で戦争の「世界化」が進行し、本格的な世界戦争に向かう「戦前」が姿を現しつつある。

二　この流れを止める力

しかし、この事態の出現は、決して偶然ではない。二〇世紀の末から世界を改変してきたグローバル資本の世界戦略と結合した新自由主義諸国家の世界の支配・争奪戦略、福祉と人権と民主主義の後退、格差・貧困の拡大、巨大資本への富の集中、グローバル情報資本による新たな世界改造とＩＣＴ支配、世界の資源と自然の大規模な掌握と開発の戦略がある。中国やロシアの軍事力拡大も、独裁的国家権力と一体化した巨大グローバル資本の世界戦略と結合している。

トマ・ピケティは、一九八〇年代以来、グローバル資本と新自由主義国家の展開による格差と分断の一貫した拡大があり、それが新たなナショナリズムと覇権主義を生み出していることを指摘し、「社会正義、格差の縮小、地球の保全という普遍的な価値観に基づく協力モデル」を人類がつくり出せるかどうかの岐路にあることを指摘する。[1] その意味で、新自由主義国家と巨大グローバル資本が世界を改造する地球史上最強の財力と権力を掌握した状況下で、コロナ危機、地球環境崩壊の危機、そして「戦争の世界化」が連鎖して展開することで、人類史上最も深い危機を招き寄せつつある。この新自由主義の権力は、自らに集積した巨大な富をこの危機に立ち向かうために支出する意思をもたない。むしろこの危機をショック・ドクトリンの手法で、[2] 自己の利潤を巨大化する好機として利用する。私たちはこのような世界の構造と危機の本質を鋭く読み解かなければならない。世界の平和の回復は、新自由主義の本質の把握、その克服のたたかいと結びつかなければならない。

このような危機の中で、日本社会が次のような形で、今と異なった戦後を創り出し得ていたならば発揮できたであろう世界の危機打開へのイニシアチブを考えずには（空想せずには）いられない。

第一に、国連憲章の「国家による戦争の違法化」の規範に依拠して、第九条を憲法に定め、武力による国家間紛争の解決を放棄し、戦後に他国への戦争を一度も行なわず、軍事費を廃し、九条を各国憲法のモデルへと押し上げた日本が、国連憲章の「国家の戦争の違法化」の現実的な効果とリアリティーを世界に立証したこと。

第二に、ドイツとならびアジア・太平洋戦争、植民地支配への根底的な反省を表明し、東アジアの平和のための日本、中国、朝鮮・韓国の共同を高めることに大きく貢献したこと。そして、核兵器禁止条約と世界の非核化を推進し、平和のシステムを東アジアに構築するイニシアチブを発揮したこと。

第三に、原発を廃止し、新たな科学技術開発で再エネによるエネルギー自給一〇〇％を達成し、石油・石炭・天然ガスの消費による地球温暖化を克服する再エネモデルを日本が現実化させたこと。

第四に、食料自給を一〇〇％超に改善し、日本の地域を再活性化し、食糧飢餓の国へ大量に援助し、世界の水や土地の持続的な利用に大きな貢献をしたこと。

第五に、日本国憲法と立憲主義の下、社会問題解決に向けて、国民が主権者となる民主主義と自由のモデルを切り拓き、医療保障、生存権保障、教育費無償などで、北欧諸国と並んで世界の模範となる仕組みをつくり出したこと。

それらは空想なのだろうか。しかし今人類が直面する危機はそういう日本をつくり出さなければ対処できない。そのためにも直面する危機を、日本の根本的転換へ繋げなければならない。

三　「意味化」の困難と子どもの認識における「分断・乖離」

ロシアの侵略・破壊戦争の継続が一年を過ぎようとしている。日本の教育現場でもどうすればよいのかの迷いや見通しのなさによって、教育でどう取り組めばよいのか、平和への見通しを子どもにどう語ればよいのかについて次のような困難が生まれている。

(1) 教育の場での戸惑いと困難

①子どもは、報道される理不尽で悲惨な現実への何らかの思いを、教室、学校、生活の中でもちつつ生きている。でも、それが自然に話題に上がり、教室で、また教師とも話になるという関係が生まれない。子どもの思いが学校や教室の話題や学習の課題と乖離したまま、教育が、危機迫る世界の不安にさらされて生きる子どもの課題に取り組むことができないままになっている。

②教室が「正解」を教える場になり、「正解」がない問題を話せなくなっている。教師もなかなか「正解」が見いだせない中で、どう伝えれば良いかに迷い、教室にこの話題をもち出せないでいる。

③複雑な問題なので、歴史研究者、歴史教育者の専門性がないと教えられないと考え、授業を組み立てられなくなっている。

④子どもの「戦争をなぜするの、なぜやめないの」という疑問、思いや声の広がりが平和に向かう積極的な意味をもち、世界を動かす人間の理性の現れ、また学習の契機として働くことに確信がもてず、子どもの願いに依拠して議論する見通しをもてなくなっている。

⑤どこまで「ロシア批判」や戦争の原因や問題点を教師が指摘してよいのか難しい。教育の本質から求められる教育の課題と方法がつかみきれず、また偏向教育攻撃を受けないかと、不安がある。

(2) この戦争の「意味化」の課題――その困難

その問題を考えるうえで「意味化」という視点を検討してみたい。

ここで言う「意味化」というキー的概念は、平和教育や政治教育で、子どもがそこで学んだ情報や実態をどれだけ自分自身の認識の中で意味あるものとして主体的に処理できるかということを指す。その教材や現実は、この子どもが今生きるうえで、世界を知るうえで、人間を知るうえで、どんな意味をもつのか、どんなことに役に立つのか、戦争という悲惨な事実を学ぶとしても、そのことは今子どもの認識に、子どもの生き方に、考え方にどんな積極的な意味を付け加え、そのことで子どもの生きる世界がどのように切り拓かれるかという視点から、教育実践と教材の価値、積極的な意味を考えるということである。

しかし大きな歴史の流れの中で、現に展開している戦争を意味化するという作業は、教師（大人）にとっても本当に困難な課題である。アジア・太平洋戦争（そのときの日本人の認識としては聖戦としての大東亜戦争）を当時において侵略戦争と把握することは、ほとんど不可能であり、日本人は戦後における痛恨の反省を余儀なくされた。

ロシアの侵略戦争、戦争の「世界化」の進行を、現代史の中でどう意味化できるかは、日本人にも、世界にも、相当に困難な課題となっている。しかしその難しい歴史的判断に失敗するならば、私たちは危うい歴史選択の道、新たな「戦前」の道を歩み始める可能性がある。教育において、この戦争をいかに語り、議論し合うことができるのかの戸惑いと困難は、現時点で私たちが立たされている岐路の重大さ、困難性と結びついている。そのための深い考察と議論に取り組まなければならない。

(3) 子どもの認識と社会・世界現実の分断

加えて、もう一つの困難がある。私たちがウクライナ戦争の継続の中で平和教育に取り組もうとしても、この危機を受け止める認識が、子どもになかなか立ち上がってこないという問題である。子どもたちの日々の生活を支配する意識・認識と、危機にある社会・世界現実との間には、大きな乖離と分断がある。

第一の乖離と分断は、子どもたちが競争の規範の中に生きさせられ、未来への希望(と絶望)は「自己責任」努力による競争の結果で配分されていくという状況があり、そのリアリティーが、世界が発する情報のうちの競争のメッセージしか受信できない偏光フィルターとなり、閉じられた狭小な意識構造を創り出していることにある。温暖化による気候危機や戦争などは、自分の生活や未来と交わらない仮想世界(バーチャル・リアリティー)の出来事と思えてしまっているのではないか。

第二の乖離と分断は学校の教育内容、子どもたちに与えられている学習の課題、テーマに組み込まれている。学校教育内容は競争をあおっても、社会が直面する危機に対処する人類の知恵を探求しているのだという切実な学習の目的や関心を提示していない。加えてその乖離は、社会問題や気候危機の学習が「教育の中立性」を侵すという恫喝でさらに拡大させられている。

第三の乖離・分断が加わる。大人と教師の意識は、子どもの意識形成を促す最も重要な基盤である。しかし肝心のその基盤で、大人や教師はそんなことはそれほど気にしなくても生きていけるよという本音を子どもに漏らしている。大人の本音の部分で、子どもに気候危機や戦争の危機に立ち向かう連帯を呼びかけることに失敗しているのではないか。危機＝岐路の時代に対処する大人の格闘の弱さ、真剣性の不足が、子どもを動かす力を奪っているのではないか。

この三重の乖離と分断で、子どもたちは、世界の危機にどう立ち向かいどんな日本をつくるべきかに関心が及ばないところに置かれている。この分断の克服が不可欠の課題となっている。

四　平和のための「政治」を起ち上げる
——平和の方法と力の三つの階層

さらにもう一つ教育において忘れられている——いや、あえて言えば、現代の学校教育が子どもに隠している——ことがある。それは人間の最も強力な力は共同の中にあり、その力こそが人間の、さらに主権者としての力の中心であり、それを組織する方法が政治だという真実である。そして平和教育とは、単に自分が暴力を行使しないということに止まらず、生活や社会や世界の暴力を取り押さえ、平和的な方法で問題を解決していく政治の方法を子どもたちに獲得させていく教育だということを明確に把握しきれていないのではないか。また子どもたちにそのメッセージを送ることに平和教育や学校教育が成功していないのではないか。

しかしじつは、政治は、逆に、子どもたちの生活世界のリアルな方法として、ある意味で子どもたちを不自由にする方法として機能している。いじめの方法が蔓延し、同調と忖度、強者への屈服、表現の自由の剝奪、人間的な思いの封印、ジェンダー差別、暴力支配等々のミクロ・ポリティクスが展開している。この政治の方法が、生活世界でのサバイバル方法の基本となっている。子どもたちはじつに巧みに、また人格を破壊されるほどの打撃を伴って政治の方法を身体に刻み、支配ゲームを生きている。だから、他者との共同を創り出し、自らをエンパワーする政治の方法にほとんど気づかない。

しかしそこに正義を回復する意識的な取り組みが組織されるとき、ポジティブな政治が一挙に獲得され、今までの不自由な生き方を克服する共同の方法が子どものものとなる可能性がある。それは自分の思いを表現し、他者の共感を引き出し、コミュニケーションによって議論し、合意を形成し、共同の世界を創り出すことである。それは政治という平和の方法である。

この事態の中で、子どもが、平和を自分の生き方と社会のありようの双方を貫く価値と捉え、生きる方法としての政治を実現していくためには、平和と政治の概念、その構造を三つの階層において捉えなおすことが必要となるだろう。

第一は、一人ひとりが生きる生活方法としての「平和」を発見・獲得することである「生活の中の平和の政治の実現」。第二は、政治を国家内における平和の最も重要な方法として実践すること——主権者となること——である〔国家のレベルにおける平和の政治の実現〕。第三は、国家間の平和を実現する方法と見通しを獲得することである〔「国家による戦争」を取り押さえる平和の世界政治〕。

(1) 第一の階層——生活の中での表現と民主主義と平和の政治

子どもたちは生活の中での「平和的生存権」を実現し、暴力や理不尽な圧力におびえないで生きられるようになる見通しをもてているのだろうか。いじめの力学に囚われている状況下では、暴力におびえ、自由を奪われているという感覚が相当に広がっているのではないか。

じつは平和とは、自分の力への確信、特に自分がもつ「表現」の力への確信と結びついて、はじめてしっかりした概念やイメージとして組み立てることができるものである。平和とは争いのないことなのではない。社会に矛盾があり、差別があり、非人間的な格差があり、また自己の排他的な利益を押し通すものがいる限り、その事態を我慢して受容して文句を言わないことが「平和」なのではない。民主主義とは、暴力（物理的な力、軍事力、武器）ではなく、表現と議論によって争う方法であり、争いの平和的な方法にほかならない。暴力による争いの状態を戦争とするならば、それの反対概念としての「平和」は、平和的な争いの方法が実現されている状態のことにほかならない。そして現代、私たちには、言論（表現）と民主主義という方法——平和的な方法——で理不尽とたたかうことが権利として保障されている。私はそれを「方法としての平和」という概念として提起してきた。

しかし、多くの子どもは、この平和の方法に不当な暴力を打ち負かす力があると思えず、自分の直面している困難を克服するために表現や民主主義が役に立つと確信できないでいる。それはこの「方法としての平和」が、子どもたちの生きる方法として機能していないからである。平和の方法を担う表現は、その表現の真実を守り実現させようとするたたかいを組織しなければ、力として機能しない。民主主義とは、襲いかかってくる暴力よりも大きな暴力で対抗する方法ではなく、表現が人を動かす力によって暴力をもとり押さえる方法である。そのために必要なことは、言葉が、投げかけられる他者の中に、その言葉の真実に応答する主体を立ち上げることが必要となる。応答責任を背負うとは、そういう公共性空間の規範を自らも引き受け、表現とコミュニケーションで真理や正義や合意の探求を可能にする議論空間——平和の方法が機能する空間——を創り出し、そこに参加することを意味する。それは教室生活における民主主義であり、その民主主義は生きる場の平和の政治の方法となる。教育（実践）が平和に対して負う第一の責任は、教室をそういう公共性空間、子どもの表現が力をもつ平和の場として創り出すこと、その平和の力で子どもたちが主体として生きていくことのできる学校・教室空間を創り出すことにある。

(2) 第二の階層——国家政治における平和

市民革命は、基本的人権を保障すること、そして暴力の行使を排して一人ひとりが対等の権利をもって主権者として意見を表明し、コミュニケーションと民主主義の方法によって社会のありよう、問題の解決、国家のありよう、その変革を決定していく制度——平和の方法——を政治の仕組みとしてつくり出してきた。人類は、市民革命によってはじめて、国家の政治を、国家の内部における平和を実現する方法として確立したのである。この民主主義の基本が達成されていない国家では、いまだに政権争奪の内戦が展開している。

人権の保障は、平和という方法によって自らの考えを主張し、民主主義を介して、平和的に、社会と国家のありようを決定していく一人ひとりの権利と力を実現するために合意されてきた。しかし、その合意を維持し高めるためには、その土台に、第一の階層において、平和の方法が自らの力の最も人間的かつ強力な発揮の方法であるという経験と確信を豊かに蓄積していかなければならない。

しかし、現代社会の仕組み、取り分けて新自由主義の社会規範は、競争と自己責任による孤立・分断の生き方を選び取らせ、自分たちの生き方を拘束している社会の矛盾を対象化しそれを民主主義の方法でつくり変える共同を組織する政治の方法を忘れさせ、奪い取ろうとする。そのとき、人は社会をつくっていく力と方法を奪われた状態に追いやられ、政治への無関心か、扇動され操作される「受動的大衆」化するか、方法をもたない怒りの爆発か、排外的なナショナリズムに同化されて国家の軍事力の強化を自己の力の増大と感じるか、等々の方向へ向かわされる。その行動様式は、ナショナリズムにあおられ、国家の軍事力、その発動としての戦争によって強者がサバイバルする世界像と共振し合うものとなるだろう。

(3) 第三の階層——国家間の平和の方法

国家間の平和の論理は、一国内における平和の論理のそのままの延長として展開していくことは難しかった。第一次世界大戦までは、戦争を行うことは国家主権の中心にあった。しかしそれが世界大戦を引き起こし、国家が戦争する「主権」を剝奪しなければならないとする動きが高まっていった。そして国際連盟の結成、一九二八年のパリ不戦条約、さらに第二次世界大戦の惨禍を経ての国連憲章の締結によって、国家間の平和の論理が「国家による戦争の違法化」としてようやく締結されることとなった。ロシアのウクライナ侵略は、世界平和のためにこの規範をいかに強化するかが決定的かつ緊急の課題として提起されていることを示した。

この三つの平和の階層は、人類が悲願としてきた「平和的生存権」「平和のうちに生存する権利」(日本国憲法前文)を人が生きる全領域で実現するための不可欠な構造となっている。私たちも子どもたちも、この平和の構造をいかに維持し、高め、平和を自らの生活の中に、そして国家の中に、そして世界に実現していくのかの見通しをもたなければならない。そして平和こそが、人々の力を結び合わせ、国々の力を結び合わせ、困難に立ち向かっていく共同を生み出す最も根本的な条件であることを改めて認識しなければならない。

この大きな人類史的な平和への道を、人類が歩みつつあることを、子どもとともにしっかりと学び、これからを生きるための「方法としての平和」を、そのための生活の場の自治を、そのための政治を、子どもに捉えさせたい。その中で、ロシアの侵略が人類に対して果たしている歴史逆行の犯罪的な本質は、子どもたちにも理解されていくだろう。

五　民主主義は主権者を「現れさせる空間」

では、政治の主体としての主権者はどのようにして育つのか。教育で人は主権者に成長するのか。権利意識がないから、その要求をもてる教育がなければ主権者は出現しないというのだろうか。しかし、あえて言えば、子どもは、存在しているだけですでに主権者なのではないか。

それは単なる言葉遊びではない。人は情動や感情をもたないで、また外界に対する能動性をもたないで生きることはできない。さらに共同的存在である人間は、生きている関係の中で自己の存在を実現しようと意識しているという意味で、尊厳と権利の主体として生きることを求めている。しかし現在の社会は、その主権者性を実現することに失敗しているのではないか。ハンナ・アーレント風に言えば、主権者性の実現のためには、その関係的空間が主権者性を「出現」させる質をもっているかが問われる。主権者性が現われないという否定的な事態は、子ども自身の責任や弱さではなく、その「出現（アピアランス）の空間」の喪失が原因なのではないか。「出現の空間」は、人々が言論と活動の様式をもって生きようとしているところに必ず生まれる。[3] 主権者性を育てる教育の場に「出現の空間」を創り出さなければならない。

しかし、教育（授業、教室、学校空間）が一人ひとりを主権者として現れさせることに大きく失敗している。第一の理由は、「現れる」べき自己をケアし、その個に共感し、その尊厳を引き出す指導の弱さ、第二に、「現れる」ことを抑圧する力学、表現の抑圧、暴力による人格支配、孤立と同調、自由の剝奪の力学に満ちていること、第三に、自己の弱さを自己責任とし、自己の思いを「隠す」ように仕向けるイデオロギー空間、第四に、知識の教え込みの方法が支配的で、自己を「現す」方法を育てる技においてじつに貧しい教育にある。

それは結局、子どもたちが生き、学ぶ空間の民主主義の問題に帰着する。民主主義とは単に他者を何らかの指標で対等・平等に扱うことに止まるのではない。一人ひとりをその取り結ぶ他者との関係の中、すなわち生きる場に主体として「出現」させる理念と方法を指すものと捉える必要がある。主権者教育の困難は、子どもたちが主権者になろうとしないからではなく、主権者が現れることができる空間の論理・性格、民主主義の空間が奪われているからではないか。

政治は子どもが他者と共同的に生きる場に不可欠なものである。自己の思いを表現し、他者に伝え、共感しあい、議論し、共に生きることを求める民主主義が働くとき、そこに「出現の空間」が生まれ、「自分自身のリアリティー、自分自身のアイデンティティ」が「樹立」され、「自分をはっきりと際立たせ、完全に存在させる」ことができるのである。[4]「出現の空間」に政治が立ち上がり、生きる場の主権者が現れるのである。そのとき一人ひとりは、生きる世界の矛盾や困難や課題性を感受し、それに応答して主体的に生き、成長する道を選び取るだろう。

分断を超え、世界の危機を感受する子どもの関心、社会的歴史的主体としての力量は、子どもがその鋭い感覚で人格の奥底に感受している現代の矛盾を捉える感覚と願いを、民主主義の空間に「現れさせる」方法によって獲得されるのではないか。

六　今こそ転換の好機(とき)――私たちの目標はどこにあるか

最後に、今直面する現実をいかに意味化するべきなのかを考えよう。

第一に、何よりも今日、戦争に勝つものが正義であるなどという論理は絶対に成り立たないということである。ウクライナの子ども、市民が、住宅で、商店で、病院で、空からの突然のミサイル攻撃で命を奪われるというような戦争犯罪を、世界の声で包囲するということである。国連憲章は、国家が軍事力で自らの主張を通すことを絶対的に禁止した(「国家の戦争の違法化」)。人類が七〇年以上も前に合意した到達点を後退させることは絶対に許されない。それを圧倒的な声にすることが、進歩と平和のために欠かせない。

第二に、今、このウクライナ侵略戦争の「戦後」をいかに創り出すかが問われている。ＮＡＴＯとロシアの戦争で、たとえばＮＡＴＯが勝ったという形でこの戦争が総括されるならば、世界は軍事的対決の構図をさらに強め、軍拡が正当化され、日本も「敵基地攻撃能力」が不可欠だといっそうの弾みがつき、とてつもない軍拡に向かうだろう。それは新たな軍事的対決に世界を巻き込むだろう。なんとしても国家の戦争の違法化を決定した国連憲章が、もう一段高い世界の合意点となり、それを犯すことが世界の大国にも不可能になる国際的合意を創り出すことである。

第三に、人類に未曾有の気候崩壊の危機、コロナ危機、飢餓や貧困による地域、民族、国家の危機が迫っている。戦争をしている余裕はまったくない。膨大な軍事費を、すべてこれらの危機の克服に回す英断が国家と人類に求められているときである。そのための共同をいかに創り出すかが問われている。それができなければ、危機は国家間対立をさらに深め、紛争と戦争が拡大するだろう。危機の進行を前にしながら、国家の利己的なサバイバルのための戦争に国家の財力と国民の命を投入するというおろかな選択をするのか、共同を可能にする相互理解、歴史への反省、過去への賠償、差別の禁止、一人も取り残さない新たな人間の尊厳と共同の秩序を創り出すという課題に向かうのかが問われているのである。

第四に、ロシアの暴挙を取り押さえるためにも、今こそ、再生可能エネルギーへの転換、食料自給率の飛躍的な改善、核兵器禁止条約の合意の達成が取り組まれなければならない。戦争は最も野蛮かつ破壊的な温暖化ガスの排出行為でもある。気候危機とロシアの戦争を取り押さえることは、深く結びついている。

今私たちが直面する事態の意味をこのように把握することにより、今いかに考え行動するかを選び取っていくような議論の場を、教育の中につくり出す必要がある。危機に対応した人類的理性の回復と共有こそが、今私たちの共通の目標とならなければならない。

注

（1）トマ・ピケティ、山本知子他訳『来たれ、新たな社会主義』みすず書房、二〇二二年、一七頁。

（2）ナオミ・クライン、幾島幸子・村上由見子訳『ショック・ドクトリン――惨事便乗型資本主義の正体を暴く上・下』岩波書店、二〇一一年。

（3）ハンナ・アーレント、志水速雄訳『人間の条件』ちくま学芸文庫、一九九四年、三二〇－三二一頁。

（4）同右、三三一頁。

第3章

個を切り拓く方法として民主主義をとらえる

──教育における民主主義の意味と役割

民主主義は、近代から現代の日本社会で、進歩的で変革的な規範理念として闘い取られてきた。とりわけて、二〇〇〇万人ともいわれるアジア諸国の民衆と三一〇万人の日本人の命を奪った日本の侵略戦争への反省は、戦後の民主主義の実現を求める強い要求と広範なたたかいを生み出した。この章では、私自身の民主主義の理念と方法への接近の過程を振り返ることで、教育における民主主義の意味と役割を検討したい。

私は一九四六年生まれで、戦後民主主義の展開と共に成長した世代であるが、民主主義という言葉を一九六五年に大学に入るまでに意識したことはなかった。戦後民主主義の雰囲気が、私の身体感覚に刻まれてきたと思うが、勤評闘争や安保闘争もまったく無縁だった。

一　「闘争」の方法としての多数決民主主義

一九六五年に大学入学し、はじめてベトナム戦争反対のデモを見てから一年半ほど経て学生運動に参加した。学生自治会の選挙などに関与する中で、はじめて民主主義を意識した。それは選挙で勝たねば自分たちの押す候補を当選させられないという選挙の方法としての単純な多数決民主主義であった。当時レーニンの『民主主義革命における社会民主党の二つの戦術』[1]をていねいに抜き書きしながら読んだ記憶があるが、労働者・農民の階級的な同盟による革命権力の樹立の方法として捉えたレーニン的な民主主義理解は、当時の私の感覚にあったものだったという印象がある。労働者階級＝歴史変革の主体が多数を占め、その多数者の意思を民主主義を通して革命権力の樹立につなげ、社会の民主主義的変革を通して社会主義に至るという、多数者である労働者・農民の階級支配の方法としての民主主義ともいえるものであった。私の理解も機械的かつ一面的であり、相当危ういものであったと思われるのだが、自分（たち）は正しいものの側に立っているのだという証明抜きの確信が伴っていたように思う。

一方、東大闘争（一九六八－六九年）などの大学闘争の中では、民主主義が暴力と平和を分けるという強烈な体験をした。大学の封鎖を進めていった一部グループ（全共闘派――全学共闘会議派）は、この多数決民主主義に「敗北」したとき、自己の信念を暴力に依拠して主張して良いのだという暴力への越境をし、それは赤軍派のテロリズムや浅間山荘事件の内部テロへと繋がった。闘いが平和的であるためには、運動は民主主義の規範で自己規律されなければならないことを痛感した。しかし率直に振り返るならば、自分が「多数者」の中にいるという優越的な位置にあって、多数者が自分たちの考えの正当性を主張し他者に及ぼす方法として民主主義を捉えていたという側面があったように思う。だから少数者の権利を実現する方法、少数者の声や考えを意味あるものとして議論の場に登場させる方法としての民主主義というような把握はほとんど意識することはなかったように思う。

大学院へ進学し研究に携わると、おのずと民主主義は、議論によって真理探究に参加する**場の規範**と捉えるようになった。研究は真理を探究する独自の科学的規範（学問の方法）をもち、民主主義を、自分の主張がその規範にどれだけ適合しているかを他者も参加する議論によって吟味するハードルとしてとらえていったように思う。

二　「国民の教育権論」と民主主義理解の発展

「国民の教育権論」との出会いは、教育の制度理念としての民主主義の全体像を捉える非常に大きな転機、覚醒となった。一九七〇年七月一七日の教科書裁判東京地裁判決（杉本判決）に感動した。教育の民主主義は、それまでは、教育を担うものが教育内容において民主的価値を探究することで実現されるのだという理解に止まっていた。しかし国民の教育権論は、教育的価値、教育的真理が学習と発達に関わるものとして組織され、学校と教室と教育実践の場で子どもに作用し、そこに要求を提示する国民の関与と教師の専門的自由が結び合わされるべきこと、国家権力からの教育の自由が保障されるべきことを、明確な論理と権利論で構造化してくれるものであった。教育の真理、教育的価値の発見と検証は、教育の制度に組み込まれた民主主義のプロセスによってこそ担保されるという明快な論理を捉えることができた。また法と裁判を、民主主義が実現される場と方法として捉えた。そこでは、民主主義を、教育的真理、教育的価値が析出され、実現されていく諸過程の全体をつらぬく方法上の規範という性格において理解するようになってきた。

それ以前の理解では、民主主義とは、進歩階級（労働者、勤労人民階級）がその多数者性に依拠して、自らの要求や認識を国民的要求や認識として実現していく多分に手続き的な方法と把握していたが、この段階では、物事の本質（たとえば教育なら教育の本質）に則してその真理が探究・実現されていく、そのための諸関係についての規範と方法というような意味で把握していったように思う。単に多数者の正義を実現する方法ということではなく、民主主義的な議論それ自体が真理探求に不可欠な方法であり、したがってまたその議論に参加する権利がすべてのものに保障・実現されることが民主主義の不可欠の要件となると把握した。民主主義とは物事の本質に即した関係性を創り出す方法であり、基本的にはみんなの参加を要件としており、その関係性の中での民主主義的な議論による吟味が真理接近の不可欠の方法だと考えるようになっていったように思う。だから、民主主義を、社会的正義（当時の自分にとっては社会主義）実現のための方法的な価値という把握から、民主主義そのものが、自分の目的としている社会正義（社会主義）そのものをも、それが果たして歴史発展の本質に沿うものであるかどうかをも吟味（反省的に吟味）することができる、いわばより根源的な真理探究の方法と規範であると考えるところへ変化していったように思う。

しかし同時に、国民の教育権論に対する批判派との間での論争が展開した。私の学んでいた東大教育行政学科の持田栄一教授の批判などをめぐる論争であった。[2] それは、民主主義といっても親の要求は資本主義の下で体制化され、親の私事化された競争的要求に学校教育を沿わせる結果に陥るほかないという批判であった。その批判は、私からすれば、現実のたたかいを無視した議論だと思われるものであった。しかし七〇年代後半から、教職員組合運動を始めとする民主的教育運動の後退が生まれ、学力競争に巻き込まれる学校教育の現実に対して、親・国民の教育要求の変革、社会変革への国民的主体の形成をいかに進めるかという深刻な難題を理論の側から提起するものでもあった。

さらに八〇年代に、戦後民主教育の土台にあった哲学や認識論――マルクス主義の理論がその中で大きな位置を占めていたといえるが――、またそれと結びついた国民の教育権論や発達論、教科論などに対し、いわゆるポストモダンの理論の側から強い批判が展開されるようになる。それは、そもそも民主主義などの近代的な価値やその制度が、資本主義の爛熟の中で体制化され、批判的変革力を奪われ、資本の支配の再生産の機能をすら背負わされているのではないかとの批判であった。その批判への応答をふまえてなお、近代において発見・獲得されていった民主主義的諸価値の現代社会への批判性、変革主体形成力が、現代社会、現代資本主義社会において機能しうるのかどうかが、理論と実践の有効性を問う形で投げかけられることとなった。その論争は、進歩的な階級が民主主義と結びついて多数として結集されることで社会が進歩していくというようなある種の楽観論に対して、果たして物象化や商品化が深く展開し、人々の意識をつくり変える支配性を高度化している中で、民主主義が社会の矛盾に対抗する主体を起ち上げる方法として有効なのかどうかを、あらためて問いかけるものとなった。

三　民主主義を平和の方法論として捉える視点

民主主義の価値と意味について、以上のような文脈とは少し異なって、平和教育論に取り組む中で、平和と民主主義の関係に注目するようになっていった。

私は、子どもたちが平和の担い手として成長していく実践に注目した。その典型は広島の高校生たちの原爆瓦発掘の取り組みであった。原爆瓦は、原爆の瞬間の熱線で瓦が溶かされる半径約六〇〇メートル強の範囲に埋まっており、その範囲にいた人間が瓦が溶ける二〇〇〇度以上の熱で一瞬にして焼かれた証拠となるものでもあった。それを他県の高校生に送り、あわせて実際に瓦を溶かす実験を行うことで原爆体験を伝える取り組みは、その後の全国的な高校生平和ゼミナール運動の出発点となる活動だった。高校生が平和を創り出していく主体として自分の力を広げていく学びに感動した。[3]

私はそういう実践に学びつつ、「方法としての平和」という概念にたどり着いた。それは、人々の意思や主張の表現の世界において物事の議論、選択、合意を形成し、かつその合意を時には自己の命をもかけて守るという道徳性を同時に獲得することにおいて、民主主義は、暴力を否定し、暴力をも超える力として——すなわち平和の方法として——新しい社会を形成する力になるという考え方である。それは同時に、一人ひとりが表現と民主主義に依拠して平和の力を行使し、問題解決と社会改革の主体として生きていく方法だと考えた。高校生平和ゼミの運動は、「ノエル＝ベーカーの平和運動」（ノエル＝ベーカー卿の呼びかけに応答して、「手紙」などの表現の力で世界の平和をつくる高校生の取り組み）として、世界に働きかける日本の高校生運動として展開していった。

この文脈の中であらためて日本国憲法の平和の論理を検討するならば、日本国憲法は、人権や表現に依拠して主権者として生きていく平和の方法で社会を創る基本原理を権利として宣言した文字どおりの平和憲法と読み取れる。この把握を通して私は民主主義と平和の不可分一体の関係に注目するようになった[4]。

その視点は、命を脅かすいじめの深刻化で、よりリアルで切実なものとなった。多くの子どもがいじめの力学に捉えられ、暴力に屈伏させられ、その暴力に平和の方法でたたかいを挑む力を奪い取られ、同調し、自らもまた弱者を貶める行為を強制される事態が広まった。民主主義と人権、人間の尊厳が教室から恐ろしいほどに奪われつつあった。教室もまた民主主義後退の社会的円環に組み込まれていった。そのような問題意識の中で、民主主義は、人間の尊厳を実現する根本的な方法であり、一人ひとりが自己の力を実現する基本の方法であり、平和とはこの民主主義に依拠して、すなわち暴力ではなくコミュニケーションを介して、平和的に物事を解決することができる状態、人間が人間としてその主張と主体性を実現することができる方法であると考えるようになっていった。そして今子どもも世界で奪われているのはこの平和的な民主主義の力であり、人間の尊厳と誇りを奪われる困難に直面させられている子どもたちの間に、今こそこの民主主義の力が回復されなければならないと考えるようになっていった。民主主義が人間の力を引き出すこと、そして平和、人権、人間の尊厳、民主主義が不可分の構造をなしていると考えるようになっていった。

四　ハーバーマスの「コミュニケイション論」との出会い

私自身にとって、民主主義についての考え方の新たな展開に繋がるのは、ハーバーマスの「コミュニケイション論」との出会いであった[5]。それは真理認識論上の把握の変化や自己の論理や思想の相対化とも結びついている。人間の認識においては、コミュニケーションによる真理や科学の共同的吟味がその形成、発展に本質的な役割を担っている。それは個の認識の限界性を超えて、真理と知の吟味・発展と組織化を進める方法としてコミュニケーションと民主主義を捉えるものであろう。そしてそういう性格を社会システムの有り様の問題として考察してきた一つの論理が社会的公共性の理論であることを理解するようになっていった。

その理解を通して、民主主義を立ち上げる表現に着目し、学校教育はこの表現をあまりにも貶めてきたのではないかと考えるようになった。表現とは、本来、自己の考え、主張、願い、すなわち主体性そのものを他者との関係性の中に提示する実践である。それは他者と共にしか生きられない人間にとって、自己の生き方を他者との関係性の中に切り拓き、自己の人間存在の共同性を実現していく不可欠の方法であろう。しかしそういう表現という行為が、受験学力競争の中で、「正解」を回答する行為へと矮小化されていく。「正解」に沿った表現をすることが目標とされ、「間違い」をおそれる中で、表現がシュリンクされていく。かくして表現の最も重要な性格――自己の力を他者、社会へと働かせる最も根源的な能動性の具体化――が奪われていく。表現なくして参加も実現できない。いじめや同調や硬直した学校規範の強制や真の民主主義の不足が、ことごとく表現を奪うベクトルで相乗的に働く。表現を介して公共的コミュニケーションの規範をつくり出すことで、子どもたちが自らの主体的な道徳性を形成するという機能も停止させられていく。教育の場で個の表現と表現に関わる公共性の回復がめざされなければ、民主主義は回復できない。

それらの視点を意識化することによって、より広い視野において、民主主義と政治と表現とが一体のものであることを考えるようになっていった。

五 「主権者教育」と「方法としての政治」

当然、そのように民主主義と表現を捉えることは、主権者教育の質を問うこととなっていく。主権者教育をその教育内容――政治に関する知識、歴史的な政治の展開についての知識――に焦点を当てることから、政治という方法に依拠して社会に関わっていくこと、生き方の方法、社会への働きかけの方法、人間の共同性の再構築の方法としての政治という側面に焦点を置き、その方法をいかにして獲得するかに力点を移行して主権者教育の課題を考えるようになっていった。それは私の言い方では、「方法としての政治」を子どもたちの中に立ち上げることが課題だと捉えることであった。

学校教育は、民主主義を方法として生きていく価値感覚や経験、「方法としての政治」の経験や確信を獲得させているのだろうか。そこから、あらためて教室に組み込まれた反民主主義のメッセージ（＝ヒドゥン・カリキュラム）を重要な転換・変革の課題と捉えた。

いじめ、競争、同調、孤立化させる支配、外から与えられた権威や規範への絶対的服従を求める学校の規範（校則、スタンダード）等々、学校という場の民主主義の無力化作用が、問題を解決していく方法としての民主主義、すなわち政治を排除している。そこでは政治とは、生きている場の権利主体として、民主主義によってその場をより良い共同の場へと変革する営み、その方法を指すこととなる。これらの問題意識はやがて、新自由主義社会の支配戦略において、「ホモ・ポリティクス」としての政治の行動規範を奪い、市場の論理に同化して生きさせようとする「ホモ・エコノミクス」化が進行させられるという問題の批判へと繋がっていった[6]。

また子どもを主権者に育てることは、子どもを教師とも対等な判断主体、選択主体として育て、その意見表明を引き出すことにもつながっていく。だから、子どもの主体的自律的な価値観形成、思想形成の自由を保障する学習のあり方が問われる。そのためには、教師は自分と対等な主体，判断主体、思想主体として子どもを承認し、その対等な他者に働きかける民主主義の方法を学習の指導に貫くことが不可欠となる。論争的課題の議論の方法、そこに関わって統制や誘導を克服する教師の教育方法の錬磨、学習の場での生徒の表現の自由、社会参加の自由、その学びの場に権力が干渉しないという本来の教育における「中立性」の規範の権力への強制など、教育と学習の場の規範として、すなわち民主主義が教育的価値として捉えかえされるべきことを強く考えるようになっていった。[7]

六 新自由主義批判、そしてケア論との出会い

新自由主義批判の中で、その支配の方法が民主主義への根底的な挑戦だと考えるようになった。新自由主義政治とは、ミシェル・フーコーに依拠すれば、人々を生きさせる環境に埋め込まれた規範を操作することによって、人間の「生」の全体を、資本の論理に適合させようとする環境管理による統治の方法と把握される。この人格の根底にまで入り込んだ支配の方法と対決しなければ、私たちの主体性、自由、真の認識（主体的社会像、世界像の獲得）は回復できないものとなる。[8]

私にとってはその問題を考える一つの切り口は表現論であった。岐阜県恵那の生活綴方を核とする石田和男の教育実践や教育学論理は、一貫して私の関心であり続けてきた。[9] 生活綴方教育実践が切り拓いてきた表現論は、この新自由主義の支配空間との対抗の中で、人間存在の最も根底的基盤に立ち

返って環境――自分を規定している社会そのもの――を批判的に捉えかえし、主体的な価値を紡ぎだし、意識化し、人々との関係の中にそれを表現し、主体的な生活を再構成していくという、個の回復・復権の方法であることを強く感じるようになった。石田らの恵那の生活綴方の最も基礎にある理念は、書くことを通して子どもがもうひとりの自分をつくり出すという教育の方法論であった。個が、書くことを通して、他者との関係性と世界をつくり直し、共同をつくり直していくという生き方の方法を獲得させていく教育であると把握した。だからそれは民主主義の空間を自らの生きる場につくり直していく子ども自身の営みであるということもできる。

フーコーの指摘するように、競争の規範空間を子どもの世界にもつくり出し、それに適合してサバイバルしようとする人格（「ホモ・エコノミクス」）をつくり出していく支配の方法、政策の動向が強力に展開していく。新自由主義の支配政策、「生政治」の一環へと組み替えられつつある支配的な教育と、それに対抗して個の尊厳、個の願いや思いに依拠してその思いを表現し、関係と世界をつくり直そうとする営みとが、正面から対抗している事態として、今日の学校教育の現実を把握するようになっていった。

さらにまた、生活綴方教育の中にも原初的な形で組み込まれていたケアの方法論について、あらためてその意味、重要性に気づいていった。直接的にはジュディス・ハーマンの『心的外傷と回復』[10]を読むことによって、「心的外傷」を生み出す最も基本的な特質の一つが、抑圧され、価値を奪われ、外からあてがわれる価値基準で貶められ、自己表現を奪われ、その無力が「自己責任」とされてさらに打ちのめされ、人間としての尊厳への要求を断念させられ、閉塞と断絶と孤立に追いやられている事態であると捉えた。ケアは、そういう困難の中からの人間回復、主体性の紡ぎだしであり、その安心の場に自己を登場させ、ハーマンの言う「共世界 human commonality」をそこに創り出す方法となる。さらに岡野八代は、そういうケアの空間こそが、すべての人間が主体として現れることができる本来の「政治」の空間であるべきことを強調する。[11] 個の願いや思いを引き出し、表現を引き出す共感と安心と繋がりの空間を教室に、教育の場につくり出すこと、そのためのケアの働きかけが不可欠となる。教育においても、関係性の民主主義、場の民主主義の構築が、最も重要な課題になっているという認識を強めた。

こういう思考回路を経て、①「ミクロの民主主義」、個の尊厳の理念に立ち、個をその生きる場、共同性の場の主体、権利主体と捉える民主主義、②その個が他者との共同をつくり、変革して、生きる場の主体となることのできる民主主義、すなわち政治の主体として行動・参加させる民主主義、③ヒドゥン・カリキュラムによって反民主主義の規範でみたされた世界を転換し、切り拓き、そこに個が登場することができるための「場の民主主義」、場の性格としての民主主義、④ケアと人間の尊厳の規範で人間形成に働きかけ、個の主体性を引きだす教育力、教育の方法としての民主主義、⑤個を主体として実現する「表現によって切り拓かれる民主主義」というような民主主義の理解をもつようになっていった。そして学校が、公共性規範を組み込んだコミュニケーション的正義の空間となり、同時に個を支え表現を引きだし合うケアの空間へと改造されるべきことを、現代学校と教育実践の課題と捉えるようになった。

民主主義の制度に従っていれば民主主義を実現できると安心してはならない。新しくつくり出していく日々の人と人との関係の中に、個の真実を引きだし、他者と共に生きる対等な共同者を立ち上げる形成力としての「場の民主主義」を常につくり続けることが不可欠となる。だから教師の言葉は、「場の民主主義」を常に創り出す機能を意識的に担いつつ——いわば民主主義を支配的なヒドゥン・カリキュラムへの対抗的なヒドゥン・カリキュラムとして組み込んで——、教室に、子どもたちの中に投げ入れられなければならない。民主主義が、個の願いを引きだし、真実の表現を生み出し、個の尊厳を承認する場の力学として働くものにならなければならない。

教科研の二〇一四年の夏の大会で提起された「私の『教育の民主主義宣言』」を掲げた取り組み[12]は、私にとっては、とても共感できるものとなった。

七　新自由主義の展開と民主主義をめぐる対抗の新たな展開

コロナ災禍で「三密」の回避のため、個と個の直接の身体性を伴った、[face to face]の人格的な接触、交渉、葛藤、共同が大幅に避けられる事態が継続している。共同の方法を錬磨する存在をかけた葛藤を経ないで民主主義が身につくとは思われない。人格どうしの接触なくして、「場の民主主義」

を立ち上げることはできない。その意味ではコロナ危機は、民主主義の深い危機を呼び寄せる可能性がある。

新自由主義とは、グローバル化した巨大資本による国家権力の再掌握により、巨大資本の利潤戦略に最も適合した社会全面の組み替えを企図する理念と方法の全体を指すものと捉えるべきものであろう。その結果、今までの福祉国家体制を大きく後退させ、社会制度に市場的競争の論理を導入し、企業活動に対して各種の規制緩和を行い、非正規・低賃金雇用、格差・貧困が拡大し、生存権保障の大きな後退が引き起こされていった。

この新自由主義は、国民主権で達成されてきた民主主義を、①政治の場からの国民の排除、議会政治の民主主義の到達点の破壊と後退、②人々の政治・行政参加の民主主義の剝奪、人々を商品と行政サービスの選択的消費主体と位置づける性格、③人々の生きる過程から自由を奪い、新自由主義の規範に従って生きる行為主体へと育成し組み替えていく人格への統制、④安心・自由・共同の場としての民主主義の剝奪、によって大きく後退させようとする。そしてそのために、先に検討してきたような「ミクロ」から「マクロ」における民主主義、個の民主主義、場の民主主義、関係の民主主義、制度の民主主義が後退させられ、一人ひとりが生きる場の権利主体となる「方法としての民主主義」が奪われていく。それらは新自由主義の社会と人間統制の基本的な方法となる。

その際の支配の方法の典型は、目標管理としてのPDCA評価である。PDCAの下では、人間の行為が、提示された目標や規範の視点から評価され、その規範に応じようとする努力の繰り返しが、自分のものであったはずの価値意識や目的そのものの剝奪と置き換えをもたらすように作用する。そこでは支配の仕組みが人格に内面化させられ、支配の論理を能動的に生きる「主体」へと変質させられ、表現すべき思いそのものが奪われる。表現行為とは、人格の側から発せられる願い、思い、感情、主張、認識等々の、他者や社会への提示そのものである。しかし自己責任の論理を押しつけられ、他者からの共感の眼差しも奪われ、自己の存在への確信を奪われ、孤立させられ、ストレスや情動的不安に襲われ、他者との共感と共同へ進み出る勇気も技も奪われていくとき、表現も奪われる。この支配の力学に抗う教育実践が求められている。

それに対する対抗のためには、子どもの生きる場に、教室に、そして教師との関係の中に、さらに教師の教育実践の場に、「場の民主主義」、「関係の民主主義」を組み込み、主体的な表現を引きだす場（空間）を創り出すことが不可欠となる。そして、教師の一つひとつの言葉が、子どもの意識の中に立ち上がろうとしている思い、願い、他者と繋がろうとする願い、これはおかしいという批判の意識、支えて欲しいという思いを意識化し、励まし、主体として生きようとする力と「声」へと成長させていく教育力、自己の存在そのものの尊厳を取り戻す働きかけとして、ケアの技法を含んで、投げかけられなければならない。そこでは民主主義が、子どもを主体化する教育的価値として働かなければならない。「個の中に民主主義を立ち上げる」こと、「知と学びの場に民主主義を立ち上げる」ことに焦点を当てて教育学の課題を考えていきたい。

注

（1）レーニン、新田礼二訳『民主主義革命における社会民主党の二つの戦術』大月書店国民文庫、一九五三年。
（2）持田栄一「第一章　近代公教育の基本構造」『講座マルクス主義六　教育』日本評論社、一九六九年。
（3）佐貫浩編著『生き方を創造する平和教育』一光社、一九八五年。
（4）佐貫浩『平和を創る教育』新日本出版、一九九四年。
（5）ユルゲン・ハーバーマス、河上倫逸他訳『コミュニケイション的行為の理論上・中・下』未来社、一九八五－一九八七年。
（6）佐貫浩『学力・人格と教育実践』（第七章）、大月書店、二〇一九年。
（7）佐貫浩『現代をどうとらえ、どう生きるか』新科学出版社、二〇一六年。
（8）ミシェル・フーコー、慎改康之訳『生政治の誕生』筑摩書房、二〇〇八年。
（9）石田和男教育著作集編集委員会『石田和男教育著作集』全四巻、花伝社、二〇一七年。佐貫浩『恵那の戦後教育運動と現代』花伝社、二〇二一年。
（10）ジュディス・ハーマン、中井久夫訳『心的外傷と回復〈増補版〉』みすず書房、一九九九年。
（11）岡野八代『フェミニズムの政治学』みすず書房、二〇一二年。
（12）「私の『教育の民主主義宣言』を」『教育』二〇一四年八月号特集、かもがわ出版。

第4章

「方法としての平和」論再論

――平和と表現・民主主義の関係を考える

平和とは一体どのような概念なのだろうか。はたして子どもたちは平和(という概念)を確かな自らの生き方の方法として獲得しているのだろうか。

一 「たたかいの方法としての平和」

今、子どもたちは自分がおかれている生活空間が平和の空間であると感じているのだろうか。他者との平和的な関係の中で自分が生きていると感じているのだろうか。おそらく、ほとんどの子どもは、暴力におびえたり、力の強いものに抵抗・対抗できないままに、そういう支配のシステムに従属して生きているという感覚、不自由と抑圧の感覚をもって生きていることが多いのではないだろうか。さらに、「平和」を争いがないことと捉えているのではないか。そしてその平和は、自分たちの「上」

にいる力をもったもの――国家や、大人や、先生や、学校や、あるいは国連とか、いや自分を支配しているボスが、保障してくれるものと考えているのではないか。

しかし本当の平和は、自分の力への確信と深く結びついて、はじめてしっかりした概念やイメージとして組み立てることができるものではないか。私はそのことを「方法としての平和」という概念によって考えようとしてきた。

平和とは争いのないことなのではない。争いは常に存在する。社会に矛盾があり、差別があり、非人間的な格差があり、また利益を独占する衝動をもつ経済が存在する限り、批判やたたかいが起こらざるをえない。そのことを見ないで、争い(たたかい)をしないことが平和だとされると、批判によって新たなたたかいを組織すること自体が、争いを生む行為＝平和を破る行為として、批判されることにもなりかねない。

民主主義とは、暴力(物理的な力、軍事力、武器)ではなく、表現と議論によって争う方法であり、その意味で民主主義は争いの平和的な方法なのである。暴力による争いを戦争状態だとするならば、それの反対概念は、平和的な争いの方法が実現されている状態のことであると把握しなければならない。

そのような平和は、一七世紀から一八世紀にかけての西欧市民革命が議会制民主主義を立憲主義の核心として提起し、一国の政治のありようを議会での民主主義的な議論によって決定するという国家秩序を確立したことによって、しっかりした制度として確立されたものであった。それは国家内における平和を実現するまさに革命的な前進を意味した。

二　平和の方法は力を持ちうるのか

しかし、私が中学生のときに、暴力の中で――その暴力は軽微なものではあったが、それはクラスの中でのいじめとも繋がっており、友人の尊厳や自分の思いを述べる自由が明らかに奪われ、抑圧されている事態の中でのことだった――どうすればいいかを考えようとしたときには、暴力と平和の問題が、人類が格闘してきた最も中心的なテーマ＝課題であり、平和のための方法が「正義」の方法として、憲法や国際的な規範として確立されてきていることなど、まったくわからなかった。そしてその事態に対処するために、自分のところへはその暴力の被害が及ばないように、自分の腕力を支えにして、防衛線を張るという戦略を採ったことを思い出す。自分の腕力（物理的な暴力）以外に不当な暴力に対抗する力を思いつくことなどまったくできなかった。

多くの子どもたちが、理不尽な暴力や抑圧の下におかれ、安全と人権が保障されていないと感じている。ましてや不当な暴力を打ち負かす平和的な力があると思えず、直面している困難を克服するためにこの平和の方法が役に立つことも実感できていないだろう。

なぜなのか。それは、平和の方法は、一人ひとりがその方法に力を与えることなしには、社会的な力をもたないからである。それは奇妙な言い方に聞こえるかもしれない。しかし、表現は、その表現の真実を守り実現させようとするたたかいを組織しなければ、力として機能しないのである。確かに、社会的に組織された物理的な強制力（警察力など）を行使することで民主主義を維持することは法治国家としては当然である。しかし、私たちが民主主義を規範とするのは、そういう物理的な力に強制されているからではなく、それを正義とする規範意識を共有し、それを破壊するものを許さない社会的合意があるからだろう。一人ひとりがその場に提示される「表現」を守る力を発揮しなければ、民主主義は力を持ち得ないのである。民主主義とは、襲いかかってくる暴力よりも大きな暴力で対抗する方法ではなく、「表現」が人を動かす力によって暴力をもとり押さえる方法なのである。

三 「表現」とは何か

しかし、表現とはなにかについて、あらためて考えておくことが必要となる。表現とは一言でいえば、自己を他者との共同の中に登場させる方法である。

私は、表現とは、社会や人と人との関係のなかで自己をつくり出していく方法であると考えている。知識を自分の主張の構成に組み込み、自らの表現の自由を行使して社会的正義を共につくり出し、さらにまた表現することを通して自己自身を対象化することができる。また作品の創造は、自己の存在の対象化であり、自己の社会化である。また人間の本質としての共同性は、この表現を介して実現されていく。真の政治は表現を介した「合意」によって社会、世界を変革していく営みである。表現は、学びとその知識が生きる力へとつながり発展していくための不可欠な媒介項をなしている。

教育は、本来、表現（コミュニケーション）の力によって子どもに働きかける仕事であろう。しかし「表現」が力を失っている事態が深刻なものとして広がっている。教師の言葉が子どもを動かすことができず、弱い子どもの切実な表現が無視されたり封じられたりすることも多い。表現から人を動かす力が奪われている事態が広がっている。

いじめの中でも、表現はその本来の力を奪われている。命令に従わなければ暴力を振るうぞという言語外制裁（サンクション）を伴う表現は、暴力による脅しを伝達する手段と化している。そのときの力は言葉の中にはなく、暴力（の脅し）の側にある。いじめの力学の中の「観衆」の言葉もまた、自己の意思の表明、事態を解決する介入の力としてではなく、支配的な力への従順と同調を表明するための戦略と化している。

言葉が力を失うとき、人（子ども）は、現実に働きかける方法として暴力＝物理的な力に頼るほかなくなる。しかしそのとき暴力は、多くの子どもの力を奪う。そのような表現の剝奪状態においては、子どもは、他者との関係の中に自分の主体的な存在を刻み込むこと、方法としての平和を自分の生きる方法とすることもできなくなる。

では、他者を動かす本来の表現の力を回復することはどうやって可能になるのか。ここではその問題を、言葉が、投げかけられる他者の中に、その言葉の真実に応答する他者を立ち上げるということとして考えてみたい。

応答にはいろいろなレベルがある。感情において共感するレベルもある。他者の困難に共感したとき、その他者に寄り添う応答が生まれる。課題を共有して共同を創ろうとするとき、応答責任を背負った議論が始まる。科学的真理の探究を共に目指すときは、科学の論理を規範とした応答が生まれる。共に生きるほかない共同者として他者を認識したときに、なにが社会的規範として合意できるかを探求する応答が始まる。共同に向かおうとする中で、応答責任を背負う立ち位置での表現とコミュニケーションが始まる。そしてその議論空間には、それらの共同の目的に到るための応答を可能にする「規範」が組み込まれる。嘘をついてはいけない［誠実］、科学的真理に依拠しなければならない［真理性・科学性］、事実と異なる論理を持ち込んではいけない［実証性、客観性］、社会的に合意されている正義規範に依拠した議論をしなければならない――たとえば人権保障の責任の共有――［正義規範の共有］、等々である。コミュニケーション的合理性を構成する規範について、ユルゲン・ハーバーマスは「真理性」「正当性」「誠実性」を挙げている。[1]

応答責任を背負うとは、そういう規範を自らも引き受け、表現とコミュニケーションで真理や正義や合意の共同的探求を可能にする議論空間――平和の方法が機能する公共性の空間――を創り出し、そこに参加することを意味する。じつは教室の教育実践の大きな役割は、教室にそういう公共性空間、子どもの表現が力を持つ平和の応答空間を創り出すことなのではないか。このような公共性空間を皆が維持しようとすることで、一人ひとりが表現を社会的な力として働かせることができる場が生み出される。民主主義とはこのような場で、物事を解決したり決定する力として表現を働かせる方法であるということができる。

ハンナ・アーレントは、「言葉と行為によって私たちは自分自身を人間世界の中に挿入する」[2]という。そして「活動と言論」はそこに人間が現れ出ることのできる「出現の空間（アピアランスの空間）」[3]をつくり出すという。そして「言葉と行為が互いに分離せず、言葉が空虚でなく、行為が野獣的でなく、言葉が意図を隠すためでなく、リアリティを暴露するために用いられ、行為が関係を侵し破壊するのでなく、関係を樹立し新しいリアリティを創造するために用いられる場合」[4]に、そこに「権力」が「実現」され、「活動と言論に依存する」「公的領域」、「出現の空間」、「政治的共同体」が生み出されるという[5]。表現（「言葉」）は、そのようにして、平和的な政治の空間を創り出すのである。

四　表現とケアの関係

表現の意味は、二つの側面をもつことを見ておかなければならない。

第一は、今まで述べたように、個々人がもっている他者に働きかける力、自己を他者の中に出現させる力、ある意味でたたかう力という面である。ところが表現には、共感し、繋がり、共に生きる場を創り出すというもう一つの面がある。

子どもにとって――おそらく人類にとっても――、表現はまず、つながり共同するための方法であろう。しかし孤立化や暴力的な支配の論理が、また「同調」の論理が広がる中では、子どもたちは、自らの真実の表現ではなく、その場においていかに安全にサバイバルするかという戦略から表現を選びとったり、あるいは、表現を断念する。主体的な表現が封じられるとき、人は孤独や断絶、主体的感覚の剝奪状態に置かれたりする。

このような表現の剝奪と無力化の中では、断念された表現を取り戻し、主体性を取り戻すことが大きな課題となる。ケアは、子どもの内面の真実への共感を介して、共に生き共同していくことのできる他者が存在することへの安心と喜びを取り戻す技法である。かすかな表現への共感は、個の真実を生きようとするかすかな意思への支えを差し出し、勇気を引き出す方法である。弱者の位置へと追いやられたものの権利剝奪をまさに個の存在の意味を奪う権利剝奪として捉え直し、その権利の回復を要求して生きてよいのだという新たな認識へと向かわせる人間回復の道への寄り添いの方法である。人間の真実を受け止め共感してくれる関係を創り出すことで表現を引き出すことによって、主体性の回復が可能になる。ジュディス・ハーマンのいう「共世界」(6)とは、ケアの働きかけによってつくり出された「出現(アピアランス)の空間」に他ならない。応答してくれる他者をもつことができる表現こそが、他者を動かす力を実現できる。表現とケアは、このことにおいて、不可分の関係にある。

五　再び「方法としての平和」を考える

重要なことは、表現によって他者に自分の力を及ぼすことができるという確信と実感を高めていくことである。しかし、今まで述べてきたように、公共性空間は自動的に私たちに与えられているわけではない。一人ひとりが表現をし、応答的コミュニケーションを生み出し、その場に公共性の規範を創り出す不断の営み＝たたかいを介してこそ、その場が「方法としての平和」が機能する場へと変革されていくのである。だから平和の空間、「方法としての平和」が機能する場は、そこに生きる人々によって絶えず創り出し続けられなければならない。

それはじつは、学校という場が科学的真理や人間的正義や、基本的人権の規範の獲得、実現の場となるためにも不可欠であろう。教室が科学や真理や人間の尊厳を最大の価値として、その探求に全力を挙げ、暴力によってではなく、一人ひとりの表現が尊重され、コミュニケーションと議論を介して、その高みに向かって歩む民主主義の空間となることが必要なのである。この表現は、まさに自己を出現させるための表現であり、抑圧され封じられ、真実を述べることを妨げられた自己を解放する表現である。表現すべきもの、価値は個々人の中から引き出されるものである。自己の創造と出現の方法としての「表現」の回復が、課題である。表現し、主張し、生きる場の主権者としてたたかうことができる場、平和の方法が力として機能する場へと学校と教室をつくり替えることが求められている。

平和は、何よりも、今子どもたちが生きている学校空間の規範として実現されていなければ、子どもたちは平和の力を信頼したり、自ら平和の主体になる見通しをもつことができない。教育は、子どもが平和的な力を実感し、その力を表現によって行使する方法を獲得させ、勇気を生み出す必要がある。平和教育の根本はそこにある。

注

（1）ユルゲン・ハーバーマス、藤沢賢一郎他訳『コミュニケイション的行為の理論』（上・中・下）、未来社、一九八六―一九八八年。

（2）ハンナ・アーレント、志水速雄訳『人間の条件』ちくま学芸文庫、一九九四年、二八八頁。

（3）同右、三二〇頁。

（4）同右、三二二頁。

（5）同右、三二二、三二八頁。

（6）ジュディス・ハーマン、中井久夫訳『心的外傷と回復・増補版』みすず書房、一九九九年。

第5章

気候・人権の危機と教育の課題

――システムチェンジを引き起こすSDGsの取り組みを

一　人類史的な危機への対処を困難にする新自由主義

地球の限界（プラネタリー・バウンダリー Planetary boundaries）を超えた人類の自然への介入行為、経済活動などによって、地球上の多様な生命、生態系、気候バランスを危機に追いやり、人類の生存をも脅かす事態が、地球史的にはほんの一瞬の巨大な変化として、私たち襲いかかろうとしている。

そういう中で、二〇二一年一一月のCOP26（国連気候変動枠組条約第26回締約国会議）は、地球温暖化を1・5℃以内に止めるという目標を合意した。

気候変動に関する政府間パネル（IPCC）第6次評価報告書第一作業部会報告書は、「人間の影響が大気、海洋及び陸域を温暖化させてきたことには疑う余地がない」と結論した。また、1・5℃目標達成に向けて排出可能なカーボンバジェット（温暖化を1・5℃に抑えるために、二〇五〇年にCO_2排出量ゼロを達成するまでにあとどれだけCO_2を排出できるかという残余＝予算量）は、約四〇〇〇億トン程度とされている。人口割合からすると日本のバジェットは約六五億トンとなる。

日本の最近の排出量は年間約一一億トンであり、このままでは数年で使い尽くしてしまう。さらに石炭火力発電を政府計画のように拡大するならば、それだけで年間三億トン近くとなる。日本政府は、このバジェットの限度内でどうネットゼロ（温室効果ガス排出量実質的ゼロ）を実現するかという責任ある計画をもっておらず、このままでは日本が1・5℃目標達成レベルに大きく違反することは避けがたい状況にある。この四月に発表されたIPCC第三作業部会報告書は、現状では、二〇二〇年代末までに対策を強化しなければ、今世紀末には3・2℃の気温上昇を引き起こすと警告を発した。[1]

不幸なことに、今地球上に出現した新自由主義の政治と経済の仕組みは、むしろ、地球上の資源や人間を利潤の対象としてますます浪費、搾取しようとする戦略を展開している。

今世界を席巻している力学は、どうやって利潤獲得競争に勝ち抜くかという歴史上最も巨大な富（資本）を注ぎ込んだグローバル経済競争の論理である。人類の巨大な営みの成果としての富が、その所有者である私人（資本所有者）の利潤拡大の動機に向けて使われていく。彼らの手に掌握された巨大な富を地球温暖化の克服、再生エネルギー社会の実現、格差・貧困の克服、生存権保障に向けて配分するならば、人類はこの危機を乗り切ることができると思われるが、それは大きな困難に直面している。コロナ対応のために、日本政府は二〇二〇年度だけで約七六兆円の補正予算を組んできたが、[2]

温暖化の危機は、それに劣らぬ対処が、しかも世界各国で必要になっている。

だから、人びとが危機に対処していく共同者として繋がることができる関係、平等で相互に人権と生存権を保障しあい、「だれ一人取り残さない（取り残されない）」関係を、二〇三〇年を期限とした気候危機への対処と深く結合して、取り組まなければならない。SDGsは、そのために人類史上初めての緊急共同行動を呼びかけるものである。

二　危機に向かい合う共同への信頼と希望を取り戻す

しかし学校は、個人や国家の生き残りをかけたサバイバル競争の力を獲得する場と位置づけられ、企業の役に立つ人材に求められるコンピテンシー獲得を競う場となっている。教室は、競争のための学力形成を求め、直面する危機への無関心を創り出す。

今、このような学校と教育を、危機に対処するモードに転換しなければならない。気候崩壊の、後戻りできない連鎖的進行が引き起こされるティッピング・ポイント——温暖化による極地の氷の大量融解やそれによる太陽光吸収面積の拡大、永久凍土に封じ込められたメタンの噴出、森林火災の拡大による森林の喪失などの人為力によってストップできない温暖化の連鎖的進行が始まる転換点——は、現状のままではあと一〇年前後で起きる確率が高い。高度化したAIシミュレーションも、その警告を突きつけている。人類の明日への希望は、この危機に対処する巨大な共同を立ち上げ得るかどうかにかかっている。教育はそのために何ができるのか、どんな責務を担うのか――この問いに教育は応えなければならない。

しかし、このモード転換は、単に気候危機への対処だけのためではない。それは、耐えきれないほどの困難や疑問を背負わされ今を生きさせられている子どもたちに、その困難を超える明日があること、それを皆の共同で創り出していくこと、ますます生きられなくなりつつある学校を、そして生活を、人間らしく生きられる場へと組みかえること――子ども世界のＳＤＧｓの実現――、その希望を切り拓くことを呼びかけるものでもある。子どもたちは、今自分たちが生きさせられている仕組みそれ自体を問う視点を奪われ、勝ち残らなければ明日を生きられないという競争へと駆り立てられている。そのため、自らに降りかかる理不尽、格差・貧困、差別、生存権剝奪、環境の急激な崩壊などの現実に、共同を組んで対処する構えを身につけることができないままに、自己責任で立ち向かわされている。子どもたちの生きることそのもの、生存権が脅かされている事態に立ち向かう教育が求められている。そのような思いを込めた教育が子どもたちを取り囲まなければ、彼らに地球的危機に取り組む姿勢を求めることもできるはずがない。この取り組みを、教育を通して子どもに、ＳＤＧｓに沿うように生活を改めろと命令するためのものであるかに捉える傾向があるが、そうではなく、今生きられない子どもの困難を子どもとともに解決し、克服し、希望を切り拓く取り組みなのである。

今、人類的正義の視点から世界の仕組み、私たちの生活のすべてをラジカルに問い直さなければ危機に立ち向かえないという声が、いろいろな場から立ち上がりつつある。そしてその流れは、政府も、行政も、自治体も、教師も、大人も、だれも否定できないものとして広がりつつある。その声が子どもに届くならば、子どもたちもまた今までとは違う希望への道があることに励まされるだろう。そうすれば人類が、正義、人権、平等、生存権保障、平和等々を蓄積し、新たな明日を切り拓く課題に立ち向かおうとしているという姿勢への信頼、人間の共同の力への信頼をもつことができ、その共同に参加しようという意欲が子どもの中にも高まっていくだろう。今、そのような質をもったＳＤＧｓの取り組み、そのメッセージを子どもに全力で送るべきではないか。

三　真の危機に向かいあうＳＤＧｓの視点を

しかし、ＳＤＧｓには弱点があり、特に日本政府と日本企業のＳＤＧｓ戦略は、まさにＳＤＧｓウオッシュ（偽のＳＤＧｓ）となっている。日本のそれは、①そもそも、人権や貧困克服への目標が欠けている、②ＳＤＧｓの取り組みが、気候崩壊への対処に向けてではなく、市場の変化に対応しないと企業が生き残れないという「危機感」への対処、ビジネスチャンスに乗り遅れるなという構えになっている、③この危機に対処する基本方法が新しい技術の開発で対処可能であるかにいわれ、Ｓｏｃｉｅｔｙ5.0構想がＳＤＧｓへの対処であるかに位置づけられている、④政府が危機回避の政策目標を提示して、企業や市場の論理を規制する計画が欠落し、電力企業のもうけ維持のための石炭火力発電の拡大すら容認するものになっている。[3] このままだとＳＤＧｓは、斉藤公平氏のいう「アヘン」に成り下がる。[4]

SDGsは、気候変動危機への対処の流れと、MDGs（「ミレニアム開発目標」二〇一五年）との合流という性格がある。MDGsには、持続可能な経済発展という色合いが強い。SDGsの一七の課題を個別分断的に取り組んでも、気候崩壊の危機に対処できない取り組みになる弱さがつきまとう。[5]環境崩壊は格差・貧困に置かれた社会的弱者、地域、国家に最も深刻な危機をもたらす。そもそも一人ひとりに人権や生存権を確かなものとして保障しあう共同を組織しなければ、二〇三〇年という期限を区切られた気候崩壊へ対処する広範かつ緊急の共同もまた立ち上がらない。

そのような構えをつくり出すのは、新自由主義に対するしっかりした批判認識だろう。新自由主義によって強められつつある競争の仕組みこそが、環境破壊を進行させる論理を生み出しているのである。利潤獲得の動機によって社会の仕組みを根本的に改変し、福祉を破壊し、環境を破壊し、人権を後退させ、自己責任の論理を振りまき、社会と地球的自然の持続を不可能にしつつある巨大な力、グローバルな資本と新自由主義の国家権力を統御することと、この危機への対処は深く結びついている。国連レベルのSDGsでは克服すべき目標は提起されているが、それらの困難がなぜ生まれているのかの原因は、本格的には書かれていない。その課題への取り組みのためにはその分析、解明が不可欠となる。それは、SDGsを学習しそれに取り組む者の課題となる。

正確に言うならば、SDGsは、環境危機と人権危機に対処可能な完成されたプログラムとして提起されているのではない。持続不可能な現在――今、地球の資源再生力の一・六九倍を、すなわち地球の一・六九倍を使って日々を生きている現実[6]――をどうやって「持続可能」に変革するかの危機対処への全力をあげた解決法を一刻も早く計画し、その行動を直ちに開始することを呼びかけるものなのである。

四 生きる方法としての「政治」を立ち上げる

システムチェンジの主体は、子どもも含んで、主権者としての私たちであり、その判断と行動である。一人ひとりが議論に参加し、考え、意見を述べ、合意を形成し、大人、地域、主権者による社会改造（トランスフォーメーション）を実現しなければならない。主権者の声が創り出す政治こそが、気候崩壊をストップし、社会の持続性を回復する最も力強い方法となる。したがって、ＳＤＧｓの教育は、子ども・若者に対する主権者教育、シティズンシップ教育を伴わなければならない。

システムチェンジのためには、①消費者としての行動変容、②生産主体、企業の活動の変革が不可欠となる。しかしなにより重要なことは、③政治のイニシアチブである。現在の温暖化ガス排出の中心を占めている企業の生産活動やその仕組みのチェンジが不可欠であり、それを企業の「自主性」に任せているだけでは、根本的な変化は望み得ない。

しかし日本では、一人ひとりが生きる方法としての政治は、社会にも、学校にも、とても立ち上がりにくくなっている。なぜにこのように、極端に「政治」が拒否され、嫌悪され、煩わしいもの、人を分断させるものというイメージで把握されるものへと変化しているのか。政治とは民主主義によって合意を形成し、生きる場をつくり変えていく方法である。しかし、民主主義によって社会課題を論じる政治が、「偏った」行為、自分を「不自由」にし、「他者から孤立させる」行為と感じ取られ、自分の願いや社会的正義を実現する方法としては把握されていないように思える。自己責任と同調、孤立を恐れる力学が、自分を主張し、相手と議論をし、何が正しく望ましいかをときとして他者批判をしつつ合意していくことを恐れさせ、嫌悪し、拒否するという感覚を子どもや若者の中に生み出している。これではSDGsをトランスフォーメーション（変革）へ繋げることは難しい。

子ども世界が、暴力と、強いものへの同調と、孤立を避けるためのサバイバル戦略の選択、そして競争に勝ち残ること、その下で必死で自分の安全を確保する戦略を嗅ぎ取り対処することに心魂を使い果たさなければならない空間となってきた。それが子ども世界で民主主義を無力化している。

SDGsの教育は、社会問題を正面に据え、自由に議論し、主権者＝システムチェンジャーとして、声を挙げることができる教育とならなければならない。だからこの教育は、子どもが今直面している困難に対して、勇気をもって声を挙げ、その解決に取り組んでいく民主主義を、子どもの間に、子どもの生活の中に、学校や教室に、立ち上げる必要がある。そのために、「正解知」の伝達とその処理のスキルに学校での学びが一面化され、社会の論争的な課題（SDGsの課題はすべて論争的）を議論することがタブー視されたり、教師をシュリンクさせてしまうような学校の性格を組みかえる必要がある。現実の問題を調べること、「合意知」を発展させる学びの空間を実現すること（第9章参照）、子どもの表現と意見表明を具体化すること、大人や社会に対する自由な問いかけを行うこと、どうすれば良いかを必死で探している共同者として教師もその学びに参加する構えが必要になる。そうすれば、ＳＤＧｓの教育は、学びのありようの改革を起動する重要な契機としても機能するだろう。(7)

五　教師と大人と子どもが「本気」で繋がること

本来、この危機の解決主体は今社会を担っている大人自身である。大人や教師が「本気」でこの課題に取り組むこと、そして子どもたちが本気で取り組んでいる大人や団体や地域の運動と出会うことが不可欠である。また学校生活のいろいろな機会に、教師の大人としての「本気」を伝え、子どもが学ぶ学校空間にその「本気」が満ちるようにすることが、ＳＤＧｓの教育を進めるために欠かせない。グレタ・トゥンベリさんの声と行動は、私たちの「本気」を問うている。

最後に「気候民主主義」について触れておきたい。気候危機に立ち向かううえで、「気候市民会議」がヨーロッパで展開されはじめている。日本でも「気候市民会議サッポロ２０２０」や「気候若者会議」(8)や、地域の持続的な発展をＳＤＧｓの視点から計画する自治体の「市民会議」が広がりつつある。そしてそこに地元の高校生が参加する取り組みも生まれつつある。

ＳＤＧｓの取り組みは、どうしても解決しなければならない全体的な目標を、自分のところでどう引き受け、達成するかという努力、知恵と工夫、挑戦を計画し、実践するという「バックキャスティング」という方法をとっている。一人ひとりが今生きている場、地域、会社、学校で議論し、実現すべきサブ目標を掲げ、その実現に取り組む民主主義的共同をそこに立ち上げていくというスタイルである。そして私たちが生きているそれぞれの場で、ＳＤＧｓという目標が生きる指標として働いているような日々をつくり出す必要がある。だから、大学や学校にも、そのような学生、生徒、教師の参加する「気候会議」や「ＳＤＧｓ会議」が組織され、それぞれが生きる場で、ＳＤＧｓを実現していくという網の目のような議論と運動が組織されなければならない。学校にも子どもたちの間にも、そのような「会議」が組織され、それぞれの場での行動計画をつくり出すところまで、取り組みは具体化されなければならない。そのようにして子どもや学校や教師が、このＳＤＧｓの直接の担い手として参加する場に学校が変革されなければならない。そのことが今求められている。そこまで行かなければ、危機への対処はできない。

ＳＤＧｓの不十分性や「アヘン化」する危険性に警戒しなければならない。しかしその批判は、自らの生きる場にいかなる取り組みを具体化するかという挑戦に組み込んで、ＳＤＧｓの質自体を組みかえていくという方法で、対処する道があるだろう。「脱成長[9]」という視点もそういう中で議論したい。

ＳＤＧｓの教育の取り組みを、このような学校教育のラジカルな転換、教育に取り組むすべての人びとの意識転換を引き起こし、日本の学校教育を直面する危機への対処モード、人間の尊厳と正義を探究するモードへ組みかえていく挑戦につなげたい。

注

（1）ＩＰＣＣ第6次評価報告書第一作業部会報告書（http://www.env.go.jp/press/109850.html）、第三作業部会報告書（https://www.meti.go.jp/press/2022/04/20220404001/20220404001.html）。日本の数字見通しは「対談・ＣＯＰ26が合意した1・5℃目標・脱炭素――気候危機打開へ国民的共同の一年に」浅岡美恵・笠井亮（『前衛』二〇二二年二月号）による。

（2）寺島実郎「能力のレッスン特別編――コロナ危機の中間総括」『世界』二〇二一年九月号。

（3）政府の石炭火力の位置づけについては、浅岡美恵・笠井亮対談「ＣＯＰ26が合意した1・5℃目標・脱炭素――気候危機打開へ国民的共同の一年に」（『前衛』）二〇二二年二月号）二五頁参照。

（4）斎藤幸平『人新世の「資本論」』集英社新書、二〇二〇年。

（5）ＭＤＧｓの性格については蟹江憲二『ＳＤＧｓ（持続可能な開発目標）』中公新書、二〇二〇年、第二章参照。「ブルントラント報告」（一九八六年）を受けて地球サミット、そしてミレニアム開発目標（ＭＤＧｓ）へと展開していくが、そこでは「持続可能な開発」とは、「将来の世代のニーズを充足する能力を損なうことなしに、今日の世代のニーズを満たしうるような開発」と定義されていた。しかしＳＤＧｓに即した概念定義再検討プロジェクトの検討を経て、「持続可能な開発」とは「現在および将来の世代の人類の繁栄が依存している地球の生命維持システムを保護しつつ、現在の世代の欲求を満足させるような開発」と規定した（六二頁参照、傍点引用者）。

（6）南博・稲葉雅紀『ＳＤＧｓ――危機の時代の羅針盤』岩波新書、二〇二〇年、一一九頁。Global Footprint Network, 2019の「エコロジカル・フットプリント」データによる。

（7）池田考司・杉浦真理・教育科学研究会『みんなでつくろう！　ＳＤＧｓ授業プラン』旬報社、二〇二一年。

（8）南博・稲葉雅紀『ＳＤＧｓ――危機の時代の羅針盤』岩波新書、二〇二〇年。

（9）セルジュ・ラトゥーシュ、中野佳裕訳『脱成長』文庫クセジュ、白水社、二〇二〇年。斎藤幸平「気候崩壊と脱成長コミュニズム」『世界』二〇二一年一〇月号など参照。「脱成長」という考えについては多様な意見がある。飯田哲也は「複合危機とエネルギーの未来」（『世界』二〇二二年一月号）で、「脱成長に欠けているもの」として、①二〇三〇年までに温暖化ガス50％削減という課題への応答、リアルな策を提示していないこと、②「近年の太陽光や風力、ＥＶなどの飛躍的な拡大による文明史的な大転換」の位置づけがないこと、③「太陽エネルギー文明への転換という明確なイメージが読み取れないこと」（一九九頁）、を指摘し、「「グリーン成長」と「脱成長」のギャップを埋める必要を述べていた。またこの点に関してマルクスをどう読むかも論争となっている（斎藤幸平『人新世の「資本論」』第四章「人新世のマルクス」参照）。

第Ⅱ部　学力と人格の関係をめぐって

――「資質・能力」論批判

第6章

コロナパンデミックと新自由主義

——危機の中から教育の未来を切り拓くために

多くの人びとが、未曾有のコロナパンデミックの展開の中で、新自由主義がこの危機を拡大し、この危機に対処する人類の力を奪っていることを率直な言葉で表明し批判し始めている。それは人類が、今その進歩と危機克服を妨げている主犯として新自由主義をとらえ、その現実に正面から対決しようという構えを生み出しつつあることを意味する。

しかし、あらためて考えるとき、今、自分が生きている世界の独特の歴史的性格、巨大な困難、人類が直面する危機の深さ、日々多くの人間の命が失われている惨状の本質を、この新自由主義という概念を通して認識することは一体どれぐらい同意を得ているのだろうか。第二次世界大戦の原因を資本主義と帝国主義という社会科学の概念を手にして、戦後世代は日本の戦争の本質を「帝国主義戦争」、「侵略戦争」、「植民地支配」として科学的に捉え、新たな社会変革へと挑戦していった。これらの概念なくして戦後の認識は切り拓かれ得なかっただろう。今、新自由主義という概念に依拠して現代の本質をとらえることは、それと同じ程の重さをもつと考えられるのではないか。今日の世界の性格の核心を捉える概念を、今社会科学はいかなるものとして教育の場に提示し得ているのだろうか。

一　新自由主義とは何か

ここでは今日、新自由主義をいかに捉えるべきかを考えたい。

第一に、新自由主義とは、国家の経済力をも上回る巨大な富と、国家をも超える資本と生産のネットワークを手にし、世界経済への強力な統制力を獲得するに至ったグローバル資本が、世界市場での利潤獲得戦略を推進するために、国民国家権力の再掌握を企図し、その結果、このグローバル資本への「国家権力の回復[1]」の下で遂行される国家政治の特質を指す。

その特徴は、「新自由主義の本質を現代の支配階級が権力関係を再建するための戦略として捉えていること、労使関係にそくしていえば、資本の側の労働に対する階級的支配を再建・強化するためのヘゲモニー・プロジェクト（戦略的・主導的企図）として捉えている[2]」ことにある。この視点に立てば、新自由主義を「市場化」の側面だけで把握し、国家的管理や統制の側面を見ない認識は、強権的な新自由主義国家の性格を統一的に把握できないものとなる。それは、教育政策では、新自由主義政策を学校選択制などの市場主義的公共性への改変という点でのみ把握し、その権力的な価値支配を見ない一面的な理解となる。新自由主義が、グローバル資本による世界経済と世界政治におけるメタ権力の形成を背景として生み出されてくる論理は、ウルリッヒ・ベックが説得的に描き出している。[3]

第二に、その経済と社会政策の基本性格は、戦後の西欧型福祉国家に対して、それが経済市場に対する政治的介入であり、資本の利潤追求の自由への制限であるとして、その介入（資本への大きな課税、雇用への規制、企業活動への規制、各種生存権保障の福祉の拡大、国民への富の再配分等）を廃止または「規制緩和」し、逆に資本に対する国家財政からの支援を拡大し、資本の自由、市場の自由を取り戻すという点にある。公共的な権利保障制度も、民営化や自治体財源の削減などによって後退させられ、各自が自己責任で買い取るべきサービス商品と化し、安心して生きるための共同の仕組みが後退していった。この側面は、フリードリッヒ・ハイエク[4]やミルトン・フリードマン[5]の経済理論などによって世界に広められていった。ナオミ・クラインは、この経済理論が、二〇世紀後半のチリなどにおいて、軍事的クーデタをともなった国家改造を支えたこと、巨大災害に対する「ショック・ドクトリン」として世界各地で展開されていることを告発した。[6]日本におけるこれらの新自由主義の展開過程に関しては渡辺治、後藤道夫、二宮厚美等をはじめとする多くの研究が蓄積されてきた。

第三に、新自由主義の政治は、新たに開発された情報技術やＡＩをも駆使し、国家と資本の目的をより効率的に実現するために、人びとの行動や生活、労働過程に目標や望ましい規範をあてがい、目標管理し、自己責任の論理を引き受けて競争世界を生き抜く「主体」を形成するように仕向ける。それは人間の生きる「環境」を管理することによる人間の「統治」となる。ＰＤＣＡやＮＰＭ（ニュー・パブリック・マネジメント）は、そのための新自由主義の人間評価と支配の基本的な方法となる。

この原型は企業による生産過程での労働者管理の方法にあり、それを行政の過程や教育や人びとの社会活動に対する統制と目標管理の方法として全面展開しようとしたものである。この側面を、ミシェル・フーコーは、「生政治」という「統治技術」としての政治として、独自の視点でクリアに捉えた。

第四に、以上のような支配の方法が展開し、人びとの生存権保障が後退し、福祉が後退し、企業利潤拡大のための雇用の仕組み（非正規雇用や派遣労働、リストラや低賃金雇用の拡大、女性への賃金差別等）が広がった。加えて、リーマンショックやコロナ災禍などが押し寄せるたびに、多くの人びとが自己責任として放置され、格差と貧困拡大の悪循環が展開してきた。[7] その格差や矛盾は、国内に留まらず、グローバル資本の戦略で改造される世界の各地に噴出し、紛争や敵対を生み出し、新たな排外的、敵対的ナショナリズムや民族主義、ファッショ的政治などを呼び出す危険性を高めている。

一つの補足をしておこう。実は市民革命以降、市場の自由の下で資本の論理で社会が改造され悲惨な生存の危機に多くの国民がさらされたことへの反省を踏まえ、市民や労働者の闘いが、政治を、国民の一人ひとりを社会のあり方を決定する主権者の位置に就かせ、人権と生存権の論理から資本の論理を規制し、社会の富を国民に再配分する方法と制度へと改造してきたことに気づく。そのように改造されてきた政治が、福祉国家を生み出し、資本に対して各種の規制を課してきたのであった。新自由主義国家は、そのような政治をグローバルな資本の自由な展開を妨げるものとして一挙に再改造し、巨大資本の利潤蓄積の方法を社会の全面に埋め込む政治を、二〇世紀の末に国家の統治手法として採用したのである。

重ねて強調したいのは、社会と国家と地球世界を深い危機へと向かわせつつある新自由主義のその土台に、世界を自らの戦略で改造しようとする強大なグローバル資本、それと結びついた国家権力という明確な主体と権力が存在するということである。だから新自由主義を取り押さえるには、この主体と権力を統制し、その利潤追求の衝動を取り押さえ、人間の命と生存権の回復、環境回復政策への「同意」をこの主体と権力に強制しなければならないということである。その闘いに勝利できるかどうかに、コロナ危機を克服できるか、そして人類の未来を切り拓けるかどうかがかかっている。もちろんその基盤には、資本主義という基底的な社会の仕組みが働いている。資本の二五〇年間の巨大化の到達点が、新自由主義を生み出したといってよい。その意味で、マルクスが『資本論』で解明した資本の本質の理解が、今日、改めて人類にとっての不可欠の教養とならなければならない。新自由主義の本質を、そのような歴史的必然性の中にとらえる認識が求められている。

二　新自由主義の舞台上に展開するコロナパンデミック

このような巨大資本の利潤追求戦略を組み込んだ新自由主義の展開する今日の地球世界にコロナパンデミックが展開したことは、日本にとっても八〇億人近い地球人にとっても不幸というほかない。この間に展開された新自由主義政策による世界改造、格差・貧困拡大で、コロナ災禍による企業活動の停止、物流遮断、企業倒産、店舗閉鎖、非正規雇用の雇い止め、ジェンダー差別による女性の貧困、地域経済の崩壊などが一挙に拡大し、生存権と命の危機が各所に噴出している。日本では、公共的な医療体制の縮減政策（たとえば、全国の保健所は、一九九二年の八五二か所から二〇一九年の四七二か所へ四五％減少[8]）で、医療崩壊の危険が拡大している。コロナ災禍は、新自由主義の社会破壊と生存権剥奪の病理をいっそう深刻化させ、その社会危機の様相をまるでレントゲン照射するかのようにあぶり出している。

このグローバルな巨大資本による専制とも言うべき経済と政治の仕組みは、人間の平等や生存権保障、地球環境やコロナパンデミックの危機に対処する政治の実現を妨げようとする。さらにそれに抵抗する人びとを抑圧するために、民主主義を攻撃、破壊しようとする衝動――憲法改正の執拗な攻撃もそこに根ざしている――を生み出している。

菅（前）首相は、国民との誠実な対話を拒否し、驚くべきことに昨年（二〇二〇年）の臨時国会で、「答弁を控えます」を一一一回――うち七回はコロナ問題――繰り返した。そして逆に、この危機をＩＴ・情報企業の市場拡大への巨額投資を推進するショック・ドクトリンとして推進しつつある。一方で、政権への支持をつなぎ止めようとして、オリンピック実施やＧｏ Ｔｏトラベル政策にこだわり、国民の命の危機に対処する責任を放棄し、二〇二一年春段階でパンデミックの第四波を招き寄せた。今こそ国家による生存権保障のための経済支援が不可欠であるのに、まず「自助」と「共助」だと「自己責任」を強調し「公助」を退ける反国民的対応を進めている。この異常の土台には、危機への対応を巨大資本の利潤増大へと帰結させるショック・ドクトリン戦略として進める新自由主義政権、安倍・菅内閣がある。

しかしさらに考えるべき事柄がある。それは現在の日本や世界が直面する危機は、コロナパンデミックを含んで、地球の気候バランスや生態系の破壊によって引き起こされているということである。人類は、化石エネルギーを大量消費する産業革命によって、農業社会のような直接の太陽エネルギーに制約されて――いわば生態系バランスに直接に依拠して――生きる生活・生産スタイルから離脱した。そして資本の止まることを知らない利潤追求欲求を推進力として生産を無限に巨大化し、地球の持続に必要な化学・物理・生態系バランスの維持・回復が不可能になる危機を招来しつつある。[9]

斎藤幸平『人新世の「資本論」』（集英社新書、二〇二〇年）は、現代の私たち先進国の人間の生活について、それが「帝国的生活様式」であること、「外部化される環境負荷」によって先進国の豊かさが途上国の環境を破壊し貧困を生み出し、環境負荷の「技術的転嫁」によってさらなる「生態系の攪乱」や負荷の「時間的転嫁」（次世代への困難の押しつけ）を行い、自らの責任を「不可視化」しつつ、危機を深化させていることを告発している。

新自由主義とは、そのような巨大資本の反人類的ともいうべき利己主義を全面展開させ、環境破壊や生態系破壊のクライシスを増幅している。コロナ災禍もその結果に他ならない。今、その新自由主義をどうしても取り押さえなければならない。

三　社会と人類の危機に対処する構えを創り出せない教育

新自由主義は、その戦略に適合した人材形成と人格支配のために、かつてない強力で高度な技術を張り巡らしている。その中心は、フーコーも指摘するように、新自由主義の規範で構成された空間、関係性を人びととの生きる空間（環境）として当てがうことにある。その空間には、競争の論理、市場の論理、そして自己責任の規範が強力に組み込まれている。その空間において営まれる個人の生活過程に対して、国家や資本の目的や利潤の観点から評価のためのＰＤＣＡシステムを押しつけ、その目的達成度に応じて、配分（賃金等）が行われる。そこで決定された配分の大きな格差は、「自己責任」として押しつけられる。そしてそれに抗う者に対しては「生きる場」を剝奪するという制裁が下される。

教育の世界においても、教育基本法での「教育の目標」の規定、強力な学習指導要領による内容統制、「教育振興基本計画」による学校目標の押しつけ、学校へのＰＤＣＡサイクルの組み込み、学力テストによる学力達成度の計測、それに基づく教師への人事考課、スタンダードやアクティブラーニングなどの教育方法の強制、道徳規範を含む「資質・能力」の方向づけなどが強力に進められている。そのことによって公教育の内容は、ますます、社会や人類が直面する課題から遠ざけられつつある。

学校教育の内容が、ますますグローバル競争に資する人材育成に一面化されつつある。「解決すべき時代の課題」への関心を組み込んだ知の体系のことを教養としての知と呼ぶとするならば、この教養的な内容が希薄化されつつある。「解決すべき時代の課題」の多くは、論争的形態で存在しているが、教育内容は「客観的」な真理判断が可能な知――いわば客観的な「正解」のある知、それによってコンピテンシーを形成する負荷として働く内容――に一面化されつつある。かくして、社会が直面する課題――温暖化や格差問題や差別問題やコロナの下での生存権の危機など――をともに考える知と学びが学校から排除され、学校は、現実の社会と人間にふりかかる矛盾や困難を考える質を、奪い取られていく。そのことは学校での学びから、人間が生きることに直接結びついたリアリティを奪ってしまう。

さらにまた、コロナ危機対応を契機としてGIGAスクール構想が急速に展開し、教育内容自体が教育産業（資本）の手で編集、商品化され、子どもに直接提供される変化が起きている。公教育をスリム化し、インターネットを通して学習を自己責任で遂行し、国家的な評価と資格制度によって学習達成度を認定するシステムの土俵で、それらの教育商品が大量に消費されるという教育の仕組みが拡大しつつある。そして、中教審答申（二〇二一年一月）がいうような「個別最適な学び」が、AIと個人のスタディーログとビッグデータによって提供されるとする。しかし教育産業やAIは、今人類にとって必要不可欠な――その意味で現代に最適な――教養のプログラムをはたして提供できるのだろうか。

自分たちの今と未来を決する避けられない難問に関心を向けさせ、子どもたちに、人類に、それに取り組む構えを育てていくことは教育の責務なのではないか。教養とはそういうなかで立ち上がるものではないのか。教育の場は、片時でも、競争のための人材形成の効率を引き下げることは許されないとして、直面する危機に対処する主体形成の場、未来への希望を探究する場であることを断念して良いはずがない。

四　新自由主義に対抗する基盤を教育の場につくり出す

社会課題に対する公教育の責任をいかに回復するのか。それは公教育の自由の本質的意味として把握されてきたのではなったか。権力が、教育の内的な価値を統制することは、権力批判を恐れない社会の自由な主体（真の主権者）を育成する公教育の責務遂行を妨げ、教育に関する憲法的自由を侵害するものと批判されてきたのではなかったか（一九七六年最高裁「学テ」判決参照）。学術会議会員任命に関しての菅内閣による六名の任命拒否という「学問の自由」への介入もまた、同質の問題である。

経産省の提唱するSociety5.0構想や中教審答申は、現代を未来についての「予測困難な時代」と規定し、そこで何が起こっても自己責任でサバイバルできる「コンピテンシー」や「技術開発力」の獲得をと提唱する。しかしそれは、欺瞞と言うほかない。地球環境問題や社会の格差・貧困などの危機の進行を「予測困難」として放置して良いはずはない。その原因を解明し、未来への計画的な変革が不可欠になっている時代である。その変革への見通しと共同をこそつくり出すのが現代の喫緊の課題なのである。そしてまた教育もそういう未来への見通しを切り拓く探究と学びをこそ展開しなければならない。人材育成の「コンピテンシー」に一面化するのではなく、歴史的課題に取り組む知と共同力の育成、それに相応しい教育の内容編成をこそ、公教育は追求しなければならない。

しかしそういう授業＝学びが位置づかない背景に、子ども自身の主体性の剝奪ともいうべき、新自由主義の人間（子ども）支配のもたらす困難がある。新自由主義の下では、個人の価値は取り囲む空間（環境）の管理された目標と規範に照らして評価される。その結果、そこであてがわれる目標や規範に照らした評価を自己の中に取り込み、新自由主義の現実を全面的に受容する態度や構えを形成させられる。それに抵抗したりはみ出るような思いや感情や憤りやは、道徳性の欠如、わがままとして自ら封じ込めざるを得なくなる。それは矛盾や困難を自己責任――自分の内部の弱点、わがまま――に起因するものだとし、社会そのものに問題や責任があるという視野を塞ぐ。新自由主義は、サッチャーも述べたように、社会というカテゴリーを消してしまうのである。人間の困難を生み出しているのは社会の側であるという社会責任や社会正義の視点を奪ってしまうのである。その結果、個々人の存在から発する要求、声を出そうとする勇気そのもの、そういう声を出して良いのだという表現への権利的把握そのものを抑圧し奪っていく。それは民主主義が一人ひとりの「声」から立ち上がることを困難にする。この孤立化、自己責任化のメカニズムは、価値を紡ぎ出す一番の基盤となるべき個の内面の葛藤の場での価値の争奪戦において、新自由主義の価値と規範の勝利を帰結させる。

だとすれば、新自由主義への抵抗の拠点は、個の中に噴出してくる思いや願いや要求を、自己の尊厳を回復しようとする人間存在そのものからの抵抗、主体回復の訴えとして意識化し、それへの共感と連帯を生み出していくほかにない。そして、自己の思いや願いの表現が正当なものであること、何ものにも代えがたい個の存在の価値、存在の証を社会に刻み込んでいく行為であるということへの気づきを取り戻していくほかない。自己責任意識による個の思いの封じ込めを打ち破るには、その矛盾の解決が社会責任であり、国家責任であり、共同責任であり、そしてすでに圧倒的に個人責任を超えた課題であることを明確にしなければならない。ケアの方法と社会批判の方法が必要となる。社会責任を解明すること自身が自己責任を克服するケアとしての働きかけでもある。

地球環境問題では、二〇三〇年頃に人類が温暖化による壊滅的な気候崩壊を食い止められるかどうかの分岐点（ティッピング・ポイント）が到来する可能性が指摘されている。数年間の誤差がありうるとしてもこの危機は間近に迫っている。そのためにも、自己責任で勝ち抜かないとサバイバル競争に生き残れないという身近な新自由主義の舞台での競争のリアリティに囚われて、人類に迫り来る環境と命の危機に目を閉じさせられている事態を組みかえなければならない。新自由主義の土俵に組織された学力競争によって強い個だけがサバイバルする戦略に人びとが向かわされる罠から離脱する教育改革は、社会と地球の危機に立ち向かう教育を取り戻すために不可欠な課題となっている。

五　子どもの学びの本質に立ち返る

今あらためて、コロナ危機の中での子どもの思いをふりかえってみたい。子どもたちはある意味、学校の意味をあらためて実感する思いを味わった面があるのではないか。

どうして子どもたちは、学校が好きなんだろう。学校に行きたいのだろう。――そんなことを言えば、それは違うよ、「学校なんて大嫌い」という子どもたちをいっぱい、つくり出しているのが現在の学校だよという声が聞こえてきそうだ。

確かにそれが現実である。しかし、多くの子どもが、コロナ禍による長期の休校で、主体的、創造的に生きる場と方法を提供する学校という場を奪われた困難な状態へと追いやられたのではないか。

私は現在の学校の歪み、子どもの自由を奪ってしまうような学校の性格、そのように学校を方向づけてきた教育政策を批判し続けてきた。にもかかわらず、「コロナ休校」の中で、多くの子どもが「不自由」な状態に置かれたように感じた。普通の日常の学校が、実は子どもたちに、主体性と自由と共同、さらには人間としての尊厳や誇りを組織しようと苦闘してきたこと――人格そのものへの働きかけ、人格の尊厳を子ども自身にも意識させる取り組み――が、子どもたちの中に、主体的に生きられる場として学校の再開への期待を、かすかであるとしても、生み出していたのではないのか。

文科省も教育行政も、多くの教師も、親も、「授業再開」で学力の「遅れ」の挽回へ一直線に向かおうとし、授業時間確保のために夏休みや土休の縮小、行事縮小を提案しつつある。しかしそれは、子どもの学校再開への期待とずれているのではないか。

今、「主体性」と「自由」と「共同」と「誇り」などを組織しようとしてきたと述べた。実は、これらの目標、人格形成を支える価値内容は、残念ながら、教育内容からはどんどん削除され、希薄化している。それでも国語教材に、社会科の歴史教材に、教科書で出会う芸術作品等々に、あるいは理科や英語の教材に、それらの一端は組み込まれているに違いない。にも関わらず、学校で、授業で、子どもがそれらの価値を大事なこととして強く感動し影響を受けるということがあるとすると、それはほとんどが、教師の意識的な働きかけ——子どもたちがそういう価値と授業で出会う喜びを組織し、学校生活の場にその価値を織り込もうとする働きかけ——があるからではないか。ただ単に、学力を付けるための「負荷」として教材や課題を与えるという教育ならば、教師でなくとも、いやＡＩの方がより的確な「個別最適化された学び」を提供し、「三密」を効果的に避けられるかもしれない。

日本の条件に即してみれば、経済生産の水準がこの程度の学力形成の「停滞」で低下するとは考えられない。数カ月の教育課程の達成の遅れが子どもたちの発達に重大な遅れをもたらすのだろうか。今までの達成目標を絶対的な基準として、それに追いつかせようとする無理な詰め込みこそが、落ちこぼしや学習嫌いを急増させるのではないか。

今生まれている子どもの学びの危機は、生きることそのものの目標の喪失、現在と未来への不安、友達と一生に生きる関係の停止、ケアの喪失や食事すら失う貧困の放置、虐待やネグレクトのいっそうの密室化、障がいへのさまざまな支援の仕組みのストップ、等々による不安や命の危機などの進行の土俵においてこそ起こっているのではないか。加えて、子どもの学びにおける危機は、学校の縛りがなくなると学習意欲が消えるという事態に現れている。子どもたちは、違いはあれ、多くが学校から与えられる課題や学習競争から「解放」されて、目的のなさ、学習への意欲を見いだせない空白――目的を喪失した「自由」時間の不自由さ――に襲われ、簡単にアクセスできるゲーム洪水に曝され、そのなかで学びを停止している。そして親が、学習させるために声を荒げ、その空白を埋めるために、ネットからダウンロードされる教育産業提供の学習プログラムが――学校に代わって学習の競争を組織するツールとして――活用されようとしている。コロナ危機で、学ぶことの意味と契機を組織するという学校の固有の機能が、その場が奪われているという事態が深刻化しているのではないか。

この子どもの危機は、市場的な自己責任システムの上での「コンピテンシー」の獲得を競争課題とすることでは対処できない。AIやEdTechなどの技術によって、グローバルな競争に勝ち抜くコンピテンシー獲得のために、「個別最適化された学び」のプログラム提供が一挙に拡大し、それこそが未来の学びの姿だと宣伝されている。

しかし、ICTとビッグデータによる「個別最適化された学び」の提供の仕組みとは、コンピュータのアルゴリズムに依拠して、どこまで到達しているか、何が不十分なのかを「判定」し、その学習到達段階に対応した課題を提起し、思考や認識を次の段階へ引き上げるものである。学びの固有性の構造はただ単なる認識の論理的段階を越えて、学びの全体性、あるいは学びの人格性と結びついている。そのためには、主体的な子ども固有の関心と取り組まれる学習の意味や課題性とが結合されること、このことをわかり解決したいという子どもの要求へと学習課題を「変形」することが必要である。

このような文脈に沿って展開される本当の学習は、自分の課題に挑戦し、新しい力をもった個性的な主体として子どもが世界に登場するプロセスとなる。今、人類に、子どもたちに求められている力は、これから度々直面するであろう環境崩壊の危機、格差や貧困が直ちに生存権や命の喪失につながる世界の現実、自己責任でサバイバル競争に追い立てられる理不尽、戦争の危機、等々の現実に対処する力、そのための共同をつくり出す方法ではないか。「正解」や「到達目標」を提示して、それに適合したコンピテンシー獲得のためのスキルを課すればよいということではない。

コロナ危機は、一方で個を分断する新自由主義の支配に対抗する人と人との人格的なつながりを奪う。人格の発する微妙な思いや身体の表情、共に生きることへの願いなどを共感し結び合わせる空間を奪う。互いをケアし、理解を深め、その尊厳を励まそうとする意思を表しつつ言葉を探し合う存在の近さを困難にする。それらなくしては、民主主義も立ち上がらない。その分断をいかに修復するかが問われている。コロナパンデミックの最中にあって、この危機を最大化している新自由主義の力学に対抗する人間のつながり、対話とケア、人格を共感させ合う交わり、共同の技法、それらが探求される学校という場が必要になっている。

注

（1）デヴィッド・ハーヴェイ、渡辺治監訳『新自由主義』作品社、二〇〇七年。
（2）二宮厚美『新自由主義の破局と決着』新日本出版社、二〇〇九年、一四一頁。
（3）ウルリッヒ・ベック、島村賢一訳『ナショナリズムの超克』NTT出版、二〇〇八年。
（4）F・A・ハイエク『ハイエク全集』5・6・7巻、春秋社、一九八六－八七年。
（5）ミルトン・フリードマン、西山千明訳『選択の自由』日経BPマーケティング、二〇一二年。
（6）ナオミ・クライン、幾島幸子・村上由美子訳『ショック・ドクトリン（上・下）』岩波書店、二〇一一年。
（7）コロナ禍が若者の貧困を増大させた様相は、中西新太郎「コロナ禍は若者の窮状に何を加えたか」『世界』二〇二一年五月号参照。
（8）横山壽一「コロナ一年、保険・医療政策の課題と転換」雑誌『経済』二〇二一年六月号、新日本出版社。
（9）古里貴士「「持続可能な発展（開発）」と「教育」の結節点:共同学習」民主教育研究所編『民主主義教育のフロンティア』旬報社、二〇二一年、参照。

第7章

「学力と人格の結合」論と「資質・能力」論

――今、学力問題はどこに存在しているのか

はじめに――問題関心

今あらためて、人格・学力・発達を考えるのは、新自由主義の下での教育政策の展開、特にその学力政策が、日本の公教育の全体像を深く捉え、方向づけし、人間人格の根底に及ぶ支配と方向づけを意図する構造を獲得しつつある事態に、いかに教育学と教育実践が対抗できるのかを考えるためである。そのために、以下の点を検討したい。

（1）「学力と人格の結合」論と「資質・能力」論との違いについて明確にすること。そして今日の政策との対抗において、この「資質・能力」論（の教育学）への一定の批判の視点を明確にすること。

（2）学力の内容が、「コンピテンシー」ベースで展開していることの問題性について、注意と課題

を喚起すること。
（3）同時にGIGAスクールの展開が、学力や教育の方向性に与えつつある大きな問題性を指摘すること。
（4）総じて、これらの課題を踏まえて、今日の学力と人格のありようをめぐる基本的な課題を明確にすること。

私たちの「学力と人格の結合」という教育学の視点と、政策の「資質・能力」論はどこが違うのか。OECDのPISA学力論以来、社会的に要請されている人材的能力を「資質・能力」と規定し、それを経済や国家の人材と人格要請に合わせて方向づけ、その「資質・能力」を獲得させるには人格を深く関わらせる必要があるとして、人格を方向づけコントロールする教育学と教育実践の方法が開発されつつある。人格を関わらせることが、学力の中に「資質・能力」という質を組み込むための方法とされ、人格が教育の操作の対象にされつつあるのではないか。人格には情動や価値観などが含まれ、個の尊厳と自由の下での人格それ自身の実現こそが教育の根本的目的となるべきものである。しかし「資質・能力」論には、人格それ自身を価値とし、その存在と自由を実現することを第一の課題とする視点があるのか。「学力と人格の結合」論と「資質・能力」論は、学力と人格をつなげるという点で共通の土俵をもちつつも、深い論争・対決状況が生まれているのではないか。政策に止まらず教育学の概念としても「資質・能力」論が教育現場に広がっている今日、教育学はこの事態をいかに認識し、いかに対処すべきなのかが問われている。

一 「資質・能力」論の戦略

二〇世紀の戦後の教育政策では、学力のあり方を政策理念として提示しても、学力自体を直接に目標管理するものではなかった。しかし二〇〇〇年代に入ってからの政策は、学力を政策概念に位置づけて規定し、その達成を目標管理することへと踏み出した。

第一に、二〇〇六年の教育基本法改悪で第二条「教育の目標」を規定し、二〇〇七年学校教育法改定（第二一条）でも教育目標を法定化した。第二に、学習指導要領に「資質・能力」規定を組み込み、学力に加え人格もまた権力によって方向づけ目標管理するものへと包摂されつつある。第三に、悉皆学力テストを公立小・中学校で実施し、意図する学力の達成を競わせるシステムをつくり出した。第四に、目標とする「資質・能力」形成に必要とされる教育内容を、指導要領と教科書検定で統制・管理し、第五に、学校教育過程へＰＤＣＡシステムを組み込み、学校目標も、授業もその実施プロセスに及んで管理され、第六に、勤務評定、人事考課による強力な教師統制・管理を行い、第七に、教育振興基本計画システムで、教育行政がスムーズに学校改革を進める仕組みが整備されつつある。

その結果、学力に加え人格も深く国家管理する公教育システムがつくり出され、かつてない深さで、公教育の国家からの自由が侵されつつある。二〇〇〇年までに政策支配に対抗して、「国民の教育権論」とその運動が構築してきた教育の自由のための対抗線は、一挙に数段階踏み込まれたものとなってきているというべきだろう。

二　「学力と人格の結合」論と「資質・能力」論の共通土俵

この問題を考えるためには、学力論をどう把握するかをめぐる議論の到達点を踏まえておく必要がある。教育科学研究会の教育学研究の流れの中では、一九六〇年代の「教育と科学の結合」という論理（一定の一面化を含んだその論理）に対する反省を踏まえて、「生活と教育の結合」の論理を科学の捉え直しと結びつけてすすめる研究方法が展開した。

そしてその中で、「学力と人格の結合」という理論が提起され、深められていった。その学力論においては、学力は、人格の核心にある価値意識や目的意識、動機、生活意識、さらには感情など、人格の能動性や主体性、その中核にある社会や物事に対する主体的な構えや意識、関心などとの相互の交渉を介して、個の存在それ自身を実現する主体的な性格を組み込んだものとして獲得されると把握されていった。(1)

一方で、OECDの学力論、コンピテンシー論が、一九九〇年代末から日本の教育政策と教育学に大きな影響を与えた。OECDの三つのキー・コンピテンシー概念（①リテラシー＝道具を使いこなす②自律的に活動する、③異質な他者と集団でつながる）は、その良質な面では、この「学力と人格の結合」

図1　「学力と人格の結合」と「キー・コンピテンシー論」の共通構図

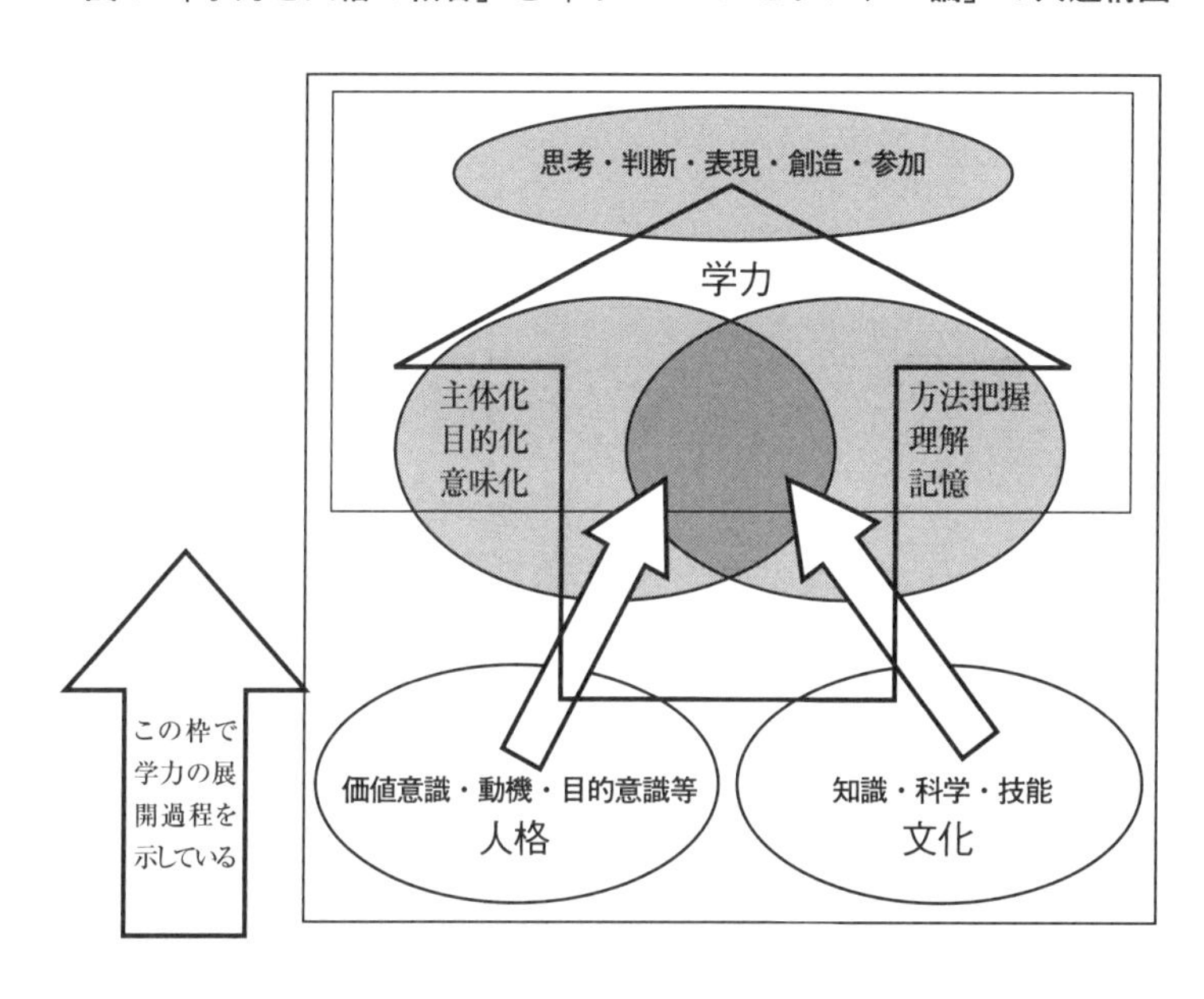

という論理に近い性格を持っていた。[2]

　この両者において、ほぼ共通して、「学力と人格の結合」の視点は、学力が思考・判断・表現・創造・参加という形を取って発揮されるために不可欠なものと位置づけられるようになってきた。その共通部分を取り出して構図化してみると、上の**図1**のようなものとなるだろう。

　その結果、学力を人格との深い関係において把握すること、そして学力がこの人格との結合によってその質を発展させていくことが捉えられ、学習とその指導においても、その過程に人格が深く関わる方法論が重視されるという方向が、この二つの文脈において共通に主張されるようになってきたといえる。

　若干の補足をしておこう。学力の三要

素の中のひとつについて、中教審は「思考（力）・判断（力）・表現（力）」としてその内容と質を規定している。しかし、知識や技術の獲得が、人格的な力として具体化されるときのその活動・行動の様式は〈思考・判断・表現・創造・参加〉と把握することができるのではないか。思考・判断は人格それ自体の内的な変化・発展であり、表現はその判断や思考に基づいての社会への働きかけ（参加）と外的世界（自然）への働きかけ（創造）と把握できる。これらは人間存在の自己実現の過程であり、知識や技術・文化はその過程に結合され、その過程に力を与え、豊かにすると把握することができる。表現という概念はある意味でその全体を含むものと把握することもできる。

私は、表現とは、それ自体が意識化の方法、また思考の方法の一環であり、同時に社会や人と人との関係の中で自己をつくり出していく方法であると考えている。知識を自分の主張の構成に生かし、自らの表現の自由を行使して社会的正義をともにつくり出し、さらにまた表現することを通して自己自身を対象化＝実現することができる。また作品の創造もまた自己の対象化であり、自己の社会化である。また人間の本質としての共同性は、この表現を介して実現され、関係性自体を創造・発展させていく。政治の根源的な本質とは、表現を介した「合意」によって社会、世界を変革していく営みであると捉えることができる（本書第10章参照）。表現は、学びとその知識が生きる力へとつながり発展していくために不可欠な媒介項であると考えている。

「参加」という概念は、おそらく中教審や新自由主義の理念が排除しようとする社会的な権利主体としての関わりを示すニュアンスが強いので、避けられているのではないか。この「参加」の重要さは、是非強調しておきたい点である。主権者（＝自治主体）として生きる場（教室・学校・地域・自治体・国等々）に自治を実現することも参加に含まれる。「思考・判断・表現」という言葉には、社会、他者、世界等々へ働きかけるという構えが、あまり意識されていないように思われる。「資質・能力」は、人材の質、その能力の質の規定に止まっており、人格が能動的に働きかける局面での構えは強くは意識されていないということであるかもしれないが、学力が世界と交渉する様相、生きる力として働くその様相を捉えるという意味では、消極的な規定であると見ることができる。

三　「資質・能力」視点の歪み

国の学力政策が、「資質・能力」論として展開し始めるなかで、学力を、人格との関わりで把握するという理論と政策が国と教育行政の側から展開され始めた。日本の教育政策、その理論的な担い手となっている中教審は、ＯＥＣＤのコンピテンシー論を基盤に置きつつ、その質を「資質・能力」という概念に組み込む形で導入した。一方で実際のその過程は、松下佳代氏らによるＯＥＣＤのキー・コンピテンシー概念の摂取による新たな学力論の展開という流れと、文科省によるＯＥＣＤ型学力規定に基づく学力テストの導入という政策の側の展開とが、教育学の側からの政策への一定の批判をも含みつつも、そういう教育学研究者の中教審等への参加を介して、かなりの共同関係をつくって進んでいったとみることができる。

先に述べた共通部分をいったんは確認することができるとして、それではその二つの異なった視点と立場――「学力と人格の結合」の視点を「人格視点」、もう一方を「資質・能力視点」と呼ぶことにする――は何が異なるのか。

その特質は以下の点にあるとみることができる。

第一は、教育の目的がどこにおかれるかである。「人格視点」では、人格の発達、実現そのものが最も基本の目的となる。「資質・能力視点」では「資質・能力」論の把握する質の「学力」を獲得させることが第一の目的となる。

第二は、「人格視点」では、学力の意味と価値が、子ども自身にとって、自らがその人格を実現し尊厳を実現し、他者や社会の中で自己実現していくこと、その中で学力が自己を支え、自己実現の力として働くことにおいて自覚される。「資質・能力視点」では、求められる「資質・能力」が企業や社会や国家の要請――それは厳しい評価として突きつけられてきている――に応じることができるか、またその能力・人材競争に勝ち抜けるかが、評価基準となり、学力獲得の意味を与えることになる。

第三は、評価において、「人格視点」では人格それ自体は「評定」の対象にすべきではなく、人格の自由が保障されなければならない。「資質・能力視点」では、「資質・能力」の全体が人材力として評価対象となり、学習評価において、「態度」が評定の対象とされる。そしてそこに人格それ自体が評価の対象とされる可能性が生まれる。三観点による観点別評価は、そこに踏み込んでいる（本書第

図２　政策における学力と「コンピテンシー」の改変の構図

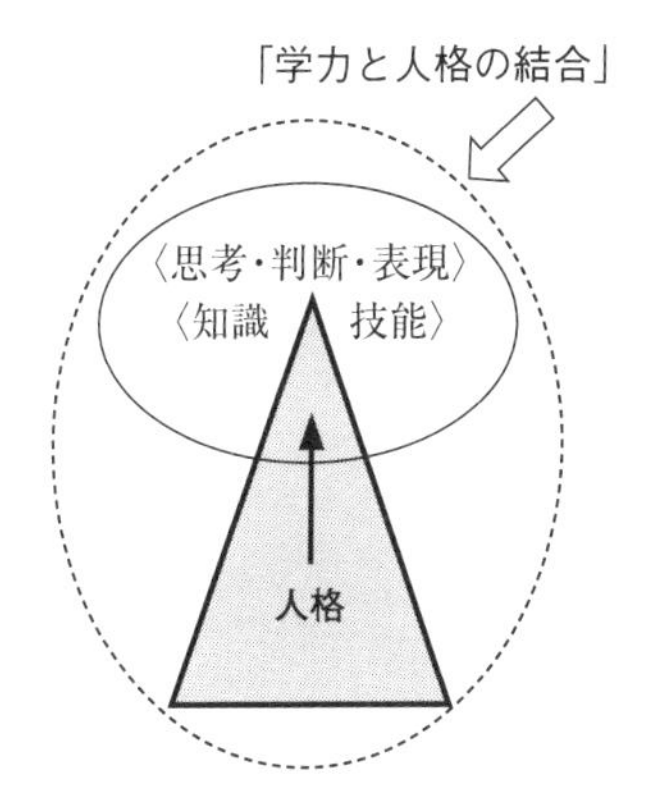

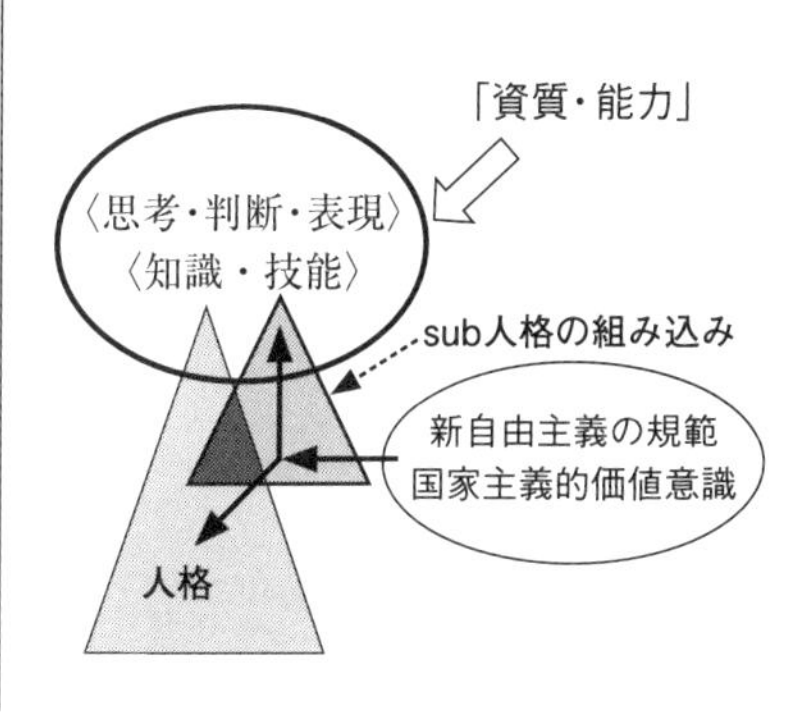

(注)左の構図では人格が、右の構図では「資質・能力」が最も中心的な目的となっていることを示すために、最も太い線で示してある。

8章参照)。その結果、「資質・能力視点」の教育政策は上の**図2**のような構図として現すことができるだろう。

いくつかの点で説明しておこう。

第一に、ＯＥＣＤの三つのキー・コンピテンシー概念（①リテラシー＝道具を使いこなす、②自律的に活動する、③異質な他者と集団でつながる）は、その良質な面では、この左側の人格と学力の結合という論理に近い性格をもっていたが、その後の日本の教育政策への導入の中で改変され、むしろ右図の「資質・能力」論に接近しつつあるように思われる。もともとＯＥＣＤの学力論は、グローバル競争時代の競争力コンピテンシーという性格をもっていたが、日本では、それが、日本的な国家的価値統制性格——その典型としての教基法による「教育目標」の法定化など——をあらわにする変容を伴って具体化されていった。

第二に、「資質・能力」型モデルでは、子どもの人格の中に、①「資質・能力」型教育によって、能動的に働く新自由主義的な価値規範が組み込まれ、子ども自身の人格的能動性へと組み込まれようとし、②同時に学校・教室の空間の新自由主義的性格――競争と自己責任規範――による形成作用（ヒドゥン・カリキュラム）によって、新自由主義的な行動規範が強力な影響を及ぼしている。だから学校の教育・形成作用によって、人格の中に、新自由主義的な規範に立ったサブ人格の組み込みが企図され、その能動性と学力形成との結合が目指されていくことになる。

第三に、「資質・能力」について、新指導要領（二〇一七年告示）は「知識及び技能」「思考力・判断力・表現力など」「学びに向かう力、人間性など」によって構成されるとしている。そしてその達成度を三観点からの「観点別評価」で評定の対象としている。その結果、新指導要領の「資質・能力」論に立つ教育政策は、子どもの人格を教育で方向づけ、管理し、評価する目標管理の対象として扱う方向に展開しつつある。

四　コンピテンシー・「資質・能力」視点の危うさ

ＯＥＣＤのキー・コンピテンシー概念には、他者との関係性の中で人間の能動性を捉え、また自律性という人格のもつエネルギーの根本と学力との結合が学力の創造性を高めることに深く関与していると捉える視点が組み込まれていた。そこにはヨーロッパ型市民社会における人格の自律性や社会性、その一定の進歩性、民主主義的な人格像を位置づけようとする意図もあった。

その日本における受容には、ヨーロッパ型市民社会における人格の自律性や社会性の、日本社会や日本の教育現実と比較しての一定の進歩性や民主主義的な人格像の積極性を教育学において検討しようとする意図もあったように思われる。そしてその学力把握は、日本の戦後教育学が、「学力と人格の結合」という形で学力を把握しようとしてきたその到達点とかなり共通の枠組みをもつものとなってきたように思える。

しかし同時に、「コンピテンシー」という把握は、人間の能力を、経済的・労働力的な人材的能力として把握することに出発点をもち、それは、ＯＥＣＤ（経済開発協力機構）が経済発展のための教育の世界基準（モデル）を作成しようとする動機と繋がっている。

日本の教育政策、また中教審は、このコンピテンシー論を「資質・能力」概念に組み込む形で導入した。この「コンピテンシー論」にはある独特の性格が組み込まれていたように思われる。それは、人格的エネルギーと結合された学力を人間の学力の特質として把握し、そのような結合の望ましい特性をもつ学力の質を規定し、それを子どもに獲得させようとしている点である。それは、多様に規定されているコンピテンシーとは何かという定義において、たとえば、応用力とか対人関係力とかコミュニケーション力とか、表現力とか、〇〇力、△△力、等々と、人が実際の仕事場面で発揮するその仕事への構え、そこへの人格的要素の組み込まれた様相、学力（能力）が発揮され働きかける際の様態を含んで、コンピテンシーが多様に規定されている様子に示されているように思われる。そしてこの○○力として規定された〈学力＋人格〉統合体としての「コンピテンシー」を獲得させる教育学、教育方法論の探求が進められつつある。

しかしそこに、一つの大きな危うさが組み込まれることになったように思われる。本来、教育の目的とは、人格の発達そのものではなかったのか。もちろん学力の獲得もまた教育の目的である。さらにその学力は一方では社会的要請と深く結びついていることもその通りである。しかし人格の発達とその実現こそが基本目的であり、そのことを実現するために不可欠なものとしての学力の獲得が目指されるという関係ではないか。そのとき、学力は他者との到達点の比較によってその価値が計測されるものではなく、その人格の主体性、能動性、創造力、参加、等々を切り拓くための力として獲得されているかによって——すなわち人格そのものがどう豊かに実現されているのかによって——意味づけられるものではないのか。

しかし、「コンピテンシー」論と「資質・能力」論の構えは、そういう教育の原点的な視野を失いつつあるのではないか。学力を「資質・能力」的な質をもつものにするために、子どもの人格的要素も参加させなければならないと子どもに学習の方法の改革を迫る——典型的には三観点評価で「学習に向かう態度」を評定するという歪んだ政策にみられるように——という逆転した教育学の姿勢が生まれているのではないか。人格が、政策的に管理されて学力形成のための「方法」として利用されるという教育の論理の逆転がそこに生まれているのではないか。「資質・能力」という形で支配的な経済や政治権力が求める人間の力を規定し、それを獲得させるための働きかけとして教育を規定するのか、尊厳と固有性をもつ人格そのものの実現をこそ教育の目的とし、その力と生き方を切り拓くためにこそ、学習の主体として人格そのものを学習の場で引き出し豊かに成長させようとするのか、「学力」と「人格」をどちらのスタンスで「結合」しようとするのかが問われている。

補足しておこう。人格の形成を第一におくという視点は、社会との関係を無視するとか社会的要請を無視するということではない。むしろ現実の社会（政治や経済や社会生活）と正面から格闘することにおいて、その社会と時代を担う人格を形成するためにこそ必要な視点である。人格形成と社会的要請のあいだにある葛藤と矛盾を人格の主体性の側から切り拓き、結合していくところに、真の社会の変革的主体性をもった人間の生き方が生み出されるのである。教育が目的とする人格形成とは社会と時代を切り拓く質を含んだものである。

しかし現実には、教育の場でのコンピテンシーの強調は、〇〇力の基準に応じた学力を身につけるために、スキルを繰り返すという方向に展開するという一面化が進行しつつあるように思われる。そこでは、いわば獲得目的とされる学習者の主体性が、「主体性」を演じることができる「資質・能力」へとすり替えられ、主体性が人格そのものの主体化と切り離されているのではないか。子どもの世界で、学校や教室で、子どもの人格が多大な矛盾と圧力に直面させられ、生きられない事態が広がっている中で、その人格を支え、力強く生きられる世界を切り拓くことこそが教育にとっての第一の課題に据えられるべきではないか。そしてそのような人格が活性化され、主体化されるとき、人格の側から学力への強い要求が生まれるのではないか。学力とは、そのような人格を切り拓くことに働く力ではないのか。

補足をしておこう。たとえば、「表現」が抑圧されいじめが支配しているような教室空間で、教師がいじめに対抗する共同をクラスの中に切り拓こうとするとき、クラス討論や授業での勇気ある「表現」が事態を転換する突破口になることがある。今までものをいえなかった子どもが短くつたなく思いを表現し、皆がそれを支えるような力関係が生まれるときがある。そのとき「表現」は、人格の自由を切り拓き、表現によって自己の権利を主張する勇気ある参加を創り出す力となる。たとえその子どもがほとんど授業で発言したことがない子どもであっても、その勇気ある「表現」は、その子どもの自由と新たなクラスの共同を生み出す力となる。そのような人格を切り拓く力としての「表現」を取り戻すことは、はたして人材形成に傾斜した「資質・能力視点」において積極的なものとして位置づいているのだろうか。

読解力や表現力獲得のために、小説ではなく実務的な文章を読ませるような、おそろしく軽薄な教材論（指導要領に基づく教科書作成において、高校『現代の国語』で小説は扱わないという文科省見解が出され、大きな混乱と批判が生まれている。）が登場してくるのは、そのことと繋がっている。

人格そのものに働きかける文化を組織化し、教材化すること、そして人格そのものを活性化させる働きかけなくして、人格の能動性を主導力とした「学力と人格の結合」は実現されない。文化＝教育内容とは、学力形成の資材である前に、まず何よりも人格に働きかける質をもつ必要がある。

さらにいえば、教室や授業において、教室での生きる意味の創造・確認という営み――それは絶えず生起する教室や子どもたちの生活への取り組み、授業の意味づけ等々においてなされる――が豊かに、そして変革的に積み上げられてこそ、人格の形成が第一の課題であることが子どもにも教室でも共通の理解となり、「学力と人格の結合」が実現されていくのではないか。それなしに求められる「資質・能力」を獲得せよという課題を迫る教室で、はたしてどれだけ人格の主体性が尊重され、活性化されるのか、おおいに疑問となる。「コンピテンシー」、「資質・能力」という人間の力の把握の方法は、規定された学力を主役に、人格をその学力形成の方法的手段へとおとしめる性格を伴いつつあるのではないか。それは杞憂であるのかどうか。

五　AI、GIGAスクールの展開と知の変質

加えて、GIGAスクールの展開が引き起こしつつある教育的価値に関わる権利主体の関与、その変質と剝奪の可能性について、注意しなければならない。

GIGAスクールと「教育」DXの展開は、①学校教育への国民の権利論的関与の回路の剝奪、②教師の専門性の関与の剝奪、③教師と子どもの人格的な共同性、個の尊厳と共同性や民主主義の価値の実現の場の剝奪、④人間の知や人格的能力の全体に対する統制的な目標管理システムの形成などが構造的に展開する可能性を含んでいる。

学力に直接関わっていえば、ＡＩ知からは政治知、生活知、制度知、いわば教養の核心を構成する知が脱落する危険性がある。コンピテンシーとして扱われる知は、人材形成に働く知、科学技術として生産を高度化していく知、総じて科学的な方法で取り扱い可能な知であり、個々人の価値的判断を超えて「正解」が存在する知である。しかし貧困問題や戦争と平和の問題、平等や差別や福祉問題、あるいは温暖化の危機等を考える知には、個々人の判断を超えた「正解」があるわけではない。私はそういう知を「合意知」と呼んでいるが、その合意知の源泉は、個々人の価値的判断や願いや課題意識にある（本書第９章参照）。

その点に関わって、はたしてコンピテンシー形成に関わる知は、合意知の源泉となる個々人の思いや願いや素朴な疑問等々とどういう関係におかれているのか考えてみよう。すでに学力（コンピテンシー）形成に対して意味・効果があると証明された知が、学力形成のために習得されていく。コンピテンシー視点においてはその視角から「知識・技能」が選ばれ、習得される。しかし合意知は、個々人の中から、意識の奥底からの思いや願いや疑問や共感やあるいは怒り――感情――まで含んだ、世界に対する人格の反応・応答の中から立ち上がってくる。

それらの「価値」は未だ証明されていないままで、立ち上がってくる。その価値は、他者との議論の中で、合意知へと組み立てられていく中で、意識化され、共有されていく。あらかじめ「価値」あるものとされた知を習得すれば合意知がそこから立ち上がるというものではない。社会に蓄積された文化などの諸価値すら、個々人の思いと結合されて、一身上の真実、一身上の価値として再把握されることにおいて、合意形成に組み込まれていくのである。そう考えるならば、人材形成視点から選び出されたコンピテンシー形成のための知への一面化は、人間の主体性を形成する全体性をもたないものになりつつあるのではないか。またＡＩ知も、個々人の内側から立ち上がることを本質とする合意知を代替することはできないのではないか。

合意知は、民主主義とコミュニケーションを介して社会的な合意を生み出し、社会を変革する最も強力な社会的な共同知となる。危機が迫る現代を切り拓くにはこの合意知の形成、そのためのコミュニケーションによる政治、自治、共同を創り出さなければならない。そして学校は、そういう知を生み出し、課題に向かう共同を生み出す最も基礎的な場、ある意味での最前線にならなければならない。ＡＩがその政治や自治を代替すること、政治問題に主権者に代わってＡＩが「正解」を決定することはあり得ない。生身の人間のみが、人格的な関係を取り結びつつ表現し、議論し、合意を形成し、社会的な力へと結晶していく合意知を社会課題に向けて生み出すことができる。学校がそういう知の共同を生み出す公共性空間へと組み替えられなければならない。正解のない、生きることをどうするかに関わる議論を進める力は、人間の力を組織するために不可欠なものとなる。「資質・能力」視点、またコンピテンシー論からは、そういう知（学力）が脱落させられていくように思われる。

おわりに――教育学が問われている。

もちろん「人格視点」と「資質・能力視点」は、相対的な対比であり、「資質・能力視点」を、「人格視点」につながるように組み替えていくことができないわけではない。しかし、強烈な国家的なPDCA管理、そして教師の過労死的労働条件下では、そういう視点は見失われるだろう。

石井英真氏の学力論、コンピテンシー論では「真正」という概念が多用されている。「真正の学習」「真正な課題」「課題の真正性」「真正の評価」「思考過程の真正性」「真正の活動」等々。[3]この「真正」概念は、個=人格が、生きるために現実の本物の課題に直接に主体的に関わるという意味で使用されているように思われる。しかし、だとすれば人格が評価や目標管理に誘導されて学びに組み込まれる仕組みは、この「真正性」を奪う事態を生み出すのではないか。「資質・能力」や「コンピテンシー」規定に沿う学習をプログラムし、詳細なルーブリック(評価基準表)で学習過程を評価し、加えてそのルーブリックを子どもに自覚させて学習過程に対するメタ認知を求めることは、学習の意味を強く評価によって媒介させることとなり、逆にこの「真正性」を薄めるのではないか。氏の主張する「真正性」は、「資質・能力視点」ではなく「人格視点」においてこそ成立するのではないか。

政策によって、「資質・能力」論は、知識や技能やその応用と結びついた人格的能動性、さらには価値意識や目的意識に及ぶ社会や他者への能動的な構えまでをも、子どもが獲得すべき学力や人材の質として管理し、それをいかに獲得させるかという教育学へと展開されつつある。それに対して、私たちが「学力と人格の結合」という構図で教育学を提起してきたのは、人格そのものの尊厳と主体性と存在的価値の実現という最も重要な目標を教育実践の根幹に据えるためである。人格の自由を保障しつつ、その人格を実現する力として学力を獲得させるという教育の基本的な立場を貫くためである。教師は教育実践において、子どもの人格をこそ守り育てようとして日々努力しているのである。

今、私は、政策批判に止まらず、中教審の議論に加わって「資質・能力」論の議論に参加している教育学に対しても、深い疑問を提示しなければならないと感じている。

注

（1）教育科学研究会の中では、そういう理論提起の中心に坂元忠芳氏の学力論があった。坂元忠芳『学力の発達と人格の形成』青木教育叢書、一九七九年、参照。

（2）ドミニク・S・ライチェン、ローラ・H・サルガニク編著、立田慶裕監訳『キー・コンピテンシー——国際標準の学力を目指して』明石書店、二〇〇六年、参照。

（3）石井英真『今求められる学力と学びとは』日本標準ブックレットNo.14、二〇一五年。

第8章

評価と「資質・能力」論
――高校における観点別評価をどう考えるか

学力のあり方は、その学力を評価する仕組みと密接に結びついている。この章では、高校への観点別評価導入の問題を通して、今日の学力把握をめぐる論点を検討する。

一　観点別評価の基本構造

今、高校教育現場で、文科省の評価政策の変更・強制による大きな混乱が生まれている。文科省は、高校で三観点での観点別評価を実施するよう求め、各都道府県教育委員会がその実施のための強力な行政指導を高校に対して展開しているのである。この観点別評価の強制は、すでに小・中学校では実施されており、論争と混乱を生み出し、教育の本質を歪める機能を果たしている。

観点別評価の基本構図は、図1で示されている。

その基本的な特徴を最初に挙げておく。

第一に、この評価構図は、基本的に「資質・能力」という形で学力を把握し、その全体を達成度において把握・評価する構造になっている。その場合、「評価」とは「評定」の意味を含んで使用されている。「評定」とは子どもの達成度についての客観的な段階的（数値的）評価を表し、それは子ども自身の成績を表し、また入学判定のための評価としても使われるものである。

第二に、「資質・能力」の第三の要素とされる「学びに向かう力、人間性」は、その内容が二つに区分され、第一の部分「感性、思いやりなど」は「個人内評価」であり、それは評定の対象にはしない、とする。そして第二の部分「主体的に学習に取り組む態度」は、三観点評価の第三の「態度」評価の対象とされる（**図1**の右下部参照）。

第三に、「主体的に学習に取り組む態度」の評価イメージは、**図2**の構図で示されている。

図１　各教科における評価の基本構造

・各教科における評価は、学習指導要領に示す各教科の目標や内容に照らして学習状況を評価するもの（目標準拠評価）。
・したがって、目標準拠評価は、集団内での相対的な位置付けを評価するいわゆる相対評価とは異なる。

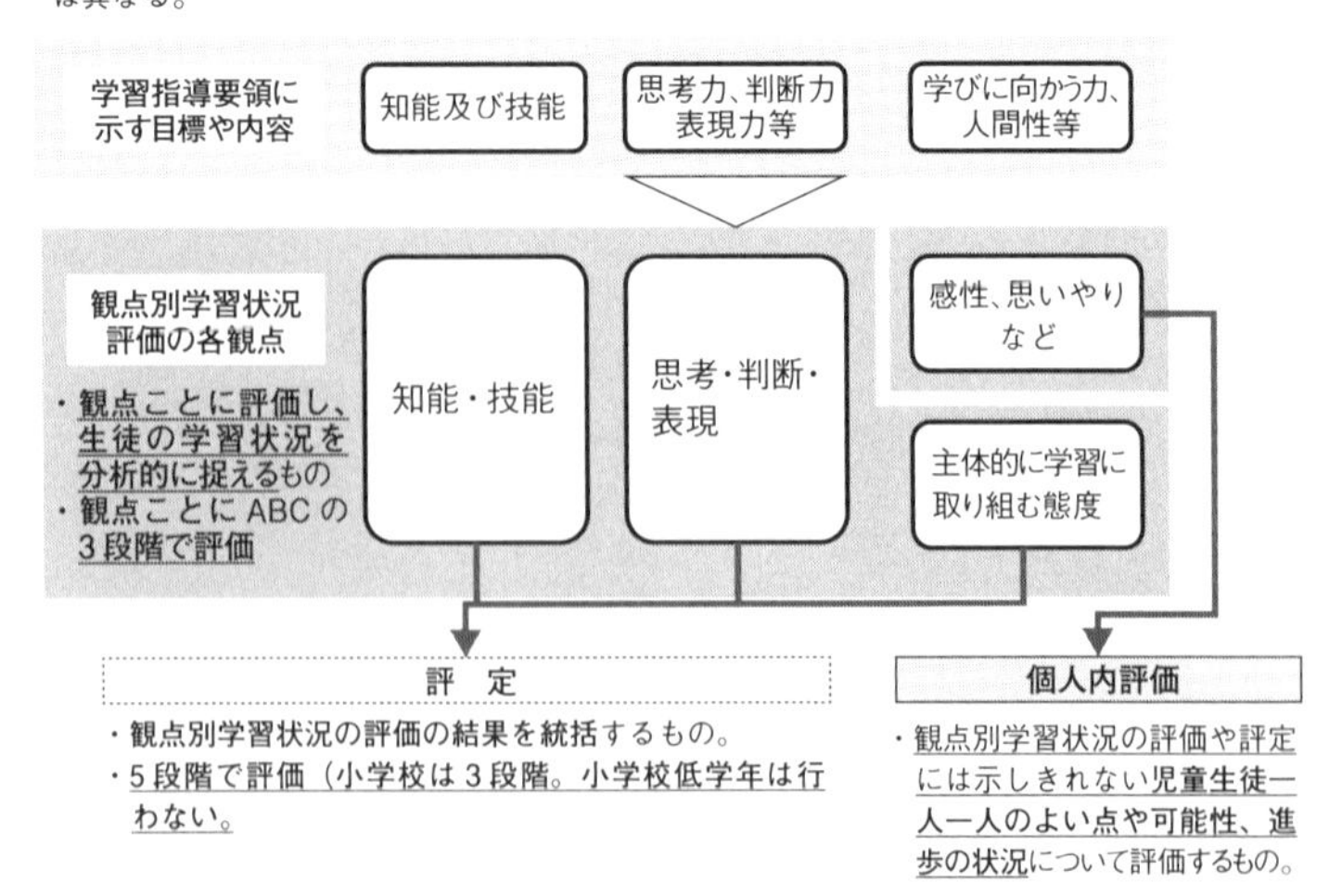

（出典）「児童生徒の学習評価の在り方について（報告）」中教審初等中等教育分科会教育課程部会、2019年1月21日。

図２「主体的に学習に取り組む態度」の評価のイメージ

○「主体的に学習に取り組む態度」の評価については、①知識及び技能を獲得したり、思考力、判断力、表現力等を身に付けたりすることに向けた粘り強い取組を行おうとする側面と、②①の粘り強い取組を行う中で、自らの学習を調整しようとする側面、という二つの側面を評価することが求められる。

○これら①②の姿は実際の教科等の学びの中では別々ではなく相互に関わり合いながら立ち現れるものと考えられる。例えば、自らの学習を全く調整しようとせず粘り強く取り組み続ける姿や、粘り強さが全くない中で自らの学習を調整する姿は一般的ではない。

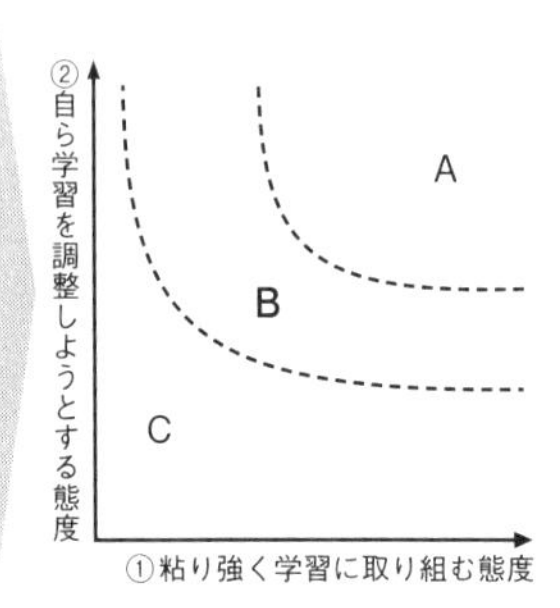

二　観点別評価の矛盾への中教審の「弁明」

そもそも、観点別評価において「主体的に学習に取り組む態度」[1]〈観点③〉を、客観的な学力達成度評価指標（「知識・技能」〈観点①〉と「思考・判断・表現」〈観点②〉）からは独立したもう一つの評価指標とし、それを段階的（数値化的）に評定することは、不可避的に矛盾と混乱を生み出す。教師は子どもの人格を段階評定するという危うい領域に踏み込まざるを得なくなり、生徒の間には、高い評価を得るための「態度」競争を生み出さざるを得ないものとなるだろう。態度は人格の表れという性格をもたざるを得ないものであり、教師の求める態度を演じるという人格的従属を学びの場に引き起こし、人格的自由や思想・価値観形成の自由が脅かされていく。これほど自明な反・非教育が展開する危険な評価政策が、なぜ強行されようとするのか。

しかし、中教審は、そういう問題は起こらない、起こるとすればそれは教師の誤った「観点別評価」理解から生まれるのだと指摘する。「観点別評価」を教育学的に妥当とする弁明ともとれる理由づけは、以下の点にあると思われる。（「」内は前頁の「教育課程部会報告」の文章）

第一に、観点別評価で、「関心・意欲・態度」とされていたために「授業態度などを評価するもの」だという誤解を生みかねない表現だったので、「主体的に学習に取り組む態度」と改めた。（⇩その「態度」とは学習過程に不可欠かつそこに内在化されたものであり、外形的な授業態度などとは違うのだ。）

第二に「主体的に学習に取り組む態度」は、①「知識及び技能を獲得したり、思考力、判断力、表現力等を身に付けたりすることに向けた粘り強い取組を行おうとする側面」と、②「自らの学習を調整しようとする側面」（学習過程へのメタ認知）、という二つの側面で評価（評定）することが求められる。（⇩それらは学習過程の中で子どもの内部に働くものであり、外形的態度とは異なり、学習のあり方を左右しており、評定の対象となるのだ。）

第三に、「資質・能力」の中の「学びに向かう力、人間性等」には、評定の対象とならない「個人内評価」と観点別評価の対象となる「主体的に学習に取り組む態度」の評価とがある。（⇩だから個人の内面の価値を評定の対象とするものではないのだ。）

第四に、「CCA」や「AAC」などのばらつきのある三観点評価は、教育的指導によって克服すべきものである。（⇩だから三観点評価は、客観的な評価可能な学力としての「知識・技能」「思考・判断・表現」から独立した「態度」指標を設定しているわけではないのだ。）

しかし、この「弁明」は、はたして成り立つのか。

三　「態度」概念の二つの規定、その相互浸透性

その「弁明」のおかしさの背景には、中教審の「資質・能力」政策のいう態度概念には異なる二つの規定があり、それが相互浸透を起こしているということがある。

第一の態度〈**態度A**〉は、教基法第二条「教育の目標」に規定された態度で、評価（評定）の対象となり目標管理されている。それは、〈価値的方向性を含んだ人格の表れ〉に対する国家統制として展開する危険性がある。

第二のもの〈**態度B**〉は、「知識・技能」と「思考・判断・表現」力の獲得を支え推進する人格的な要素とされた態度である。それは〈学習に取り組む主体的な態度〉とされ、教育実践と評価の対象と位置づけられている。

だから中教審の側からすれば、（またそれに関わっている教育学研究者からすれば）、観点別評価で扱う「態度」は、学習過程に内在したものであり、第一の人格そのものの評価ではないと「弁明」しているのかもしれない。

二つの態度概念はどういう関係にあるのか。教育実践の過程に即してみれば、教師は子どもが表出する学習に関わる態度を見ながら、*学習過程において子どもの内面に働いている人格的な諸要素*〈**態度B**〉の果たしている作用を分析する。そしてその作用を強め、意識化し、学習と結合させようと働きかける。子ども（学習者）は、そういう働きかけを得つつ、学習の意味や目的意識、動機などを高め、学習と結びつけ、「思考・判断・表現」活動、さらに創造・参加活動へと進んでいく。そのとき、〈**態度B**〉は、その主張や表現や参加という他者や世界への〈**態度A**〉を生み出す形で学習を推進するエネルギーとして働く。だから価値的方向性を伴わないエネルギー状態として〈**態度B**〉だけを子どもが学習の成果として表出するなどということは不可能なのである（エネルギー状態というのは、ベクトル的な力をもった態度から価値的方向性を取り去って、そのエネルギー強度だけを取り出した状態を表そうとしたもの)。

〈**態度B**〉の活性化、学習過程との積極的な結合が実現されるとき、達成された学習の結果としての能動的行為(判断・表現活動等々)には、〈**態度A**〉が結晶化されて組み込まれた形になっている。その価値的方向性については、人格の自由、思想・信条の自由、価値観の自由が保障されなければならない。教師はその過程を「診断」し、働きかけつつ、同時にその価値の自由を保障し、したがってその価値的な方向性(価値的態度)を「評定」の対象としてはならないものとなる。

教師がこの「態度」を実現すべき独立した評定項目として設定した途端に、子どもは、自己の学習の内的過程において態度を活性化し学習と結合する努力ではなく、求められる評価指標としての態度を演じその達成を証明しようとするのである。学習が人格的要素と結合しない弱点(困難)を克服するのではなく、評価指標とされた〈**観点③**〉の態度を演じて評価の低さを挽回しようとするところへ子どもを追いやるのである。それは、学習において人格が生き生きと活動している状態がつくり出せない困難をそのままにして、その結合を外形で子どもに演じさせるという本質的にむなしい努力を強要するものとなる。

中教審はそれでも、**図1**に書かれているように、観点別評価の「態度」評価(評定)は、「個人内評価」(人格の内面の評価)ではないと強弁するのだろうか。

四　「学力と人格の結合」と評価の関係

この問題をどう考えるのかは、学力をどう把握しているかに結びついている。その説明は、すでに本書第7章で述べたので、結論のみをいえば、その全体構造は「学力と人格の結合」という形をとり、学力の形成・発展を①「知識・技能」の獲得、②「思考・判断・表現」（＋創造・参加）の展開として把握し、③人格的な態度（目的・動機・価値意識等）と「知識・技能」の結合によって「思考・判断・表現」等の能動的で自己実現的な活動を展開させる学力が形成されていくと把握する。それは、学力の形成過程を①知識の獲得、②その応用、③そこへの人格的態度の関与、という三つの視点で把握する構造をもつものであり、その点だけに限れば「観点別評価」の三つの観点とほとんど同じものといっても良い。

それを図3で示してみた。少し重複する部分があるが、先に示した学力構図（第7章図2）に、評価を組み込んだ学力評価の構図である。この構図は、知識の獲得が、人格的な能動性と結合されることで、人格の自己実現の過程を支える「思考・判断・表現・創造・参加」が展開していくということを表したものである。

この構図では評価という概念を「診断」と「評定」に区分している。評価という概念は、先にも述べたように、通常、「評定」と「診断」の両方の意味で使用されている。ここでいう「診断」とは教

図3　学力と人格の関わりと評価の構図

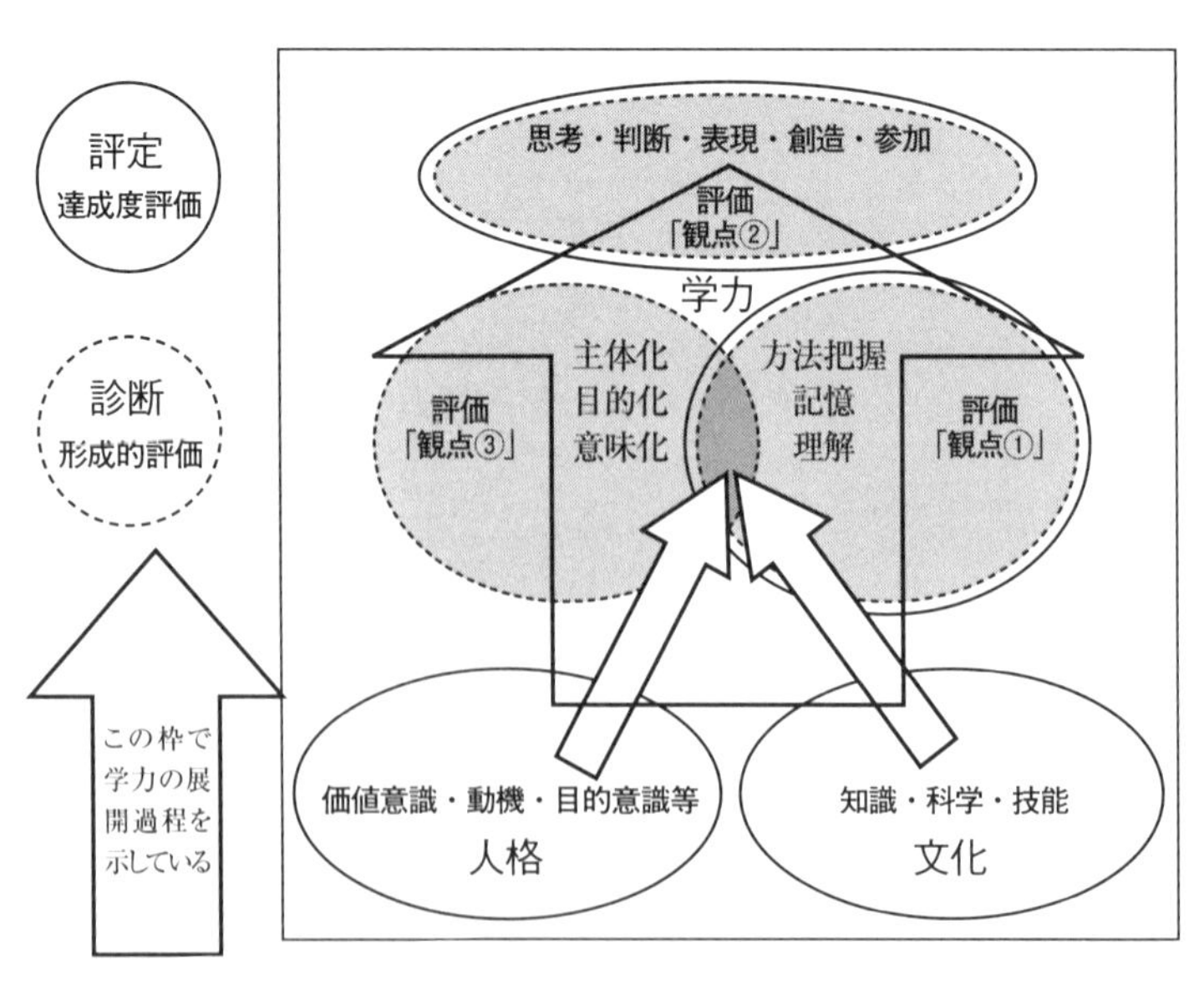

師の側にとどめられる「形成的評価」を指し、学習の過程に三つの学習の観点がいかに働いているかを診断し、教師の働きかけをいかに行うかを計画するための教師の専門性に対する再帰的評価の機能が重要な内容となる。それに対して、「評定」は、子どもの中に学力を構成する要素が学習の成果としてどこまで達成されたかを計測した結果（多くは数値化される）を示すものである。そこで決定的に重要なことは、その三つの視点で学力形成の過程を捉え、教育的働きかけをし、子どもの学習の展開過程を「診断」（という意味での評価）をするとしても、「評定」は「知識の獲得」と「思考・判断・表現」の達成度に限定されるという点である。この構図では、「人格的な態度」

部分（評価「観点③」）については「診断」をしても「評定」をしてはならないものとしている。そのことを、「評定」を実線の円で示し、「診断」を点線の円で示し、〈観点①〉と〈観点②〉は実線と点線の二重円で、〈観点③〉は、点線の円の「診断」のみのものとなることを表している。

診断のための態度評価——目的・動機・価値意識等への「診断」——は、その価値的方向に対してはその自由を保障し、このような人格の側からの学力への働きかけの意識化の作用が機能するように指導することに目的がある。「学力と人格の結合」という教育学の視点は、この構図によって、その全体構造を示すことができる（本書第7章、一三一頁参照）。そこにおいては、「評定」の対象と診断のための評価との間に明確な区分と領域の相違があり、価値的な方向性を含んだ人格の現れとしての「態度」の評価（評価「観点③」）を「評定」として行ってはならないものとなる。

「学習の内的過程と結合された態度」をどう扱うかということを考えよう。上記の区分でいうならば、学習の内的過程に参加し、学習に影響を及ぼし、また学習によって高められていく人格的、心理的メカニズムを、ここでは「学習の内的過程と結合された態度」とする。それは「学習への構え」と呼んでもよい。学習という認識の獲得・発達を中心的目的とする学習行為に向かうとき、そこに人格的な目的や価値の意識、関心が大きく関与し、さらにそれと結びついて心理的要素が刺激、活性化されていく。さらにまた獲得した認識の到達点が、あらたな学習への興味・関心や欲求を形成し、学習に対する積極的な価値的、心理的構えと集中をもたらす。[2] その過程は以下のようなものとなる。

第一に、この構図は、「学力と人格の結合」という教育学論理そのものの構図である[3]（本書第7章参照）。学習過程に、学力形成を支え、豊かにする〈学びと人格との交渉過程〉が存在し（図3では、「人格」的要素と「文化」の要素が結びつくことでその交渉・結合を表そうとしている）、その交渉を豊かに展開することが、学力形成の視点から見ても重要な課題となる。当然そのプロセスを豊かにし、活性化させる教師の指導も不可欠である。したがって教師は、その指導において、子どもの人格や価値意識、生活意識、目的意識、心理状態、等々を「診断（評価）」する。学習指導（教育実践）において、この構えで指導することは、多くの教師が日々挑戦し、工夫していることである。

第二に、その「診断（評価）」は、子どもの学習を支援し発展させる教師の指導、働きかけのあり方を構想するための「診断（評価）」に主要な機能がある。その対象となる「態度」は、価値的・思想的・道徳的・心理的な性格をもつものであり、いわば人格的自由の内実をなすものであり、その自由と自主性が保障されなければならない。だから教師は、「人格的価値や目的意識」について、その「自由」を尊重しつつ、もう一方で子どもの中に学習を意欲させ、自己の目的や生き方と学習とを結合させ、学習がいわば人格的エネルギーを得て主体的に展開していくような「結合」の状態をどう子どもの中に起動させ、発展させるのかを重要な指導課題、目標とし、指導する。

第三に、しかしその過程での教師の「診断（評価）」は、学習の過程の外に取り出され、その過程から独立して子どもの学力の達成度としての「評定」として扱われてはならない。その「態度」要素は、それが学力の応用性、創造性、主体性を高めたことによる結果としての学力獲得の成果（「知識・技能」の獲得や「思考・判断・表現」の現れとしての作品や活動の結果）の高度化に組み込まれた形でのみ、「評定」に反映されるものにとどめられなければならない。「態度」は、それが学力の客観的な評価（評価観点の①と②）を高める作用を介してのみ――いわば間接的に――「評定」に反映されるのである[4]。

新学習指導要領の「資質・能力」という考え方は、この図で示した学力の全体構造を政策的に管理・誘導する意図をもって、人格の目的意識や価値意識などをも評価（評定）の対象として設定したものととらえることができる。したがって、「三観点評価」は、**図3**の「観点①」「観点②」「観点③」のすべてを「評定」し、その内容を点数管理しようとしているように思われる。

「評定（評価）」と「診断（評価）」の違いについて補足しておく。授業の中での挙手や発言、あるいは課題の提出、忘れ物等は、学習の内的過程の能動性と結びついた側面をもつものである。しかしそれが学習への取り組み過程から切り離されて独立・分離した評価項目化されるならば、それ自体が子どもにとってのパフォーマンス課題化され、「演じられる」対象となる。それらの態度要素は、評定項目化されることによって内的過程から乖離させられていく性格をもつ事項となるのである。重ねていえば、学習の内的過程に働いている目的や課題の意識、価値志向、関心や動機等々の学習に向かう人格的態度は、知識の獲得、認識の深化、学力が思考や表現や参加へ展開していくための重要な要素として「診断（評価）」の対象とされるものであるが、その診断結果を「評定」として、学習のプロセスの「外」に取り出し――その時間と空間から切り離して――、どんな学力を身につけたかという客観的な「評価（評定）」のもう一つの指標として扱ってはならないということである。このことは教育の本質からの重要な要請となる。

五　現代における三つの評価の交錯

観点別評価問題を考えるうえでも、その土台にある今日の学校教育における評価の全体、そして評価が深く教育に対する権力の統制と管理の道具、方法として展開している事態を踏まえなければならない。

その問題を考えるために、私は、現代の教育をめぐって、三つの評価が交錯していると把握し、その関係性を捉えることで、この複合的な評価の性格分析を有効に進めることができると考えている。その交錯の状況を構図化したのが**図4**である。

そこから提起される今日の教育評価論の検討課題は、以下のように設定することができる。

第一に、①**「教育のための評価」**、②**「配分のための評価」**、③**「支配のための評価」**のそれぞれの性格と評価の方法の違いの把握を行うこと。

第二に、①と②、①と③、②と③および①②③の評価の交錯領域において、評価にいかなる変容や矛盾が展開するかを把握すること。

第三に、この複雑に三つの評価が交錯する中に、教育の自由の領域（点線領域）を再設定することによって、教育のための評価の基本を改めて明確に把握し、教育実践において行うべき教育の評価の

図4　3つの評価の交錯の構図

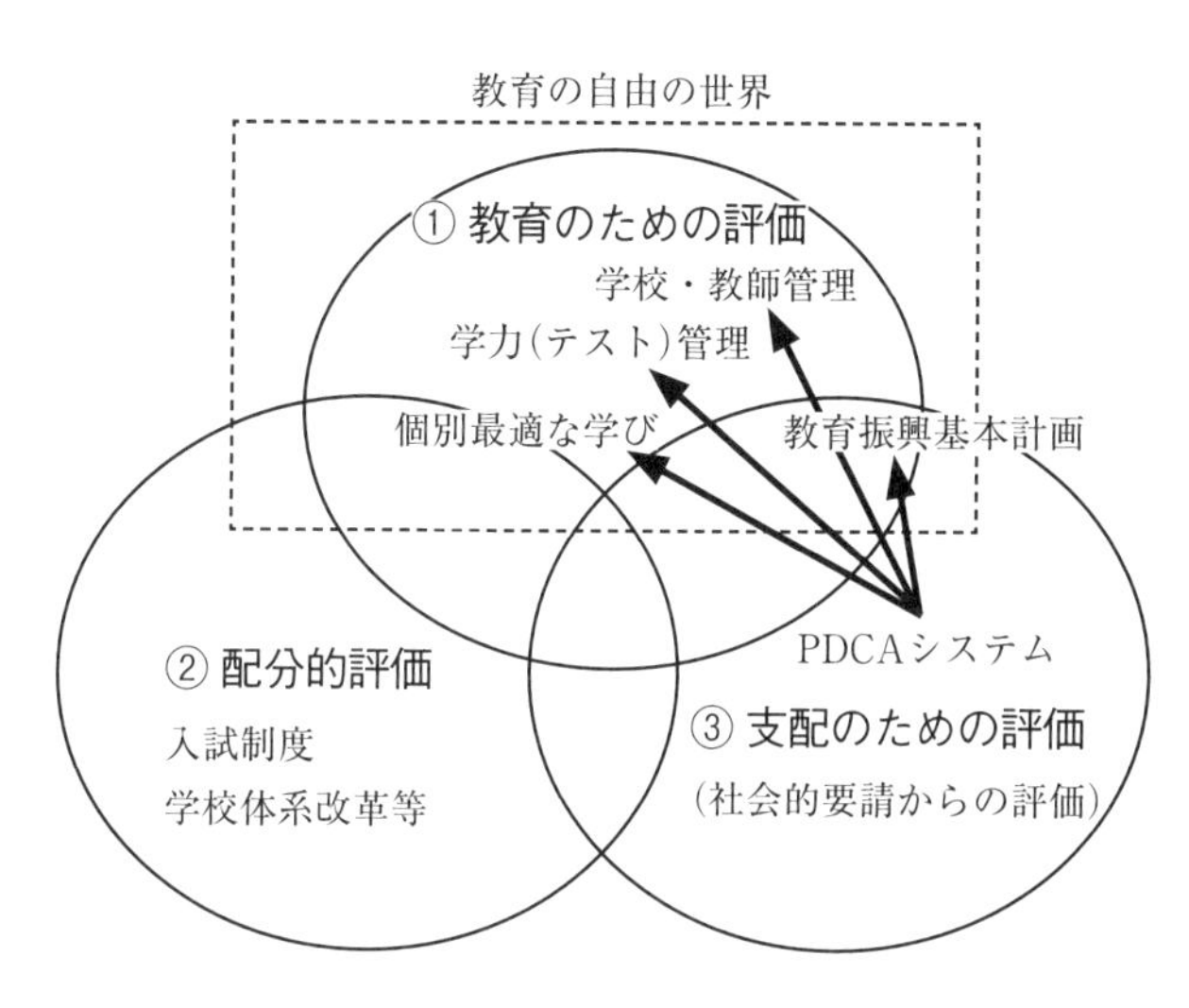

基本を明確に捉えること。

第四に、三観点による「観点別評価」の問題、「関心・意欲・態度」の性格と理論的批判の視座を、この三つの評価論の交錯の中に再設定すること。

第五に、特に「支配のための評価」の性格と「教育のための評価」との関係を明確にし、教育実践の場において評価をめぐる厳しい対抗が展開している様相を捉えること。「資質・能力」論とPDCA評価の二つをこの中に位置づけて、そこに起こっている問題の意味を明確に把握すること。

この構図についていくつかの補足説明を加えておく。

第一に、「教育のための評価」は、教師が子どもに働きかけてその成長、発達、学習を展開させるため行う評価であり、したがってその評価は、①子どもの発達の状態、課題などを解明する評価、②その評価に依拠して導き出される教育の内容や方法を組織する専門的営み、その働きかけに対する教師自身の専門性に依拠した再帰的評価、③子ども自身の学習の到達点を把握する評価、の三点を含み、④加えて、子どもの自己評価が展開することによって学習についての子ども自身のメタ認知が高まり、自己の目的や価値意識と学習とがより深く結合され、学習が主体的自己学習化していく。「教育のための評価」は、そのような四つの評価が結びついているものとして把握することができる。

第二に、「配分のための評価」は入試などに典型的に示されているように、その達成度によって、人のもつ特定の能力や適性を区分し、人（子ども）を、社会の諸システムの中（学校や職業等々）に配分していく評価である。しかし同時にその多くが、社会的ステータス、社会における価値の格差的分配機能と結合しており、現代社会では強い競争的性格を帯びる。学歴社会というような格差構造が広がる中では、入試競争が激化し、激しい競争での勝ち残り自体が中心的な目標となり、学習本来の目的と置き換わっていく。その結果、本来「教育のための評価」としてなされる形成的評価に、競争的な性格を強く帯びた「配分のための評価」が浸透し、競争の意欲や競争での敗北への恐怖を学習のエネルギーとして意図的に働かせる「教育実践」や、子どもの「学習意欲の変質」が引き起こされていく。

第三に、「支配のための評価」は、国家や企業の目的と戦略に従う人間の形成と行動を生み出し、管理するための方法として働いている評価を指す。この「支配の評価」は、「教育の評価」「配分的評価」

に浸透していく。しかし「支配のための評価」は、より大きな視点で見ると、「社会的要請からの評価」の一環でもある。そもそも社会の形成作用は、「社会的要請からの評価」をその一つの要因としている。したがって、私たちは、この社会的要請として働く評価を一面で受容しつつ、同時にその要請の質を吟味し、社会に対する新たな主体性、いわば変革的主体性を対抗的に獲得していかなければならない。

六　評価の肥大化、ＰＤＣＡシステムによる支配の全面化

教育における評価は、国家による教育支配の方法としての性格を深く背負わされてきている。そのなかで、評価の機能を教育の本質の実現と教育の国家支配からの自由を実現する形で働かせるには、深い教育の本質についての理解と注意力が必要になっている。

「支配のための評価」は、「社会的要請からの評価」の機能を併せもちつつ、新自由主義社会においてはあらゆる社会・生活空間に、そして人格に望ましい価値規範や行動様式を埋め込むために、ＰＤＣＡシステム＝目標管理の仕組みを埋め込もうとする（評価社会化）。「支配のための評価」「教育のための評価」へその支配を及ぼすため、その最も重要な価値内容、目的へ「配分のための評価」は、「配の忠誠を求め、その改編を許さないという条件の下で、評価システムを構築していく。それは主権者政治が展開する諸々の公務労働過程にも適用され、国民と住民の政治参加が組織されていく行政過程、

教育などを含む権利保障や福祉の実現過程が、行政過程へのNPMと公務員のPDCA評価の導入によって、権力の支配を忠実に実現するプロセスへと組み替えられていく。しかも、権力の提示した価値こそが、国民主権を介した国民の意思だという論理を介して、PDCAはその国民主権の意思に行政過程と公務員を服させるものだという論理が組み込まれる。加えてこのシステムに国家の教育費支出が結びつけられ、PDCA支配に金銭の支配力が結合されていく[5]。

PDCA評価は、教師の専門性の下で機能すべき「教育実践における再帰的評価」を停止させ、教育への支配を組み込む方法となる。本来、専門性に依拠した再帰的評価は、子どもの発達、人格形成のための［目的・目標］（Aim／Goal）実現に向けて〈計画（Plan）⇩実践（Do）⇩総括（Check）⇩改善（目的・目標の再設定、再計画、Act）〉のサイクルをとるが、その際の最も重要な点は、子どもの課題と発達の本質から提起される［目的・目標］の専門的かつ科学的な探求と再設定にある。

しかし、PDCAでは［目的・目標］（Aim／Goal）の吟味は実践者には許されず、国家や行政から与えられた目標に従って（従属して）実践の効率性、達成度が評価され、その改善が求められるという限定的・技術的な評価となる。したがってPDCAでは、第一に、教育の本質に即した実践過程についての専門的科学的反省・再帰的評価が制限され、教育的価値探求の自由が抑圧される。第二に、したがって教師の専門性は、技術的なものへ矮小化されていく。さらに第三に、PDCA評価は、プロセス評価であり、与えられた「目的・目標」に最も適合した作業や方法が求められ、実践の全過程が点検され、評価され、管理、方向付けされる。第四に、その結果、このPDCAシステムは、支配統制の最も高度で緻密な方法となる。

このＰＤＣＡサイクルは、①「学力テストシステム」によって日本の学力を方向付ける仕組みとして実施され、②学校教育で授業と教師を管理する目標管理システムとして実施され、③自治体教育行政が教育振興基本計画を学校に押しつける実施システムとして、緻密に完成されつつある。④加えて、ＡＩのビッグデータに依拠してリコメンド学習課題が提示されていく「個別最適な学び」の仕組みは、財界や国家の人材力と人格形成への要望の側からこの学力獲得を自己責任で迫る、いわば個にあてがわれたミクロのＰＤＣＡサイクルとして機能すると思われる。

個別最適な学びの課題提供のＡＩシステムは、人材としての評価を高めるという目標に沿って、学力（コンピテンシー）達成に向けて、個々人の学習、そのためのスキル課題をリコメンド学習課題（最適の推奨課題）として提供する。それは人材要求課題（それは「上」からの評価課題かつ達成目標となる）に向けて学習を設定し（Ｐ）、子どもの学習を援助し（Ｄ）、その達成度を評価（Ｃ）し、そこに再びＡＩデータに依拠した改善（Ａ）された最適学習課題を提供し、目標に向かわせるという最も効果的な学習サイクルを設定するシステムとなる。[6]

教育の過程には、すでに幾重にも重なるＰＤＣＡサイクルが回転し始めているのである。

七　教育学の課題

国家や財界の人材期待に添って、最適かつ効率的に学習・教育を機能させようとする人間支配が、かつてない緻密さと権力性を伴った評価の仕組みとして公教育と子どもの人格を補足しつつある。政策によって、「資質・能力」論は、知識や技能やその応用と結びついた人格的能動性、さらには価値意識や目的意識におよぶ社会や他者への人格そのものの能動性までをも、子どもが獲得すべき学力・人材の質として管理し、それをいかに教育で獲得させるかという教育学として利用されつつあるのである。

そしてそれらが、PDCAによる目標管理の対象へと組み込まれつつある。観点別評価はそのための評価制度として機能しつつある。それに対して、私たちが「学力と人格の結合」という構図で教育学を提起してきたのは、人格そのものの尊厳と主体性と存在的価値の実現という最も重要かつ基本的な教育の目的＝目標を教育実践の根幹に据えるためである。人格の自由を保障しつつ、その人格を実現する力として学力を獲得させるという教育の基本的な立場を貫くためである。「資質・能力」形成に人格関与が欠かせないと学力形成作業（学習）に人格を「動員」するのではなく、子どもと教師の間に人格の実現をめざす熱い共通の了解が働いてこそ、学力と人格の結合も可能となるのである。

観点別評価の検討の最後に、三つの評価の交錯の構図を描いたことの意味について触れておく。これらの評価の交錯がもつ厳密な規定については、詳細な検討を要する。しかし、ここで強調しておきたいことは、子どもに対する発達論の側から検討された評価論であっても、現実の政策の中では純粋に「形成的評価」として働くものではないという点である。観点別評価がある種の学習論的な根拠を土台に、子どもの学習過程における人格的要素の不可欠性、その活性化を意図して構想されたとしても、同時にそれが、支配としての評価と交錯するとき、その土台となる教育学の意図を超えて、国家による子どもの人格的な統制として機能する危うさを背負ってしまうのではないかという点である。[7]

新自由主義社会の一つの特徴として「評価社会」という性格を挙げることができる。無限の効率性を富の蓄積の視点から探究し、人間の一挙手一投足をも計測し、評価し、「改善」していく指向、そしてそれらをウェアラブルな端末によってデータとして計測するＡＩ時代の到来の中で、評価の機能をいかに使うのかは、慎重な検討を要する。教育の世界の評価は、そのための最先端の検討課題となっている。

注

（1）厳密には、中教審の使用している［知識・技能］［思考・判断・表現］等々の概念の批判的吟味が必要であるが、ここでは、そのことには触れないで、政策用語をそのまま使用している面がある。ただここで、「思考・判断・表現」に加えて、「創造」「参加」を加えているのは、学力が生きる力として働くための学力の能動的構造をより全面的に捉えるには、この形の学力の発現形態が必要だと考えているためである。参加概念については、本書一三二頁の説明を参照。

(2) 坂元忠芳氏は、「学力と人格の結合」を論じる中で、その点を明白に指摘していた。坂元忠芳『学力の発達と人格の形成』青木教育叢書、一九七九年、参照。

(3) 佐貫浩『学力・人格と教育実践』大月書店、二〇一九年、参照。

(4) このことから言えば、教育現場に強制されるところの観点別評価において、私たちが、〈AAC〉や〈CCA〉評価が教育的なものとして成立すると主張するならば、観点①と観点②から観点③を独立した指標として設定するという「観点別評価」政策を支持する態度表明につながってしまうのではないか。確かに、いわば子どもの客観的な学力達成度(成績)にかかわらず、子どもの努力などを評価することは重要である。しかしその評価は、形成的評価において、子どもと教師との人格的な関係の中で、子どもを励ます言葉として伝えるものであり、その評価を、客観的な学力の到達度についての評価としての「評定」を変更する要素として位置づけることは避けなければならない。しかしまた同時に、他者や標準との比較としての成績(入試判定や単位修得判定など)とは切り離された、教師による子どもへのメッセージ、励まし、課題提示などを目的とした「通知表」などにおいては、学習への取り組みの姿勢などの変化、向上などを指摘して評価するということは、重要な内容となる。そのような問題指摘をしておく。

(5) 世取山洋介・福祉国家構想研究会編『公教育の無償制を実現する——教育財政法の再構築』大月書店、二〇一二年、参照。

(6) 中西新太郎・谷口聡・世取山洋介『教育DXは何をもたらすか』大月書店、二〇二三年、参照。

(7) 中教審の学力や評価政策議論に深く関与している松下佳代、石井英真氏らの教育学は、「資質・能力」論に近い形で学力論を展開している。その論理は、文中でも述べたように、私自身の学力論と近い面をもつ。にもかかわらず、教育の国家からの自由をいかに実現するか、またそのことに関わって「資質・能力論」が中教審の政策を支える教育学理論として展開している事態に対していかなる批判的立場を取るのかという点で、強い疑問を感じざるを得ない。

第9章

GIGAスクール・AIと知の構造変容

——学びの危機と民主主義教育の課題

経産省の教育改革構想に主導され、膨大な国家予算と教育資本が集中的に投資され、GIGAスクール構想が実現されつつある。コロナパンデミックは、その変化が通常ならば一〇年単位で進むところを、この二年間ほどで一挙に展開させつつある。それは新自由主義の理念と方法に主導されたショックドクトリンといってよいほどのものである。

GIGAスクール構想は、公教育の解体、権利保障としての学校教育の全体的スリム化と一体の構想となる。学校において提供される人格形成の方法が、ビッグデータ解析に基づく「個別最適な学び」にそった教材と「スキル課題」の提供の教育へ縮小され、それに取り組むかどうかは費用負担も意欲も含めて「自己責任」化されていく。教育の物的基盤と社会資本の変容、加えてコロナパンデミックによる人格的な関係性の激変の中で、教育のあり方が、グローバル経済とAIと教育産業の論理に沿って大きく組みかえられつつある。

一 「個別最適」は何を意味するのか

最初に、GIGAスクール化と教育へのAI導入がもたらすとされている教育の「個別最適」化について検討したい。

中教審答申（二〇二一年一月二六日）は、教育の「個別最適」化を掲げた。もちろん、まともな意味における個別最適化は子どもに不可欠である。しかし中教審の個別最適という概念（宣伝文句）は、それが展開される条件をあわせて考えるとき、今日の学校教育を大きく変容させ、子どもの学習の権利、発達の権利の実現を大きく後退させる性格をもっている。

現在進行しているGIGAスクール政策は、経済産業省主導の教育改革構想であり、現実の教育政策に最も強い影響を与えているものである。それは、教育予算を削減しつつ、一方で公教育を先端AI技術の巨大市場として開放し、同時に一部の高度人材形成学校の重点化と全体としての公教育のスリム化、教育システムの市場化、ネットシステム化、学習と学力形成の自己責任化の構想として展開しつつある。コロナ禍はそれを一挙に加速化した。

確かに、指摘されているように、中教審答申には、この教育改革構想に対する一定の対抗を含んで、「日本型」の学校教育を維持し、人材形成に加えて国民統合をも重視した「資質・能力」型の学力を国民全体に獲得させる国家統制的な人格形成装置としての学校を維持したいという文科省のねらいが組み込まれているとみることもできる。[1] しかし教育予算条件などからみて、経産省的ＧＩＧＡスクールの主導で、両者が統合されていく可能性が高いと言わざるを得ない。そのもとで、はたして「個別最適な学び」はいかなるものとして展開するのか。

この問題を考えるために、そもそも「個別最適」な学びとは、どういう学びであるのかを考える必要がある。学習の「最適」性は、子どもの側の状態から見ての「最適性」という問題と、その子どもがこれから生きていくために必要な課題への「最適性」という二つの視点が必要になる。まず、最初の「最適性」について考える。

その要件とは、第一に、学習課題が、生徒の願いや関心と切り結んで、学習の意味と目的が子ども自身に明確に把握され、学習意欲が高められることが必要である（①**学習目的・意欲の組織化**）。第二に、学習課題が、生徒の発達段階に即したものとして提示されることである。その点では、あわせて教師や生徒間での議論や相互の働きかけによって「発達の最近接領域」が活性化されることが必要である（②**発達段階への適合性**）。第三に、学んだことが生徒の生き方や活動、表現や創造活動に生かされていく創造的意欲的な学びの仕組みが組み込まれていること（③**表現・創造への展開の支援と保障**）。第四に、学習空間における共同や励まし合い、コミュニケーション、自由の保障（④**学びを支える共同と学習空間**）、第五にそういう性格の学びを組織するための教師の丁寧かつ専門的な働きかけが行われること、そのための教師の労働条件の保障が不可欠となる（⑤**教師の丁寧な指導**）。

逆に妨げる要因としては、①取り組む課題と子どもの認識や思考や課題関心・興味との距離が大きいこと、②落ちこぼれというような学習に向かえない距離感を含んで、発達段階、理解段階とのずれ、具体的学習の展開過程でのつまずき、③知識の詰め込みに止まるような発展性のない学習形態、④教室で共同の学習に取り組み支え合う関係性、個が大事にされる関係性、相互コミュニケーションなどがないこと、⑤教師の丁寧な指導がないこと、あるいは過労死的な労働条件、などを挙げることができる。補足すれば現在の非常に詰め込み型の学習内容は多くの落ちこぼしを生み出しており、この改善なくして「最適な学び」はあり得ない状況にある。

しかし答申が、「個別最適な学び」のために積極的に提供できるとするのは、ビッグデータ解析（子どもの学習ログ――学習履歴――を含む）によってAIが提供できるとする個々の子どもの学習へのリコメンド課題の提示のみ（要件の②の一部分）といって良い。中教審は、いわば、教師の過労死的勤務状況の改善、大幅な増員なしに、AI技術に依拠することで、ほとんど教育条件を現状にしたままで、個別最適化という言葉を政策のスローガンとすることができると踏んだのではないか。いや、教師の働き方改革の方法としても、AI技術の利用――AI利用で教師の仕事を減らす――が大きな役割を果たすというのが中教審の基本的な立場である。「最適」な内容を解明・提供する教師の仕事、専門性を活性化する方策は何も組み込まず、むしろ「個別最適」な学びに必要な多くの要素をリストラする公教育のスリム化と「個別最適」がセットになっているのである。教師の未配置状態という究極の教員不足も拡大しつつある。[2] 地域の過疎化、少子化や学校統廃合で、教師不足をネット授業の配信で対処しようという動きも強まっている。[3] その中で「対話的な学び」や、「共同的な学び」の条件がますます後退し、このような「個別最適な学び」だけが展開していく可能性が高い。

ヴィゴツキーの「発達の最近接領域」概念は「大人の助けや友達との議論によって可能となる課題解決の水準」を意味しており[4]、それは教師と子ども、子ども同士の応答で切り拓かれる。重要なことは、教育実践で教室がそのような相互応答が豊かに展開される場として再構築されることによって、発達の最近接領域は十全に開拓されるという点である。ネットからダウンロードされるリコメンド課題の提示だけでは、高度の学習能力があって自主的に取り組める一部の子どものほかは、あるいはそういう条件下でも指導・援助を得られる一部の子どものほかは、発達の最近接領域を豊かに切り拓いていくことは困難となる。学習指導の場における教師の役割は、単に順番に知識や問題の解き方を教えていくということに止まるものではなく、子どもたちのつまずきや疑問を把握し、子どもたちが抱えるその課題や壁と取り組み、「発達の最近接領域」を豊かに切り拓いていくことにある。それは同時に、子ども同士、教師と子どもとの間の豊かな応答、コミュニケーションを不可欠とする。そういう人格的な接触と交流は、単に教師の教育方法によって実現されるものではなく、学校そのものの制度的なありよう――特に少人数学級や教師の労働条件の改善など――に関わるものである。スリム化を含んだＧＩＧＡスクール構想はそういう人格的関係を希薄にせざるを得ないであろう。

二　教育内容のコントロールと編成の論理の転換
――「教育の自由」のための権利論の再構成

以上に述べたことは、個々の子どもに即した、いわばミクロの学習の個別最適化問題であるが、先に指摘した第二の問題領域で、根底的な問題が進行する。これからを生きるために必要な知識や学力の獲得、そのために最適な教育内容の組織化は、どのように進められるのかという問題である。それは公教育の公共性に関わる問題である。

教育において、教育の目的である人格の完成の具体的な方向性を決めるうえで、教育内容が最も重要な価値的要件となる。現代に生きる人間（子ども）に不可欠な社会的歴史的な文化内容、科学の内容とは何かを抜きにしてその教育が子どもたちにとって最適だなどとはいえない。そしてその内容編成をめぐって、激しく論争されてきたのである。

そのような教育内容の公共性を根本的に担保できるのは、教育の自由と教師の専門性であり、また科学や文化の世界の価値と真理探究の仕組み――科学的真理、学問や文化の世界の自律性等々――だとするのが戦後教育改革の基本原則であった。ＧＩＧＡスクール構想は、教育で実現されるべき教育的価値の選択と合意の過程を、ほとんど一方的に権力と教育産業とＡＩに掌握させるものとなる。

ＧＩＧＡスクールの展開では、国家的に統制され、政治的に強力なバイアスをかけられた内容を公的基準として（政府・内閣の見解を書き込ませる最近の教科書検定）、それを「創造的」に教材化する教育産業、その内容をビッグデータ分析に依拠して「合理的」に習得させるプログラム、ＡＩ機器と教師の教育技術の開発が強力に進められる。そのために、巨額の民間資本が投入され、そこで開発された教育商品は教育市場に流通し「消費」される。学力テスト実施を支えるための国家予算が、この民間教育産業に注ぎ込まれる（二〇二〇年度、小学校と中学校の学力テスト実施のための業者への委託料は合計で約三五億円となっている[5]）。それらの仕組みのもとで増殖された教育産業資本は、より高度な市場的教育システムの構築に注ぎ込まれ、公教育に深く食い込み、国家の教育政策と民間教育産業のより緻密な共同が実現されていく。ＧＩＧＡスクールの展開は、高度なＡＩ技術の開発と国家や地方自治体の膨大な予算投入を伴うことで、一挙に加速されつつある。

その一方で、数においては一〇〇万に及ぶ教職員が、戦後の民主的教育運動の中で自主的に共同してつくり上げてきた教育文化資産――多様な教育研究システムや民間教育研究団体がつくり上げてきた研究運動、教育実践の方法の開拓、各種の教材やカリキュラムの開発、等々――が、教師の過労死的労働条件や国家的な教育内容統制によって、その継承と発展が大きな困難に直面しつつある。

日本の民間教育産業は、公教育を展開する力量と社会的資産・資本を長年にわたり蓄積、私有化してきた。世界で最も体系化されたダブルスクールコースともいうべき塾システム、受験対策で集積してきた教育内容・教材体系、膨大な塾講師群の組織化、学テなどの請負で蓄積してきたインフラとデータとノウハウ等々が、中学生や高校生の受験対応の学習のかなりの部分を担うまでになっている。

民間教育産業のノウハウとカリキュラムが高校教育にも導入され、受験産業が高校教師の「指南役」として研修を行うことも多くなっている。英語力の形成は、相当部分が民間教育産業による英語検定資格の取得に置き換えられてきている。

しかしここには、公教育のありようとしての根本的な問題がある。公教育における教育の自由の理念は、教育と国家との関係に関わる長年の激しい論争テーマであった。戦後教育は、戦争を引き起こした戦前・戦中の国家による公教育の価値内容への全面的な支配への根本的反省を踏まえて、教育の国家からの自由を憲法的な原理とした。そしてそういう文脈の中で、教科書内容への国家統制に対する闘いとして、教科書裁判が展開されてきた。その中で、公教育の自由の理念をその中核に組み込んだ「国民の教育権論」が提起されてきた。一九七六年の旭川学テ裁判の最高裁判決においても、「個人の基本的自由を認め、その人格の独立を国政上尊重すべきものとしている憲法のもとにおいては、子どもが自由かつ独立の人格として成長することを妨げるような国家的介入、たとえば、誤った知識や一方的な観念を子どもに植えつけるような内容の教育を施すことを強制するようなことは、憲法二六条、一三条の規定上からも許されない」との判決が出されてきたのである。そしてそれらの規範は、公教育の制度やその実施のプロセスにおいて実現されるべきものと位置づけられてきた。

しかし、民間の教育産業は、そういう規範を実現するための公的な統制の外側にある。それらは塾産業間の市場における競争、そして受験対応への有効性という基準以外には縛られない。加えて、この間の公教育政策に対する経済界からの強力な要請が、文科省をも上回る経産省のイニシアチブによる公教育政策の決定という動向によって強められている。

　率直に問うてみたい。平和の問題が今日ほど切実な課題となっているときはないといえるだろう。コロナによるパンデミックの継続の中で、社会の格差・貧困や生存権の危機が、まさに社会の存続の危機として課題化されている。気候崩壊の危機は、猶予のない世界的な危機として突きつけられている。にもかかわらず、政府と財界が一体となって進めようとしているＳｏｃｉｅｔｙ5.0の未来社会像は、これらの社会問題、危機に直面した人類の明日をどう切り拓くかという問題関心をほとんどもたないものになっている。教育の民営化、民間産業によるカリキュラムの提供、ＡＩデータに依拠した教育内容の組織化、等々の動向は、はたしてこの公教育の重要な争点に対して、いかなる責任ある構えをもっているというのだろうか。ビッグデータに基づいたＡＩによる教育内容の組織化過程は、この課題に対応する意志をもたないのではないか。そこに国民の声を権利として反映する仕組みが組み込まれているという保障はなにもない。

　もう一つ付け加えておこう。個々人に「個別最適」化された学習課題を提供するというＡＩ技術を駆使した教育商品の拡大は、実はそれ自体が、今財界と国家が求める「資質・能力」を獲得させるために個々人にあてがわれるＰＤＣＡシステムとして機能するという性格を伴っていることを見ておかなければならない。ＡＩと個人とが対面する孤独な閉鎖空間の中で、市場や国家の求める人材と人格目標に即して、最も効率性の高い教育内容とスキルを無限のＰＤＣＡサイクルの中であてがうのである。(6)

これらを考えると、教育の市場化・民営化、ＧＩＧＡスクール化、ＡＩ技術の急速な導入は、教育の主権者は誰か、公教育をめぐる教育的価値の決定の権限はどこにあるか、子どもの権利と学習権保障のための「教育の自由」はどのようにして担保されるのかという公教育をめぐる権利の位置づけの構造的改編、あるいはそのテーマの忘却を伴いつつ進行しつつあると言わなければならない。

三　「学力」と「コンピテンシー」の違いについて

本田伊克氏は、学力を、その「機能的側面」と「内容＝構造的側面」という二つの側面をもつものとしてその関係を問うている[7]。

ある学力の獲得は、その土台にある機能的能力――その学力を使いこなす身体の生物学的、生理学的な機能、脳や神経的機能、理解・認識力や分析力、道具操作力、表現力、身体操作力など――の発達を条件としている。それはある特定の学力の獲得が、その個別学力を超えた汎用性をもつ基盤ともなっている。

重要なことは、学力は、その機能の獲得によってどんな目的を達成するかという課題＝内容に結びついて主体的、意欲的に獲得されるということである。たとえば、国語の学力は、ただ単に読み書きの機能的な、道具的な力の獲得だけが目的ではなく、文字によって構成・創造・蓄積された文化を学び、豊かな価値や認識を獲得し、表現によって他者や世界に働きかけ参加することを目的や意欲として獲得される。歴史の学力は、歴史に参加する認識的能力を形成する。数学の学力は、対象を数学的論理によって合理的に把握し、操作したり再構成する力量を育て、物的世界に組み込まれた数学的、合理的な世界像を獲得させる。学力は、それらを通して、世界と自然に主体的に対処する力を育てる。

その意味で、学力の価値的、目的的構造は、第一に、その学力に組み込まれた文化的、科学的な価値によって立ち上がるとともに、第二に、学習者自身が社会や自然に働きかけようとする目的意識や動機の側から知識が再構成されることにより組み込まれ、学力は個人を主体化する。ところが今流行の「コンピテンシー」は、学力をその機能的な側面からのみ把握した一面化、いわば無色化、脱目的化を強めつつある。

第一に、激しい学力競争の中では、学力は偏差値で計測されるコンピテンシーに力点が移行する。そのため自己の主体性や目的と結びついた学力の内容的価値的構造が失われ、学力の獲得が学習意欲や主体性を高める循環的機能が奪われていく。

第二に、資本の支配が高度化する新自由主義のもとで、学力の価値は偏差値的な自己の人材としての商品価値を高める役割において把握され、競争でのサバイバルのために評価される機能的能力としてのコンピテンシーの獲得が焦点化されていく。就活を前に、学生たちは、人材としてのコンピテンシー獲得を競わされる。

第三に、このコンピテンシーをさらに特色づけるのは、新自由主義のもとでの人間規定である。フーコーは、新自由主義的な統治は、「生政治」の理念において、人間の「ホモ・エコノミクス」化

――徹底した経済的合理性の規範に依拠して行動を選択する人間化――を、人間の「主体化」として推進することを指摘した[8]。その市場主義的経済主義的な規範に従う倫理観は、政治領域にも浸透し、人権や福祉や民主主義などの価値を解体し、市場的な競争の論理に置き換えようとする。そのため、政治という独自の方法に依拠して社会に正義を組み込み、社会を変革しようとする政治主体（ホモ・ポリティクス）を人間から駆逐し、主権者の育成を教育の目標から取り除いていく。ホモ・エコノミクスの育成に傾斜した教育は、資本から要請されるコンピテンシーに焦点化された知とそのスキルの獲得に一面化され、人と人とのコミュニケーション的合意に依拠して社会正義を探究する合意知の探究を学校教育の場から奪い取っていく。

かくして、「コンピテンシー」として把握される学力においては、市場的な人材養成に対応した一面化、非主体化、いわば知の無色化とも言うべき主体性の剝奪、人格との乖離の性格が拡大する。

四 「合意知」と「科学知」、そしてＡＩ知

(1)「合意知」と「正解知」

ＡＩによるビッグデータに依拠した知の拡大を、人間の知それ自体の変容の問題として押さえておく必要があるのではないか。その点で、知が、社会的な力として実現されていく回路について、一つ

は、「客観的科学知」の回路、もう一つは「合意知」の回路という二つの回路があると把握してみたい。

第一の客観的科学知の回路は、その知が生産過程に応用されることで生産力が増大し、人々の生活に豊かさや便利さをもたらしていく回路である。その知は自然に貫かれる法則的な知であり、その知の拡大は人間による自然支配の力の拡大となる。その回路は、資本による生産という資本主義の生産様式に組み込まれて生産力の増大をもたらし、直接資本の利潤拡大の力として働く。「知識基盤社会」は、そういう知と技術を企業とそれを支える国家権力がばく大な資本を投入して開発し、その成果を独占し、世界の経済競争に勝利するために知の開発を先導していく社会の特質を表している[9]。そして現在の学校教育の能力・学力競争はこの客観的科学知の獲得を目指す競争という性格を強く帯びる。

この客観的科学知は、科学的、数学的、論理的な知、対象の物的世界を正確に反映することで真理と認定される知、個々人の価値的判断の外側に客観的な真理として存在する知、自然との代謝過程としての労働と生産に応用されて生産力を高める知としての性格をもつ。それらは基本的にその獲得が計測可能な知の領域をなし、学力の要素として計測され、客観的な正解があるという意味で「正解知」と呼ぶことができる。それは、提示された生産技術上の課題を科学的に処理できる知としてＡＩ知と親和的である。

それに対し、第二の合意知は、人間の共同のあり方や社会の規範に関わる知である。その知は、客観的、科学的な手続きや実験でそれが絶対的な正解だと証明できない性格をもつ。しかし人々が議論し、社会のあり方へその合意された知が生かされることで、社会が変革され、新しい社会制度が生み出されていく知（制度知）である。憲法的合意としての社会的正義や規範などは、その中心的な内容となる。環境問題や格差・貧困の克服や生存権保障に関わる知――社会的正義の選択を介して社会改革を実現する知――はこの回路で働き、合意されていくほかないものである。この知の探究と合意には、コミュニケーションと民主主義の公共的議論空間が不可欠になる。その知の回路は、自治や政治を機能させる回路に他ならない。この合意知が機能しなくなるときは、政治や民主主義の方法が後退する。「ホモ・ポリティクス」は、合意知の世界で、主権者となる。

(2) 「合意知」の基本性格

あらためて合意知の性格を述べておきたい。

第一に、人々の判断と選択を超えた客観的な「解」、「正解」が存在しているという性格をもたない。そういう課題に対してどう対処するかは、人々の価値判断が大きく関わっており、合意による決定を必要とする。その最も基本的な性格は、民主主義とコミュニケーション的合意によって、社会的な力として作用する知であるということにある。ハーバーマスは、コミュニケーション過程において働く合意規範として「真理性」「正当性」「誠実性」の三つの規範を示している。[10] 確かにこの規範の中で、「真理性」という規範は、客観的な科学的な真理――それ自体は「客観的科学知」といってよい――に従うという意味を併せもっている。だから合意を形成していくうえで、それらが「客観的科学知」に反する事柄であるならば合意は拒否される。しかしその「客観的科学知」を踏まえつつも、社会的選択においては、その知をいかに応用するかを含んで、価値判断に依拠した選択が大きな役割を果たす。そういう性格を含んで、このコミュニケーション規範を介して社会的課題、共同的対処課題に取り組むための判断が社会的に選択・合意されていく。したがって合意知とは、知の公共性空間において、コミュニケーション的合意を介して社会的な力として働く知として規定される。

第二に、共同的存在である人間のその共同性の実現の方法——生き方の方法——は、この合意知の形成という方法に強く依拠している。合意知は、人々が議論し合意することによって社会のあり方へ生かされ、社会が変革されていく知であり、人間の共同性を実現する知の中核をなす。政治はそのような合意知の形成による人間の共同性の実現の方法、場であるといってよい。合意知は社会制度のあり方、政治選択等々において働くことを通して、社会を創り出し、歴史をつくり出していく。憲法として合意されてきている社会的正義や規範などは、その中心的な内容となる。また環境問題にどう対処するか、格差・貧困の克服や生存権保障をどうするか、などに関わる知の中核となる。この知の探究と合意にとってはコミュニケーションと民主主義が保障された公共的な論争空間が不可欠になる。それは、自治や政治が遂行される回路に他ならない。この合意知が剝奪され、働かなくなるときは、政治や民主主義の方法が後退させられ、機能しなくなる。

第三に、合意知は、合意知としての形において、歴史的、社会的な合意点を形成している。人類は、歴史的営為を経て社会的正義についての合意を蓄積してきた。その具体例として憲法的正義、人権、生存権保障、平等、議会制民主主義、等々の価値規範を挙げることができる。そのような到達点は人々の価値判断に大きな影響を与えることを通して、新たな合意をその継承発展として創り出していく。そしてそのさらなる創造・発展は、到達点への批判を含んで、新たな合意形成の努力を通して実現されていく。

第四に、合意知は、個々人の願いや思い、価値判断、目的や動機を源泉とし、そこから立ち上がっていく知である。個々人の外側、個々人の願いや判断から独立した「正解知」の側から立ち上がるものではない。それが起動していくのは個々人の内側、内部からである。したがって合意知の形成のためには、表現の自由が保障された場が不可欠であり、個々人の思いや願い、意見、価値判断が提起され、公共的なコミュニケーションの場においてそれらが議論されるということが不可欠となる。

第五に、したがって、このような合意知の性格を考えるとき、子どもの「外」から「正解」のある知識や「真理」を伝達し、それを子どもが獲得（学習）するという学びの形式だけでは、合意知を起ち上げ、またその主体を育てることは困難となる。したがって学校教育がこのような合意知を起ち上げ発展させるためには、単なる「正解」を伝達する方法とは異なって、表現を引きだし、育て、議論とコミュニケーションによって合意知を形成し、あるいはその到達点を継承（批判的に継承）するという教育＝学習の方法が不可欠となる。さらに言えば、今まで蓄積され、制度化され、社会を成り立たせている既存の知や規範、価値等々への批判なくして、新たな合意知の形成へと進むことは出来ない。その意味において合意知は批判によって新たに再構成され発展していく。

(3) 合意知とＡＩの知

その点に関わってここで一つ考えておきたいことは、二つの知の回路を区分したときに、ＡＩの知は、科学技術に関わるような知を発見し、「正解」を見出していくことはできるが、後者のような知、政治やコミュニケーションを介して社会のありようを組みかえていくような知的な営み——機能としていえばまさに自治や民主主義、コミュニケーション的な政治の過程そのもの——を代替することは難しいのではないかと考えられることである。勿論この第二の回路で働く知は、同時に第一の回路で切り拓かれた科学的な根拠を土台にしたものでなければならないということは前提である。

この問題の根本に、そもそもＡＩ知は、価値の選択や決定という作業をできるのか、して良いのかどうかという問題があると思われる。ＡＩは全ての情報を究極的には「0」か「1」かという数値によって構築される計算を基礎に、問題処理のアルゴリズムを構築して「判断」する。加えて、ディープ・ラーニングシステムという「自己学習システム」によるビッグデータの統計的な関連分析によって、確率的な事象の出現の関係性をいわば擬似的因果関係として捉え、新たな関係性や問題処理の方法を発見し、ある種の「法則性」を発見する糸口を提供することも可能となる。しかし価値判断自体をＡＩ知が行うことはできない。（もちろんこの問題は、いわゆるシンギュラリティーは、到来するのかという問題に行きつくところがあるのだが、ここではＡＩは、そういう人間的な意志的な価値判断はできないしできていないということを前提に議論を進める。）

とするならば、「客観的科学知」として専門家とＡＩによる探究によって「正解」を確定することができない問題——いわゆる社会問題の多くが、この問題に相当する——に関しては、合意知形成の回路において、その問題への対処が選択され、社会的な変革として具体化されなければならない。もちろん、地球温暖化問題への対処にとって、急速に発達してきたＡＩによる地球気候シミュレーション技術がもたらす未来予測や、温暖化のメカニズムの解明、したがって「対策」の技術的方法の提起などは、非常に重要である。しかし提起される課題にどう取り組むのかは、合意知の回路で処理、合意される他ない。それは社会的、政治的選択であるほかない。そしてその選択判断をＡＩ自身が代替することはできない。しかし、グローバル資本の世界支配は、そのような民衆の、主権者の合意形成の仕組み、自治と政治の仕組みに替えて、未来選択を市場の論理とグローバル企業のＡＩを使った競争勝利のための「合理的」方策に委ねるものへと展開する。現に政府が展開する未来像「Ｓｏｃｉｅｔｙ5.0」は、政治はＡＩ判断に委託可能だとし、社会問題もまたＡＩ知が解決するのだとして、いわば政治が消える未来像——したがって、またそこでは主権者という政治主体も消えてしまう未来像——を組み込んだものとなっている。ＡＩの急速な発展はこの危うさと一体になって進展しつつあるように思われる。

この「客観的科学知」と合意知の区分は、ホモ・エコノミクスとホモ・ポリティクスの行動様式と相関している。機能的能力へと一面化されたコンピテンシーだけでは、この合意知の世界を切り拓くことはできない。新自由主義、グローバル資本の世界支配は、そのような主権者の合意形成、自治と政治の仕組みに替えて、未来選択を市場の論理とグローバル企業の競争戦略とAI知に委ね、企業批判や政治批判を引き起こす合意知による政治世界を抑圧する衝動をもっているのではないか。（第11章参照）

五　人格的結合の意味について――〈Face to Face〉の意味について

(1) 学校知と「合意知」の関係について――求められている学校と学びの質の改革

ＡＩと情報化社会においてこそ、この第二の合意知の回路が、その社会の課題に対応できるように発展させられていくことが欠かせない。とするならば、学校教育においてこの合意知の回路に働く知を位置づけること、またそういう知を扱う学校教育の方法、論争的課題を扱い議論する方法を大胆に取り入れること、子どもが自分の意見を表明する自由や方法を拡大すること、社会的正義や価値規範を批判・継承するための合意を高めていく議論と学びを高めることが不可欠になってくる。

先にも述べたように、この知の回路において働く知は、個の存在そのもの、その願いや要求や判断によって議論の場に提出されなければ機能できない。それを個々人が議論の空間へと投げ込むには、表現の自由が不可欠になる。とするならば、知の創造と判断主体としての個の自由と尊厳が保障されていることが不可欠となる。抑圧され、自分には何の価値もないと思わされ、表現を断念しているような状況の中では、また学校空間にいじめや暴力が跋扈して他者に同調しなければ生きられない空間になっている中では、一人ひとりが合意と合意知の主体になることはできない。その状態を克服していくためのケアの方法や民主主義の徹底が不可欠になる。そのためには、教室、学校という場における個の回復、共同的に生きていくことへの希望の回復が不可欠である。AIと情報化の時代であるからこそ、その土台に、強固な合意知の形成の回路を、そのためのコミュニケーションが展開する公共空間を、自治と民主主義の構築とつなげて、学校に、教室に切り拓かなければならない。

教育という仕事は、人格と人格の関係を、人格形成への教育力として再組織化するという側面をもっている。たとえば、ヒドゥン・カリキュラムという問題把握は、学校や教室の中の人と人との関係の中につくり出される規範が、学ぶことの意味や価値を規定することによって、学びそのもののありようを規定し、否定的な人格形成として働く――具体的には、競争という規範に沿う人格の形成、学力格差によって社会格差を自己責任として受容する態度、強いものへの服従の戦略を獲得すること、等々――ということに注目した概念である。教師は、子どもたちが生きている（子どもたちが支配されている）その空間の競争や支配の論理、規範（ヒドゥン・カリキュラム）それ自体を組み変え、教室を民主主義や平和、平等、人間的な共同の価値が組み込まれた空間へと組みかえることで、子どもがその新たな規範を自己のエンパワーメントの方法として獲得し、学びの性格を人間化していくというような働きかけをしてきた。それは、生活指導や自治指導の教育方法論であるといって良い。

ところがコロナ禍で、リモート授業になったり、三密を避けるということで人格のふれ合いが困難になったりする中で、こういう人格的関係を変革課題に据えて取り組むことが困難になる事態が出現した。一方で、その教育の空白に対して、「学びを空白にさせない」とばかりにＡＩとネットを介したＧＩＧＡスクールシステムが急速に構築され、遠隔授業が一挙に拡大されつつある。教育産業が膨大な教育に関するデータを集積し、カリキュラムを編成し、学習履歴（ログ）の集積による「個別最適」なカリキュラムや教材の提供・配信が行われ、ネットからのダウンロードによって孤立したままで個別学習が展開する仕組みが一挙に広がった。

しかし、合意知の形成にとって、人格が直接に交わり、交渉し合う空間が、欠かせない。そこでは人格的な関係が大きな役割を果たす。ハーバーマスのコミュニケーション的合理性の規範に関わっていうと、それは「誠実性」と結びついている。「誠実性」とは少しわかりにくい概念であるが、コミュニケーションに参加する相互の人格的信頼関係に関わる規範と捉えてよいように思われる。二宮厚美氏はそれを「コミュニケーション的理性には、コミュニケーション関係の下での人間相互の信頼性や共感・応答性が含まれる」という点から「『主観的感性』の世界における『真意性・誠実性』[11]」と捉え直している。合意知が働くためには、コミュニケーション関係を維持し高め、「真理性」や「妥当性」を介して社会課題に対する共同をつくり出すための人格的関係を発展させていくことが欠かせないのである。その意味において、自治的な共同をつくり出す学級づくりは、合意知の形成・発展にとっての重要な条件となっているということができる。

と思われる。

(2) コミュニケーションによる社会と文化と個の形成という視点

この問題に関わって、ハーバーマスの次のような「コミュニケイション論」は、重要な意味をもつ

「(「批判可能な妥当要求の相互主観的な承認にもとづいて行為を調整していく」――引用者注）コミュニケイション的行為は、了解という機能的局面においては、文化的知の伝承と更新とに役立っている。また行為の調整という局面では、それは社会的統合と連帯の確立とに役立っている。最後に社会化という局面では、それは人格的同一性の形成に役立っている。生活世界のシンボル的構造は、妥当な知を継続させ、集団の連帯を安定させ、責任能力のある行為者を養成する。……文化の再生産、社会的統合、社会化という……過程に、生活世界の構造上の成分として対応しているのが、文化、社会、人格である。」[12]（傍点原文）

ハーバーマスは、資本主義の経済と資本主義社会の政治的統治としての行政システムのもつ「合理性」によって、このシステムへの「生活世界の植民地化」「隷属化」が進行すると指摘する。彼は、コミュニケーション的行為を、その合意過程に「真理性」「誠実性」「正当性」という規範を組み込むことで、その「植民地化」に抗して、人格と社会の結合関係を人間的なものとして再構成していく営みと捉えるのである。逆に、「物象化」や「植民地化」はこのコミュニケーションによって真理や価

値や正義を他者との合意を介して「文化、社会、人格」の再形成過程に組み込み、人間の主体性を実現する営みを、剝奪するように働くと捉える。それは合意知の展開する場と過程の剝奪を意味するだろう。

彼は、物象化され、経済的「合理性」によって制御され、今日ではＡＩでその合理性を強化する資本の論理に席巻される「生活世界の植民地化」に抗して、人間の感性や個の尊厳という人間的価値の基盤から、その支配に対抗する正義を再構築し、そこで合意されていく社会的正義、そして人間存在をホモ・エコノミクスに矮小化することなくその尊厳を回復する論理を立ち上げる営み、全体的人間の回復を、このコミュニケーション行為に託するのである。

しかし新自由主義は、ＡＩ知と一定の親和性をもち、その支配力の具体化のために、ＡＩ知の「客観的合理性」の貫徹という性格を最大限に利用し、手間のかかる人格的交渉、合意知形成の営みを奪い、主権者としての力の組織化という方法を奪っていく危険性がある。コロナパンデミックによる人格と人格の交わりの制限という事態は、その病理を一挙に増大させつつあるのではないか。人格と人格の直接的な交わりと交渉、その空間に組み込まれた公共性の規範のうえで展開される人間的価値の探究と合意の営みがもつ人間・社会・文化の再形成作用、あるいは対抗的形成作用が失われていくことの問題性が検討されなければならない。そういう中で、あらためて学校とはなんであるのか、その人格接触の意味、自治やコミュニケーションなどの代替不可能な機能の意味を、あらためて問う必要がある。個と個の社会関係のリアルかつ葛藤的な往復を経て選びとられる社会判断（社会創造）を

ＡＩによる「合理的」判断に委託し、同時にリモートな関係が増大して人格的な〈Face to Face〉関係が喪失されることで、自治と政治の新たな危機が展開する可能性を視野におく必要がある。

学校は、この合意知を扱う作法を大きく奪われてきた。単一の正解のない価値的な判断問題、社会問題を扱い、コミュニケーションと民主主義という方法によって自らが生きるための関係性を創造・変革し、社会を創り出し、主体性を実現していく力を獲得する学びを大きく奪われてきた。人間としての尊厳を回復しようとして格闘する場から提示する一人ひとりの選択や願い、表現が、合意知形成の源泉となる。共感と公共的コミュニケーション規範を介して、人は、他者と共に生きる主体へと成長し、社会形成の主体となることができる。この個の尊厳の基盤の上に形成されるコミュニケーションと合意知の探究という学びを組み込むことによってこそ、子どもは自己（人格）と社会と文化の主体へと成長することができる。

ＧＩＧＡスクール政策と教育産業による公教育の乗っ取り、そしてＡＩシステムを公教育のスリム化（費用の削減）として利用する戦略は、国民が、人類が、生存と持続の危機に対処する共同を奪う危険性をもつ。学校教育はその戦略にどう対抗するかが問われている。

注

（１）稲葉一将・稲葉多喜生・児美川孝一郎『保育・教育のＤＸが子育て・学校、地方自治を変える』自治体研究社、二〇二一年、参照。

（2）山崎洋介・杉浦孝雄、原北祥悟・教育科学研究会編著『教員不足クライシス』旬報社、二〇二三年、参照。
（3）山本由美「新たな段階を迎えた高校統廃合」山本由美・平岡和久編著『学校統廃合を超えて』自治体研究社、二〇二二年。
（4）ヴィゴツキー、土井捷三、神谷栄司訳『「発達の最近接領域」の理論』三学出版、二〇〇三年、一頁。ヴィゴツキーは、「子どもがその発達において到達した水準、子どもが自主的に解いた問題によって規定される水準を、子どもの現代の発達水準」とし、「おとなに指導されたり自分よりも知的な仲間と協同したりして子どもが解く問題によって規定される可能的発達水準とのあいだのへだたり」を「子どもの発達の最近接領域」（六三、六四頁）と規定した。
（5）学テ委託業者への支払額のデータについては、吉益敏文・濵田郁夫・久冨善之・教育科学研究会編『検証・全国学力調査』学文社、二〇二一年、七五頁参照。
（6）中西新太郎・谷口聡・世取山洋介著福祉国家構想研究会編『教育DXは何をもたらすか』大月書店、二〇二三年、参照。
（7）本田伊克「子どもが学ぶことばの意味をとらえる学力論を」雑誌『教育』二〇二三年、六月号、旬報社
（8）ミシェル・フーコー、慎改康之訳『生政治の誕生』筑摩書房、二〇〇八年。重田園江『ホモ・エコノミクス——「利己的人間」の思想史』ちくま新書、二〇二二年。
（9）佐貫浩『「知識基盤社会」論批判』花伝社、二〇一九年。
（10）ユルゲン・ハーバーマス、丸山高司他訳『コミュニケイション的行為の理論』（上・中・下）未来社、一九八七年。
（11）二宮厚美『社会サービスの経済学』新日本出版社、二〇二三年、一五六頁。
（12）ユルゲン・ハーバーマス、前出、四四頁。

第Ⅲ部――方法としての政治と新自由主義による人間管理

第10章

「危機の時代」の教育と教育的価値としての政治

——学びと発達の場に「自治と共同のための政治」を

ここで考えてみたいことは、教育と人間の発達・主体化にとっての「政治」というものの意味、教育の中での発達と主体化における意味（価値性）である。それをここでは「教育的価値としての政治」とは何かという課題として検討してみたい。

そのような問題関心を意識的に立てようとするのは、何よりも今、私たちは、かつてない人類史的な危機に直面して、日々を生きさせられているのではないかという思いがあるからである。収束が見えないコロナ危機の継続、まさに人類史的な危機というべき地球気候崩壊の到来、そしてロシアによるウクライナ侵略戦争の長期化と拡大、そういう中での世界の分断と覇権の争奪や軍事的対抗の激化が進行している。その下で格差・貧困が拡大し、多くの人の命と生存権が奪われる事態が世界各地に展開しつつある。そして、それらはまさに政治の問題、政治の課題、特に国家による政治によって生み出される矛盾として展開している。この政治をいかに転換するか、命と人権と人間の尊厳を回復する政治を人類が取り戻せるか、そして世界の危機を切り拓く共同を目指す国家を、人々がそれぞれの生きている国につくり出せるかどうかが、時間の猶予なしに問われている。

だから今、教育は、この政治に対していかなる役割と責務を担っているのかという問いに向かい合い、人類が、そして国家が直面しているこの最大の危機に立ち向かう人間の力として、政治の方法と力を取り戻す課題に取り組まなければならない。

にもかかわらず今、政治というものは子どもたちには、自分たちが生きるための方法とは関係のないもの、人間にとって役に立たないもの、いかがわしいもの、危ないもの、理解できないもの、等々とマイナスのイメージで把握されていることが多い。だから教育は、政治が人類の切り拓いてきた最も人間的で強力な力と方法であること、それを自分たちの力と方法として取り戻すことなくして社会を切り拓くことも、直面する未曾有の人類的危機を乗り切ることもできないこと、その政治を創り出す力を人間の力量の核心に位置づくものとして回復することを中心的な目標に据えなければならない。教育的価値としての政治というものを明らかにし、教育実践において実現しなければならない。

一　今、直面しつつある「危機の時代」の本質とは
――教育的価値としての「政治」概念を考える

人間は共同的存在としての本質をもつといわれる。また、社会的諸関係のアンサンブル（統一的総

体）という側面を人格がもっているともいわれてきた。そしてそのような性格をもった人間存在の実現のためには、その共同性をどう組織化していくのかが重要な課題となる。政治の根源的な役割は、その共同性の組織化の機能にあると思われる。

(1) 共同性の組織方法としての政治——根源的な「政治」の役割と方法を考える

人類史的にみれば、その共同性は、人間が生きていくに必要な食料を獲得するための共同の組織化と結びついて発展していったと思われる。人類はその共同性なしには、種の持続を達成できなかった。その共同性は何よりも食料を獲得するための共同（中心的には狩猟のための共同）として発展していったと思われる。

この人類の原初の労働の共同を成り立たせる価値規範は、素朴な民主主義としての性格をもったと思われる[1]。その時点では、食糧獲得のための共同的な労働の規範と政治とはほぼ一体化し、食料の獲得と種の持続の方法の中に政治は組み込まれていたと思われる。そして、集団内部の共同性の実現という政治、対外的な交渉や争いとしての外部に対する方法としての政治などが次第に意識的な価値規範や方法を組み込んで、独立的な機能と方法をもつものへと発展していったと思われる。

ところが、農業の発明による生産性の飛躍によって、次第に階級が生まれ、剰余の富が形成・蓄積され、支配と被支配という関係性、その関係性を支配し統治するための「支配の方法としての政治」、階級社会の政治が生まれてくる。もちろんその政治は、「支配の方法」としての側面と「共同性の実現」という二つの側面をもったものとして展開、発展していった。しかし階級（分裂）社会においては、第一の支配の側面が中心となり、その支配を維持するために第二の側面も担うという性格が強くなったと思われる。

しかし、西欧市民革命は、ブルジョワジーの支配のための政治を生み出すだけではなく、その民主主義的理念において、自由と人権を回復した個人による新たな人間の共同性の回復・実現の方法としての政治を取り戻そうとし、そのための国民主権理念に立った政治を制度化し、その政治への参加をすべての人間の権利として把握しようとした。もちろん正確には、そういう方向性を人類史的正義とする政治理念が生み出されたということであり、市民革命によって階級政治が終わったわけではない。そして労働者階級、勤労市民階級は、その政治の民主主義の下で、国民主権に立った政治を、文字どおりの労働者・市民による主権者政治として実現するための政治変革に取り組んでいった。そしてそのことによって、政治は、民主主義に依拠して個々人が主体となって人間の共同性を実現するための不可欠な方法と捉えられるようになっていった。

(2)「政治」(「自治と共同の政治」)の階層的な構造

今日、政治は、国家の成立によって、国家という単位において制度化された独自の制度と仕組みによって営まれるものとなっている。しかし共同性を実現する政治はそこにとどまらず、その制度化された政治とは相対的に独立しても営まれている。家族や地域的共同、あるいは様々な階層における共同的集団（社会的中間集団）は、その共同性を組織化し、実現するためのそれぞれの政治をもっている。そしてそれぞれの階層の政治の理念や方法は、制度化された国家の政治制度の理念や方法と深く関連しつつ展開されていく。もちろん、子どもの生きている共同的諸関係の世界にも政治は存在している。したがって、子どもの学校生活においても、そこでの共同をどう実現していくかに関わる政治が存在している。人は、主体的に生きるためには、生きる中で取り結ばれる様々なレベルの共同的関係において、その共同的関係の自治と共同の主体（「主権者」）として参加することが不可欠となる。その意味では、人間の共同性を実現するための政治は、多様かつ階層性をもったものとして営まれている。

あらためて、私が考えようとしている政治という概念について、**図1**に即して説明をしよう。

政治の「場」は、大きく分けて二つの階層に区分できる。この図の［A］の「生活の中の政治」と［B］の「国家制度としての政治」である。「国家制度としての政治」には、地方自治体に制度化されている政治が含まれている。［A］「多様な集団の中の自治と共同のための政治」は、［B］「国家制度としての政治」に組み込まれた部分があるとみることができる。

「生活の中の政治」＝「多様な生活集団の中の自治と共同のための政治」は、人が生きる様々な生活的共同的関係の中において営まれる政治を指す。各種の団体、経済組織、会社、組合等々に、その

図１　「政治」の階層的構造

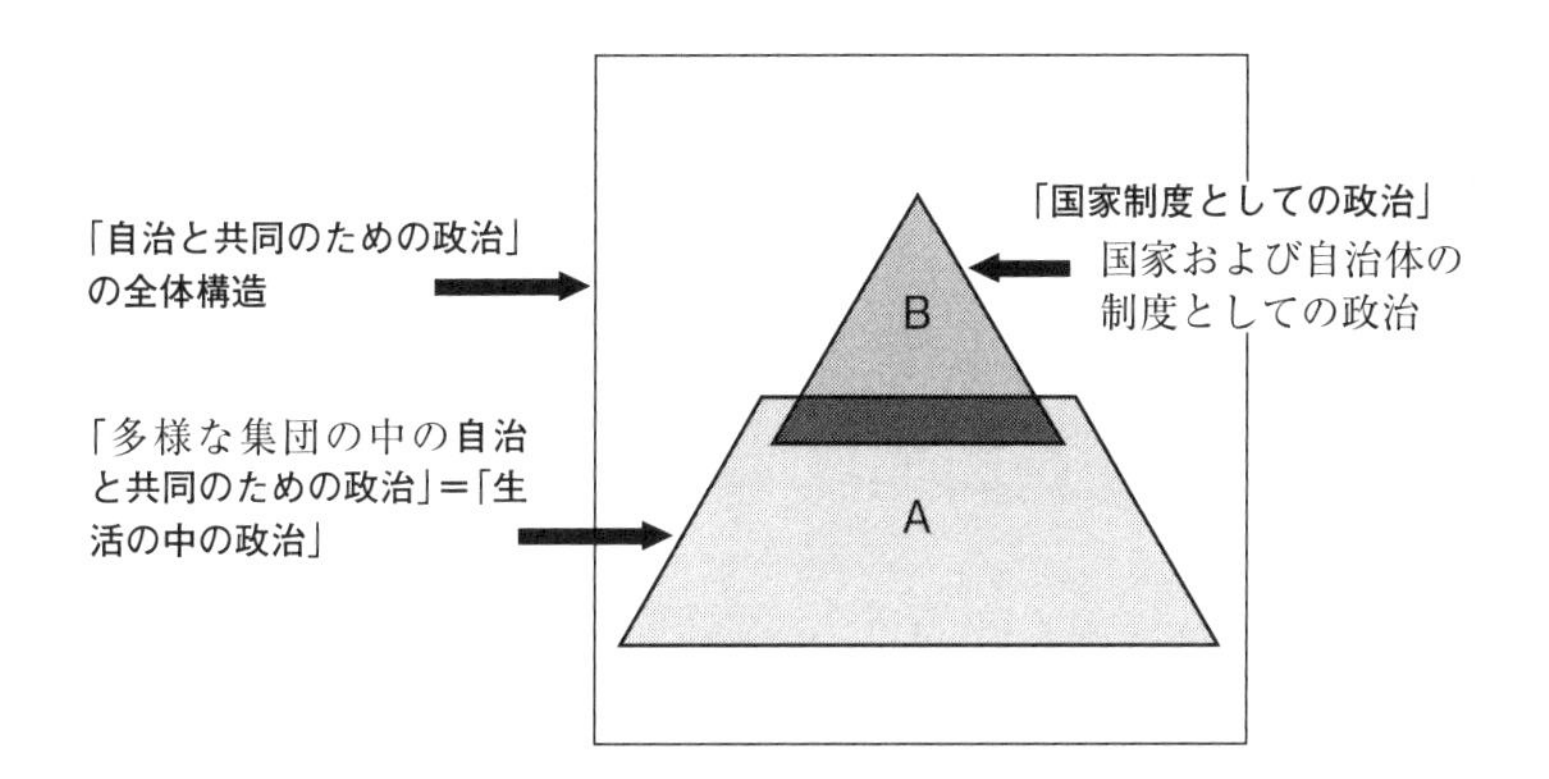

共同のあり方や運営をめぐって様々な政治が営まれる。子どもたちもまた、学校、クラス、いろいろな子どもの集団において、様々な政治に参加している。［B］の「国家制度としての政治」は、「自治と共同のための政治」の一環をなすが、国家的な政治制度として独自に法によって制度化され、人はそこで法的な「主権者」として行動する。そしてそこでは権力による支配と主権者による自治と共同の政治が対抗し、階級的対抗の場としての性格をもっている。また、政治の全体を、「自治と共同の政治」と規定しているのは、この章全体で検討するように、個の尊厳と平等、民主主義とコミュニケーションによる合意に依拠した自治と共同の営みを、人間がその共同性を実現するための方法として把握するという意図を反映したものである。

(3)「自治と共同の政治」とは何か

ここで政治を「自治と共同の政治」として把握することの意味を考えてみたい。

①人類は共同的存在として誕生した。そのとき、その共同性の実現の政治（「自治と共同の政治」）は、狩猟などの食料の獲得や共同体の運営の方法として生活の中に一体化して営まれた。それは「生活の中の政治」として存仕したということができる。

②階級社会の始まりは、「自治と共同の政治」［A］の上に、支配の方法としての政治［B］「国家制度としての政治」を生み出した。

③市民革命は、その支配の方法としての政治［B］「国家制度としての政治」を、市民（国民）が主体（主権者）となって自治と共同性を実現する方法としての政治へ変革するという民主主義的政治変革への道を開いた。そのたたかいの中で、「国家制度としての政治」［B］は、コミュニケーションと民主主義を方法とした「平和」の政治へと発展してきた。

④「国家制度としての政治」［B］の理念の変革によって獲得された人権と民主主義の理念は、「生活の中の政治」＝「多様な集団の中の自治と共同の政治」［A］の理念と方法をより意識的な表現（言論）とコミュニケーションと民主主義を方法としたものへ高めるものとして作用する。また同時に「生活の中の政治」の方法の意識化と発展は、「国家制度としての政治」のあり方を発展させるものとして作用する。政治［A］と［B］は、その理念と方法において、深くつながっている。

⑤人が自分の生きている共同性の質を変革するためには、その「政治」（［A］と［B］の双方）」を意識化し、自らの力の実現の方法として政治を自己のものとするほかない。政治なくして、人間（人類）はその共同性を実現できない。

⑥今日の［B］の政治への不信や無力感、参加への忌避感等々は、［B］の政治そのものが現実にもたされている反国民性、非民主性等によるとともに、［A］レベルにおける「政治」への不信感や、またそこで展開するミクロ・ポリティクスへの否定的な印象によって引き起こされている面が高い。子どもが成長の過程で出会う多様な［A］＝「生活の中の政治」によって政治の方法に習熟し、政治への信頼感を形成することなどによって、［B］の政治への準備や構えが形成されることから考えると、子ども世界の政治、学校生活の中の政治の豊かな展開が、主権者としての国家制度としての政治参加のためにも不可欠であり、その展開・発展が教育の大きな責務になっている。

(4) 新由主義と政治——経済へ介入する政治から「市場」のための政治へ

アダム・スミスのいう「レッセ・フェール」の原理は、経済＝市場の論理に政治は介入しないということを意味した。しかしその結果、資本による労働者支配は、社会危機を生み出した。組織された労働者の抵抗はやがて、経済に介入する政治（国民主権政治）を展開させた。戦後の世界的に展開した「福祉国家」の政治は、民主主義政治を介した国民の声を反映して、資本に掌握された富の国民

（労働者）への再配分をも展開した。その背景には、社会主義世界と資本主義世界の体制競争があった。

しかし、ソ連崩壊による冷戦の終結によって、一挙に資本主義は世界体制化し、巨大な富を蓄積したグローバル資本は、その経済力と政治力によって、国民参加によって民主主義化された政治、国民の人権と生存権保障のベクトルをもって経済に介入する政治を転覆し、一挙にグローバル資本の新たな自由を拡大する政治、すなわち新自由主義の政治を一九八〇年代から展開した。サッチャー、レーガン等の政治、そして日本の橋本・小泉政権が新自由主義を強力に展開し、安倍政権はそれを新たな段階へと展開させた。

新自由主義とは、単に市場の自由のための経済の論理にとどまらず、それまでの福祉国家政治を転覆・逆転させ、グローバル資本の利潤拡大の論理と仕組みを社会に組み込むための社会・人間管理のための統治技術として展開しつつある。それは同時に、人々を「ホモ・エコノミクス化」（経済市場における競争によって自己実現を図る自己責任主体化）し、人々から「ホモ・ポリティクス」（生きる方法として政治を行使する政治主体）を剝奪する統治の方法として機能している（本書第12章参照）。この新自由主義の下で、私たちは、自らが生きるための政治、市場に介入してそれを人権と生存権の実現に資する方向に向かわせる政治という方法を奪われつつある。そして、競争の論理と自己責任の論理の拡大した社会と世界に人類史的な危機（コロナ禍、気候崩壊、ロシアによる侵略戦争の展開等々）が到来し、貧困と格差、生存権の剝奪、危機の中での命の喪失が世界各地で拡大している。人類は、その最も強力な共同の力を組織する政治（という方法）を奪われたままで、未曾有の人類史的危機の前にさらされつつあるのである。

このような視野に立つならば、今、私たちが生きる場において、市場の論理と競争の論理で、しかも自己責任の論理で生きるほかない状態へと押し出されつつあることにこそ、現代の危機の深化の大きな原因があるとみることができる。新自由主義の統治は、今までの国民主権と福祉の政治が実現してきた賃金保障や企業利潤を規制する仕組みを解体（規制緩和）してきた。人権や生存権保障の論理は、主権者の政治の側から社会に組み込まれなければならない。自己責任と競争の論理は、社会の矛盾や困難や生存権の剝奪を、個々人の能力不足や努力の欠落の結果として個人責任化し、巨大資本の利潤のために人間が搾取・浪費され、環境や地球の持続が危機に直面しつつある事態に対処する「自治と共同」を起ち上げる意思と回路をふさいでしまう。

とするならば、「自治と共同の方法」としての政治を、私たちの生きる場に、子どもが生きる場に、そしてこれからの社会を担っていく子どもたちの力量として起ち上げ、獲得させることが、教育実践にとって、不可欠の課題となる。

二　生きるための「方法としての政治」を子どもの中に取り戻す

今述べたような方法としての政治を、人間の生きる方法の獲得という視点で、一人の人間の力と方法の発展という視点から再構成してみたのが、図2の「政治と人間の力量の発達の構造図」である。

図２　政治と人間の力量の発達の構造図

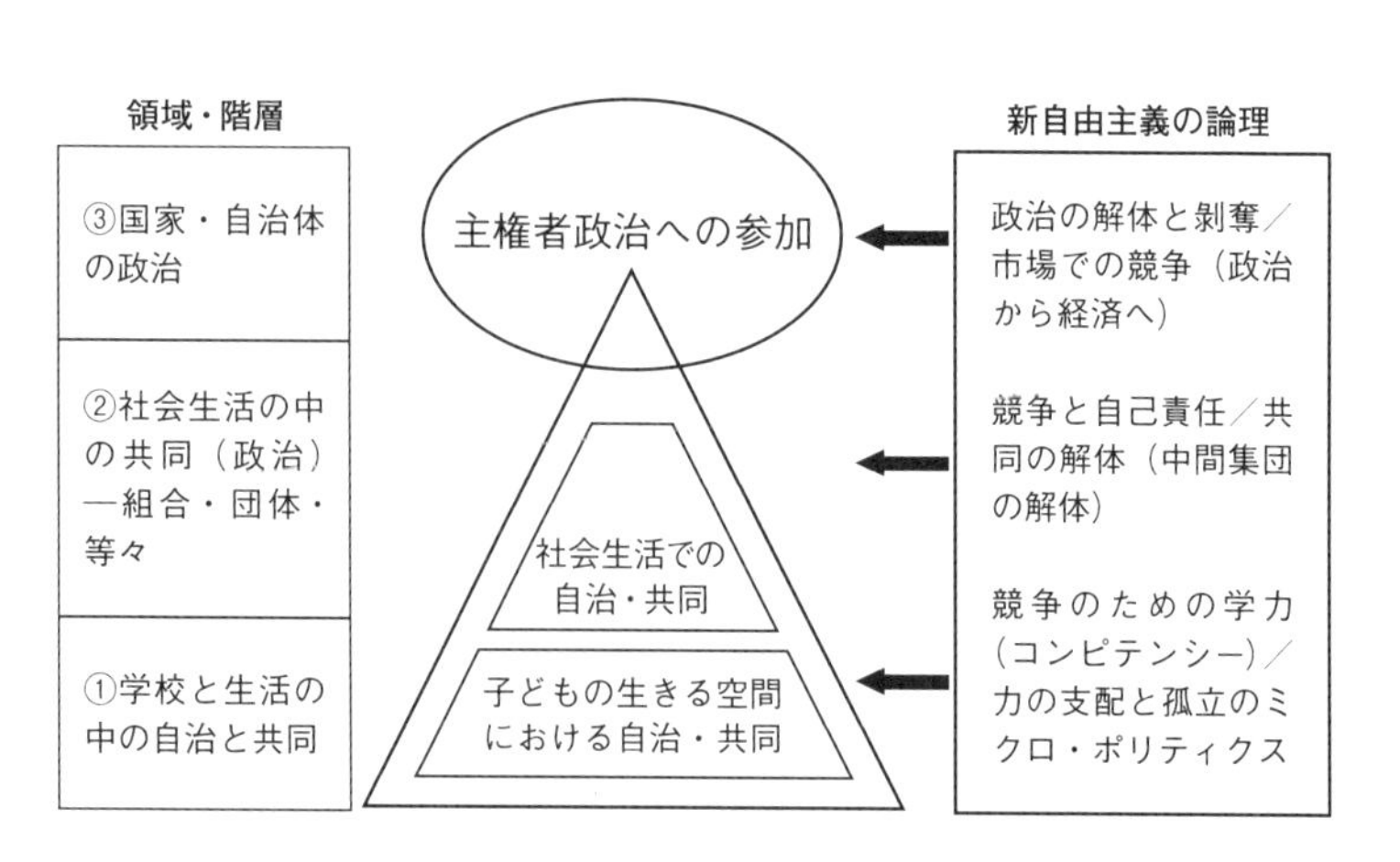

(1) 方法としての政治に関わると人間の力量の発達の構図

発達の視点からみれば、先の**図１**で「生活の中の政治」と把握した部分を、子どもが成長していく生活の中での自治と共同の方法としての政治と、大人が社会生活において生活の中の諸集団（多様な共同）において営む自治と共同の政治に区分することが有効であろう。そのことによって、学校教育の、方法としての政治の力量形成に対する独自の課題、役割が明確になる。

なお、右側には、それぞれの方法としての政治に対する新自由主義の圧力が、それぞれの階層に即して、強力にかけられてきていることを表そうとしてある。新自由主義は、国家の政治の方法にとどまらず、社会生活の方法、そして子どもが生きる空間の政治に対しても強力な働きかけ、その方法の剝奪という圧力を及ぼしている。

補足として述べておくならば、日本社会における方法としての政治の喪失は、日本の高度経済成長の時代において、労働運動や社会運動が大きく後退し、人々が生きるための方法として競争に依拠するようになったことが深く関係している。そして教育における競争が、より豊かに生きるための最も中心的な方法となっていった。ある意味で、日本の希有な好条件の下での高度経済成長と富裕社会の実現――もちろんその下での格差や貧困や差別構造の蓄積という大きな矛盾をはらみつつも――の下で、政治の力で、権利としての生存権を高めて、社会の安定と豊かさを実現する方法が奪い取られ、忘れ去られていったということが、今日の日本社会における方法としての政治の喪失をもたらした一因とみることができるだろう。そしてそれは九〇年代からの新自由主義社会を日本社会が受け入れる「好条件」になったと思われる。**図2**の構図に即していうならば、真ん中にある「社会生活での自治・共同」が、非常に希薄になっているのである。そしてそのことが、今、人々が「自治と共同」の方法としての政治を行使し、国家レベルでの政治においても主権者として行動することの弱さに深く結びついているとみることができる。

(2) 子ども世界と教室に「政治」を立ち上げることの困難

まず、今日における政治の方法とは何かを明確にしておく必要がある。それは表現とコミュニケーションと民主主義である。

もちろん、現実の政治は、それとは異なった力によって動いているのも現実である。多様な生活の共同の中で展開する政治（それをミクロ・ポリティクスと呼ぶことにしよう）は、ときには暴力をも含んで、人（他者）を支配する力学を呼び起こすことが多い。幼児が力で欲しいものを奪い合い、けんかを絶えず繰り返すというのも、一つのミクロな政治の端緒ともなる。子どもたちの世界に展開するいじめは、その暴力的な支配のポリティクスの典型である。多数者による圧力を創り出して支配するという力学が形成されることも多い。そこでは平等や民主主義やコミュニケーションという方法と価値規範に依拠した政治は、なかなか立ち上がらない。

人類が方法としての政治に、人権や平等や民主主義の価値を組み込むには実に長い格闘があった。その意味では、子どもがその生きる共同関係の中で、人権と平等の規範に依拠して、民主主義的なコミュニケーションを方法とした政治を立ち上げることは、極めて意識的な社会＝大人の側からの働きかけを必要とする。政治は、極めて高度な文化的な方法だといわなければならない。だから文化的かつ生活指導による自治への働きかけ（教育）なしには、子どもは政治という方法を人間の自己実現のための共同を創り出す強力で人間的で平和的な方法として認識し、身につけることは難しいだろう。

しかし現実は、それ以上に大きな困難と課題を抱えるに至っている。それは、あらためて整理すれば、以下のような事態が関係している。

①「勉強」、「学習」という営みは、現実には、排他的な競争と自己責任規範に貫かれている。共同

によってよりよく生きる方法に対して、競争によって他者よりも有利に生きる方法が、学校教育が奨励する方法となっている。

②格差・貧困の拡大によって、平等という理念が大きく否定されている。しかもそれらが自己責任化され、社会的に解決すべき課題として把握できなくなっている。差別的な「能力競争」の結果を理由とした格差、不平等がむしろ正義であるとの観念も強い。

③いじめなどを含んで、暴力による支配が、広く浸透している。それは今子どもたちのものとするべき民主主義や平等や人権やコミュニケーション的合意の方法の対極にあり、平和と民主主義の政治を教室・学校に実現する見通しをもてない状況にある。

④孤立しないための戦略が同調や弱者排除、表現抑圧等の病理を生んでいる。表現の自由が封殺され、自分の思いや願いを表現して、他者とつながり、安心して生きていく空間が奪われている。表現の自由は、コミュニケーションを方法として行使する上で決定的な重要性をもつ。

⑤教室が「正解知」伝達の場となり、学習の過程においてコミュニケーションと民主主義の方法が獲得されていない。学習空間が、民主主義と表現を拡大する機能をうまく実現できていない。

⑥子どもたちが成長する環境としての汚れた現実政治が、個の尊厳に基づく人間的共同の方法であるべき政治への信頼を奪っている。……等々。

これらの性格が、子どもたちから「方法としての政治」を見えなくし、「政治」を自らが生きる方法として獲得することを妨げている。学校・教室空間には、方法としての政治が立ち上がることを拒否する力学が展開しており、新自由主義の規範にしたがって人をホモ・エコノミクス化する人間形成作用がより強力に機能している。このような強力なヒドゥン・カリキュラムが存在する故に、そのカリキュラムに対抗し、それを組み替える意識的実践なしには、子ども世界、教室空間に、人間が大人へと成長していく学びの場に、民主主義的な「方法としての政治」は立ち上がらないのである。

(3) OECDの三つのキー・コンピテンシー概念と日本の学力規定の問題性
——学力の内容からの「政治」の排除

さらにいえば、OECDのキー・コンピテンシー概念は、その元の質においては一定のホモ・ポリティクス的な主体性の形成を意図した性格をもっていたが、日本に導入される経過の中で、徹底してその「ホモ・ポリティクス」的な主体性、その主体性の形成に不可欠な知の領域や学習方法を奪うものとして機能しつつある。そのような学力（コンピテンシー）形成の場からは、方法としての政治が子どもたちの中に立ち上がることがますます困難になると思われる。

OECDの三つのキー・コンピテンシー——①道具を相互作用的に用いる力（リテラシー）、②自律的に活動する力、③異質な集団で交流する力（ドミニク・ライチェン、ローラ・H. サルガニク編著、立田慶裕監訳『キー・コンピテンシー　国際標準の学力を目指して』）は、日本への「導入」の過程で、より強力な新自由主義バージョンへと組み替えられてきている。公教育の目的は、資本が世界競争に勝ち抜けるための人材、能力の獲得であり、その競争に勝ち抜く資質が人間力として求められることとなる。さらにその資質は、新自由主義国家とグローバル資本の創り出す社会を受容し、そこへ主体的に参加する人格力や価値意識の形成へと誘導・結合されていく。他者とのつながりについては、民主主義に基づいて社会を創り出す共同としてではなく、国家秩序、市場秩序に沿うような「道徳規範」教育が重視され、ナショナリズムの心性がそこに付け加えられていく。リテラシーは、世界競争に勝ち抜く技術の応用力の獲得に焦点化され、社会の批判的変革、社会矛盾の解明、人類の直面する危機打開の知、すなわち政治の方法の中で働く知についてのリテラシーの領域が排除されていく。

この本の監訳者の解説によると、ＯＥＣＤのコンピテンシー理念について、「知識や技能をもった後、それが行動となって現れることにこそ、生きる意味が生まれる。言葉や知識はそれだけでは社会的な意味をもたず、相互作用的に活用されてこそ、コンピテンシーとしての評価ができる」（一一頁）と把握され、「三つのキー・コンピテンシーのうち、二つまでが人間の集団との関係に注目し、言葉や知識、コンピュータといった道具を相互作用的に、つまり人間関係の形成のために活用できるかどうか、……といった点が重視され」（一一頁）ていると把握されている。そして「このキー・コンピテンシーは、個人の幸福とよりよき社会が同時に実現できるような能力として考えられ」（一二頁）ているとする。さらに「DeSeCo は、社会にとっての基本的な機能や個人の直接的な生存という観点から単純にコンピテンシーを取り扱っていない。生産的な経済や民主的プロセス、社会的団結や平和の概念を含むものとしてよく教育された市民の潜在的社会的利益を考えながら、人生の成功と良好に機能する社会という観点を通して、コンピテンシーを問うアプローチを取っている」（二七頁）、「そこに示されるキー・コンピテンシーは、それらが位置するカテゴリーとともに、民主主義、人権の尊重、および持続可能な開発が中核的価値とみなされる規範的な枠組みの中に埋め込まれている」（一〇五頁）、とも書かれていた。その意味では経済的人材としての能力にとどまらず、社会を変革していく主体としての能力をも含もうとする性格をもっていたとみることもできる。

しかし、日本に移入される過程で、「③異質な集団で交流する力」および「②自律的に活動する力」として提示されていた社会的コンピテンシーの議論はほとんど消えていった。焦点は、「①リテラシー」、すなわち「知識の活用」に焦点化され、「②自律的に活動する力」、「③異質な集団で交流する力」に表された独自の意味が奪われていったように思われる。加えて、この社会関係的な自律性と主体性のキー・コンピテンシーに変えて、新自由主義社会の規範や国家主義的な価値規範を獲得させることが、現代社会への能動性を子どもたちの中に生み出すために不可欠だとして、それらの質を人材力の形成と結びつけた「資質・能力」規定が、日本の教育政策として具体化されつつある。そのために、教育基本法の改訂第二条に「教育の目標」として詳細な「態度」規定を書き込み、「観点別評価」で、人格の核心にある価値意識や目的意識や態度を評価管理する教育の仕組みが展開しつつある。「資質・能力」論はそれらの「偏向」を含んだ学力規定となっている。日本の教育政策に貫かれる学力理念は、まさにホモ・エコノミクスとしての知へと傾斜し、ホモ・ポリティクスの知、政治の方法によって生きる場を変革していくための社会的共同の力を大きく奪われたものへと歪められてきている。

三　危機の時代と「方法としての政治」のための教育
――ケア、表現、コミュニケーション、公共性、参加、子どもの権利

では、このような困難が作用している中、学びの場であり、かつ子どもたちの生活の場でもある学校と教室に、どのようにして人間が生きていくために求められる共同を再組織し、コミュニケーションと民主主義によって営まれる政治を起ち上げていくのかを検討してみよう。そのために必要なことは、学校と教室の構成原理に、ケア、表現、コミュニケーション、公共性、参加、子どもの権利を組み込むことといってよい。

(1) 表現の自由の回復――表現の自由がつくり出す力が働く公共性の空間をつくり出す

暴力が支配し、孤立と排除を恐れ、真実の自己を表明することを恐れ、また「正解」できないことを恐れる力学の中で、また自分に降りかかってくる困難が自己責任化されてしまう中で、人は（子どもは）、そのミクロ・ポリティクスをサバイバルするための戦略を必死で行使する。その空間においては、自分の思いを他者に表明すること、他者の誠実な声と思いに共感することが困難となる。そこでは強いものによる支配、理不尽な強要が横行する。それに対して民主主義の政治がそこに起動する

とは、そういう強者による支配に対抗して、個々人の願いや困難や生きている空間の理不尽についての声が表明され、人権や平等や人間の尊厳や憲法的正義に照らしてその声や思いが受け止められ、共感が組織され、そこに新たな認識の高まりと合意が生み出され、それを実現する社会的な力が生み出されることを指している。表現は、そういう場におけるたたかいの方法となる。

その意味では子ども世界は、そして学校や教室は、子どもたちが、いかなる政治の下で生きるか、いかなる政治を選ぶのかの対抗場、争奪場となる。この場に民主主義の政治を起ち上げるためには、その方法が、日々の生活の中で、学習の中で、学ばれ、試され、体験され、習熟され、力をもつものとして経験されていく必要がある。自分の思いを声として発し、譲れない自分の尊厳を主張することをまわりが共感とケアで支えてくれること、そしてみずからもまた他者の声と尊厳を守る勇気を発揮して、個々人の声の結集によって人間的正義が相互承認されて一つの規範となる公共的な場の創出に参加することが求められる。共に生きるための規範を組み込んだ公共的な場を創り出すのは、個々人の発する表現がつくり出す関係的な力である。学校と教室が、そのような公共的な空間として組織され、コミュニケーションが自分の存在をかけて他者に働きかける力をもった方法となること、そしてそのような個の存在のかけがえのなさを互いに守り合う共同の意思が一つの力として組織される空間――個の尊厳を守る力が張りめぐらされた公共性の空間――が、学校や教室の中につくり出されることが求められているのである。

公共性の空間、すなわち公（おおやけ）の場とは、みんなに開かれているということにとどまらず、そこへの参加者によって合意された規範が、そこにある人々を規律し守る力として働いている空間であるということを含んでいる。その意味では子どもが成長し学習する学校と教室空間は、最も人間的な理念と規範が力をもってその場に働き、人間形成の機能が生き生きと作用することができる公共性空間でなければならない。そして「自治と共同の政治」による意識的な働きかけが、公共性の空間を維持・発展させるために欠かせない。教師はそういう空間を学校と教室に創造することを、自らの教育実践の重要な課題とすることを意識して追求しなければならない。

あらためて補足しておこう。ここでいう表現とは何か。表現とは、社会や人と人との関係のなかで自己をつくり出していく方法である。知識を自分の主張の構成に生かし、自らの表現の自由を行使して社会的正義を共につくり出し、さらにまた表現することを通して自己自身を対象化することができる。また作品の創造は、自己の存在の対象化であり、自己の社会化である。また人間の本質としての共同性は、この表現を介して実現されていく。真の政治は表現による「合意」を介して社会、世界、共同性をつくり変革していく営みである。学びがこの表現と結びつくことは、知識が生きる力へとつながり、知識や科学の学びが、政治の力へと具体化されていく回路である。

(2) 授業に「合意知」をめぐる議論を

——授業の場もまた、「自治と共同」の方法を獲得する習熟の場となる

そのような公共性空間をつくり出す表現は、テストや教師の問いに対して「正解」を応答する表現とは異なるものである。自分の思いや願いやを表現することであり、わかってほしいと思う自分の表現であり、他者に自分の意思や判断を伝える表現であり、自分の「疑問」の表明であり、他者への「共感」や「違和感」や「批判」の表明であり、自己の「自由」を主張する表現であり、他者との「共同」をつくるための表現であり、したがってまさに民主主義の方法としての表現である。この表現は、他者と社会に働きかける自分の「力」の発動である。それは真の意味で人間を責任ある自由の主体として実現する方法である。学校教育は、この表現の方法と力を子どもに獲得させる責務を負う。そして表現が、「自治と共同の方法としての政治」を子どもの中に立ち上げる。

ここであらためて強調したいことは、「正解」を学び、「正解」を応答し、「正解」を回答することが支配的な日本の学校の学習空間の性格においては、表現とコミュニケーションが民主主義の方法としては機能していないということである。個人の「外」に科学の到達点としての「正解」があるという構図においては、真理や正義は個々人の「外」にあり、学習とはこの個人の「外」にある「正解」を正しく身につけるということとなる。そしてその「正解」を身につけたときに、はじめて個人は価値ある存在に成長することができるということとなる。そして正義は「正解」であるかどうかによっ

て決せられることになる。とするならば、個々人を超越した科学による審判が物事を決するのが正しいということになる。しかし、確かに科学的な法則に関してはこのことが正しいとしても、唯一の正解を人々の判断を超えて確定することができない領域――社会的な諸問題の大半はまさにそういう問題であろう――においては、人々の価値的な判断を介して、物事が判断され、選択されていくほかない。科学の成果をいかにして社会に応用していくかの判断もそうだろう。そして民主主義とはそのような多様な価値観や判断のある中で、合意を形成していく方法にほかならない。そこでは、人々の中にある、個々人の内側から表明・提示される価値判断や願いや目的意識そのものが、物事を判断し、合意を形成していく根拠となる。もちろん科学的真実や客観的データによってそれらの個々人の判断は根拠づけられていなければならないが、一人ひとりの判断こそが、社会的意思の源泉となる。「自治と共同の政治」において働く個々人の判断は、そのような性格を担っている。

しかし考えてみれば、本来、多くの教科学習は、そういう個々人の判断主体としての主体化を目的とするものではなかったのか。歴史や政治、さらに社会科領域の学習は、まさにそういう課題を中心に担った教科であるということができる。憲法的正義の学習などはその典型ということができる。文学や芸術の学習もそうだろう。もちろん自治や共同作業における議論もそうであろう。そう考えれば学校における授業や生活の多くの場面における発言と議論が、個の固有の存在価値を意識化し、紡ぎ出し、その意思や思いを他者と共に生きる空間へと展開しようとする営みとつながるものではなかったか。個の意思表明、表現こそが新たな関係をつくり、新たな社会の公共性の水準をつくり出していく営みであること、個々の「発言」を「正解」かどうかを判定する対象として上から裁断するのではなく、社会をつくる主体性と価値を含んだものとして、励まし、引き出し、意識化し、「出現」させる教師の働きかけ、子どもの「発言」の取り扱いがどれだけ意識的になされてきたのだろうか。「正解」判断とは異なった、社会的な力となる「合意知」を取り扱っているのだという認識が、多くの授業の中でどれほど教師の側に意識されてきたのだろうか。

あらためて述べるならば、教室において、学習の場において、個の尊厳を支え、実現するとは、単に個を尊重するというケアを実施するということにとどまらず、個の中から表現を引き出し、この個の力が社会や共同の中に働きかけ、個が生きている場の主体として確かな存在になることを実現するということではないか。学びの中に表現を位置づけるということは、学習の過程が個を実現する過程となる不可欠の条件なのではないか。

(3) 教室を世界のリアリティとつなぐ——閉ざされた「自己責任」意識を「社会矛盾」へ開く

もう一つは、政治に関するテーマ、「自治と共同の政治」を、授業で取り上げ、議論することである。今、子どもたちも日々の生活の中で、次のような課題や矛盾を感じながら、不安や困難を実感しつつ日々を生きている。

① 〈競争の圧力〉 競争と自己責任の世界。勉強、受験、社会格差の中でのサバイバル

②〈バーチャル世界〉ネット世界やSNSへの没入とその中での他者との関係への囚われ
③〈教室、仲間関係のミクロ・ポリティクス世界〉暴力と同調、主体性の剥奪
④〈世界の危機〉格差・貧困社会、コロナ、気候危機、ロシア侵略と戦争の危機、等々

しかしこれらの問題は、なかなか教室の学習と討論の課題に挙げられない。そのため自分たちが今生きている空間や世界と学び・授業とが分断されている。だから子どもたちは、学校の学習は、ひいては勉強そのものも、閉ざされた競争の舞台の中でサバイバルするためのものとして受け止めている。

教室が、そして授業が、今子ども達が体感しているこれらの諸問題を解き明かし、それにどう立ち向かうかを考え、「自治と共同の政治」をそこに起ち上げることを目的とした学びの場であることが捉えられるならば、学校での学びが、そして教科の学習も、リアルで子ども自身にとって切実なものとなるに違いない。一八歳選挙権が実現したから政治のことを考えるのではない。今自分たちを取り囲んでいる関係と社会現実に取り組み、組み変えていくことにこそ、日々の授業や学びの意味と価値があることを捉えられるようにすることが求められているのである。そのような授業は、「自治と共同の政治」を起ち上げる学びとして働くだろう。[2]

今、「政治的中立性」を犯すという理由によって、学校で現実の政治的論争問題を議論し考えることを批判し攻撃する動きが高まっている。しかし、その論理は、社会の諸問題、諸困難を学校の学習の中で考えることを禁止するものであり、子どもを社会の主体へと育てるという教育の責務を放棄させるものである。いや、さらにいえば、今子どもたちを捉え、不自由にし、生きられなくする現実に

向かい合い、それを子どもたち自身が切り拓いていく課題に勇気をもって挑んでいくことを断念させることではないか。一九八五年、ユネスコが「学習権とは、読み書きの権利であり、／問い続け、深く考える権利であり、／想像し、創造する権利であり、／自分自身の世界を読み取り、歴史をつづる権利であり、／あらゆる教育の手だてを得る権利であり、／個人的・集団的力量を発達させる権利である」とした「学習権宣言」は、まさに今こそ学校教育の中に貫かれなければならないものとなっているのである。

(4)「参加」の仕組みを学校の中に展開させる

「自治と共同」を実現するためには、学校の中、授業の中で子どもが権利の主体として生きられるようにすることが不可欠となる。表現の自由が保障されなければ、「自治と共同の政治」は起ち上がらない。自由な議論が互いの主張や論理を豊かにするものであるという体験を積み重ねる中にこそ、コミュニケーションに依拠した政治が起ち上がってくる。自分の意見を表明すること、自分の声が聞き取られること、自分に関わる事柄のあり方の決定に意見をいうことができ、必要に応じてその決定に参加できることで、「自治と共同の政治」が、システムの形をもって制度化されていく。自治会、生徒会、三者協議会、学校運営協議会等々が豊かに展開されていくことが必要になる。表現と議論の場が制度化されることによって、「方法としての政治」はより安定したものとして実現されていく。

(5) 子どもとともに教師が「自治と共同」を担う構えを
――「自治と共同の政治」の主権者として生きる教師の構えを

一つだけ補足しておきたい。教師は、困難な矛盾に満ちた社会現実、世界現実の中で生き方を追求する人間として、人間のモデルとして、子どもたちの前で生きる必要があるということをあらためて考えたい。環境崩壊の危機に何としても対処したいと考え、戦争を終わらせるためにどうすればよいのかを考え、子どもがいじめや暴力から解放されることを心から願い、また格差や貧困のない未来を生きられることを願い、それらのことを自分の課題として生きようとしている人間として、子どもの前に立ち現れること。それは、この危機の時代の教育にとっての最も基本的な教育力となるのではないか。子どもに立ち向かわせたい危機に、教師もまた一人の人間として立ち向かう姿、構えなしに、それを単なる知識や「正解」として伝達し、その学習度を子どもの学力として「評価」する教師にとどまるならば、危機の時代の教育の課題を担うことはできない。しかし、現実には、様々な制約や圧力、余裕のなさ、多忙、支配的な教育システムの論理に規定されて、教師は、人材形成のためのコンピテンシー形成の技術者として子どもの前に立たされている。そのための教育の「成果」を計測され、実践を管理されている。危機への人間としての構えは、その後ろ姿からは消えてしまっているのではないか。そこをどう組み替えていくか。

重ねていえば、教師もまた人間として、危機に抗して、「自治と共同」に依拠して自らの生き方を切り拓こうとしているという構え（生き様）を貫くことが必要になる。危機の時代を切り拓くためには、大人、教師自身が、この危機にいかに立ち向かうかを問い続けなければ、子どもたちの生き方のモデルとなることはできないし、自らの教育実践を、その本音において子どもへの教育力として働かせることもできないことを、最後に強調しておきたい。それは今以上に教師に新たな教育実践課題や作業を追加して求めるということではない。学校での、子どもの前での教師の存在様式を組み替えるということである。

注

（1）クリストファー・ボーム、斉藤隆央訳『モラルの起源—道徳、良心、利他行動はどのように進化したのか』白揚社、二〇一四年。

（2）西村美智子氏の教育実践は、私がここで考えようとしているような「自治と共同」の力を育てようとしているように思われる。西村実践（西村美智子・小寺隆幸『明日につなぐ教育』遊行社、二〇二二年）は、子どもたち（小学生）を現実の中に立たせ、その小学生の人間感覚や経験に即して、その小学生という発達主体の主体性において対応させることで、子どもの学びの可能性を展開させようとしている。

第一に、学びの場である教室に、現に（潜在的に、あるいは偶然を含めて）存在している社会、世界、歴史との繋がりを豊富に引き出し、授業が社会の中での学び、歴史の中での学びへと意識的に再構成されているという特徴をもっている。もちろんその繋がりを意識化し、広げ、繋げるうえで、教師の感覚と意識性がある意味で決定的な役割を果たしていることはいうまでもない。しかしそれはすでに子どもたちの学び、地域の生活、親の繋がりの中、あるいは親の歴史的体験、等々として、豊富に存在している。それを教師が意識化し、引き出し、教室の中に歴史と世界をそのリアリティを伴って再構成しているということができる。教師が教育内容として、強引に学びの場にもち込むというよりも、まさに教師がコーディネーターとして、浮かび上がらせ、出合わせ、交わらせるという仕方で、学びの場が、それらの人々の参加、それらの多様な歴史的経験の持ち寄りによってつくり出されるという感じを受ける。そのことの展開の中で、教室の中に世界が、そして歴史が、再現されている。しかもそれがまさに二一世紀の現代を生きるために不可欠な要素を組み込んで、組織されている。まさにグルーバルな視野で、世界が教室の中に再構成されているということができる。

第二に、西村実践は、子どもたちが生きることを組織するという教育の全体性へと展開している。学芸会の発表など、最後は表現と主張へと展開し、それが全校へのアピールとなったり、親への主張（訴え）として展開されたり、そしてその思い切った「創造」「創作」が日々を豊かに主体的、創造的に生きることの内容そのものとして、子どもたちの学校生活の豊かさとして体感されるという、そういう全体性――学ぶことが生きることとして展開しているという全体性――が展開している。

第三に、社会・歴史そのものへの認識と参加、そしてそれを切り拓く文化（=教科内容）による成長という線で、実践が太く豊かに展開されている。子どもの困難が深まっていく中で、最近の教育実践においては、子ども達の自律・自立が難しくなり、人と人とが共同していくことが困難になってきていることの反映であるが、教師と子ども、ケア者（カウンセラー・治療者、等々）と子どもの関係に焦点が置かれ、記述されていく傾向がある。それは重要なのだが、そういう基盤の構築の上に、子ども達が社会的主体性を構築していく現実との向かい合いという段階での教育実践がなかなか困難になり、展開されないままに、あるいは記録されないで終わっている印象がある。そのために、教科の内容や文化を介した人間の成長――ケアを人と人との関係における人間の成長への働きかけと呼ぶとして――という教育がもつ基本的な方法に依拠した子どもの成長の姿がなかなか記録されなくなっているという印象をもっている。おそらくそのことは、文化が人材形成の中のコンピテンシー形成の負荷へと矮小化され、人間としての成長の全体性を支える質が学校の教科や文化から奪われていることと関係しているのではないかと思われる。

あらためていえば、西村実践は、子どもたちが生き、接し、感触する世界を広げる形で、現実世界を教室の中に再構成しようとする。そしてそこに人間としての問いを生み出し、意味ある世界を読み取り、それに主体的に応答する自分を創り出す。そして現に生きている世界の姿を捉えることができるようになる学びを組織しようとする。学びは競争の論理で強要されるのではなく、生きている世界のリアリティによって、意味化される。広島、子どもたちはその意味をテーマとした創作劇などに取り組み、それを他の学年や親たちに伝えようとする。3・11東日本大震災と福島、沖縄、アジア、アウシュビッツ、日韓、戦争と平和、等々のテーマが、子どもたちが生きる世界として教室の学びの中に再構成されていく。子どもたちの周辺――新聞やテレビ、親たちの世界、子どもたちの世界の話題、社会の事件、接触する歴史のエピソード、調査やインタビュー、その他――から立ち上がってくる「意味」が、意識化され、次第に子どもたちが生きる世界をつらぬく「意味」へと組織されていく。世界そのものとの出会いから子どもたちは「意味」を発見し、人間が生きることの全体性をつかんでいく。それは教師が子どもに詰め込んで認識させようとする教え込みの世界像、社会像とは大きく違っている。今そのようにして、世界を教室の中に再現、再構成する技法が、「危機の時代」の教育の方法として必要になっているのではないか。

第11章

M・フーコーの新自由主義把握の検討

――競争を生み出す統治技術と「生政治」

一　なぜフーコーの新自由主義論を検討の対象とするのか

この章の目的は、あらためて新自由主義の本質を今日の時点で再把握し、その本質把握からみて必然と考えられる新自由主義教育政策の展開の全体像を捉えなおすための基本視点を検討することにある。しかし、そのためになぜ、ミシェル・フーコーの講義集成『生政治の誕生』（ミシェル・フーコー講義集成Ⅷ、慎改康之訳、一九七八―七九年講義、筑摩書房二〇〇八年）をテキストにして検討するのか、それは以下の理由にある。

第一に、フーコーは、新自由主義の本質を、経済の論理（法則）と政治（統治技術）との関係の問題として把握し、「自由主義」から「新自由主義」への流れを一貫した論理の下に統一的に把握し、資本主義国家の登場から現代の新自由主義の展開に至るその政治と経済の関係史を弁証法的に説明することにかなりの説得性をもって成功しているからである。

第二に、そのことによって、フーコーは、新自由主義が何よりも統一的な国家政策のありようであること――ただしフーコーは、それを国家論、権力論としてではなく、「統治技術」の問題として把握しているのであるが――を明確に捉えている。新自由主義の把握をめぐっては、その規制緩和や市場的方法を進めるなどの部分的な政策的特質に依拠してその性格を規定する傾向が根強くあるが、そこに止まっているかぎりでは、新自由主義の本質とその全体像を把握することはできない。フーコーは、イギリスにおける史上初めての本格的な新自由主義国家（サッチャーの国家）の展開が始まろうとするその時点において[1]、今日に至るまでの新自由主義国家政策の展開の重要な政治的枠組みを見通し、新自由主義の本質把握にある程度成功していると思われる。体系的な統治技術の性格把握という点で、フーコーの新自由主義概念は、ラディカルであるといって良い。

しかし、フーコーの新自由主義概念を検討するうえでは、次の三点について、批判的視点をもって、検討しなければならない。

第一は、フーコーは、権力を独自の本質と性格をもったものとして分析するという立場を取らないという点に関係している[2]。フーコーにとっては国家権力は、統治技術の体系として把握される。そして「自由主義」と「新自由主義」の統治技術は、いわば資本の本質が要請する論理、資本の「経済」の論理から直接に導き出され、実施されるものとして把握されている。したがって、新自由主義国家権力というものが、資本のグローバルな展開の段階における政治権力として出現し、その資本の利潤を巨大化することを使命とした政治権力として国家と世界を支配し、改造しつつあるという分析の視点——グローバル資本の権力とその国家の本質の分析という視点——は展開しない。

第二は、フーコーのこの「講義」が行われた時点とも関係して、本格的なグローバル資本の展開の中で、この新自由主義の「統治技術」がその後どのように展開していくのかについてはふれられていないという点である。新自由主義は、グローバル資本の活動が近代国家の基本形態としての国民国家を単位とした世界の政治・経済的秩序を超えるに至った時点における新たな国家権力形態であること、国民国家という単位で国家権力の正統性が国民主権の方法によって吟味される国家形態がグローバル資本の要求の側から問い直され、激しく改変・改造されていく段階を迎えているという現実の展開の様相からすれば、フーコーの新自由主義把握は、多分に理念的な側面から捉えられた新自由主義分析となっている。その点は、今日の実態に即して発展的に考察すべき点である[3]。

第三は、フーコーの関心の根底には、はたして主権者政治は、経済をコントロールできるのかという問いがある。フーコーは、「自由主義」と「新自由主義」を、主権者政治による経済法則の把握と管理の不可能性という判断から生まれてくる統治技術のありようとして生まれ、発展した政治思想として捉える。そのような分析視角と方法によって、フーコーの新自由主義把握はラディカルな理論として展開しているが、同時に、フーコー自身が、主権者政治による経済法則の把握とコントロールの可能性という点で消極的、あるいは新自由主義の論理に共感的ですらある。したがって、フーコー自身は、この「自由主義」「新自由主義」に対抗する（それに代替する、あるいはそれを克服する）政治（統治技術）の有り様を提示しているわけではない。フーコーの、国家権力の肥大化・絶対化が引き起こす（引き起こしてきた）人類史的災厄——ナチズムやスターリニズムが意識されている——をどう避けるかという一貫した関心があり、主権者政治が、経済法則——したがって資本の論理——をコントロールできるという信念の下にその権力を肥大化させていくことに対する深い疑念が根底にある。

その意味では、フーコーの新自由主義把握は、新自由主義の統治技術が展開する必然性とその性格についての鋭い理解を提供してくれる面があるとともに、もう一面では、新自由主義に対抗し、それを超える統治技術を行使する権力とはどのような性格をもつものかという問いには向かわない。それは、結局は資本主義の矛盾を克服する社会主義（あるいは統治技術）が可能かつ科学的なものとして設定・構想できるのかという現代社会科学の最も根本的な問いに行き着く。もちろん、その問いをここで検討しようと意図するものではない。しかし、フーコーの新自由主義論の検討作業に対しては、不可避的にそのような問い（疑問）が向けられるものとなっていることは押さえておく必要があるだろう。

これらのフーコーの思想の全体枠組みの中で、フーコーの新自由主義分析のラディカルな側面を取り出し、継承していく必要があると思われる。なおこの点に関わって、第12章のウェンディ・ブラウンのフーコー理論の把握、批判的継承の方法を参照いただきたい。

新自由主義の歴史的性格をいかに把握するか

日本においては、はじめて橋本内閣によって新自由主義が政策の基本構造として組み込まれ、小泉政権において、ある意味でダイナミックな新自由主義的社会構造改編が開始され、そして二度にわたる安倍内閣の下で新自由主義の政治と経済の強固な構造が構築されていった。

現代における日本の新自由主義の分析は、グローバル資本による世界支配の時代――その一環としての国家権力の変容、資本の支配の新たな段階の到来、そして経済、政治権力、労働・雇用システム、生活様式、知識・情報、文化、教育等の全面にわたる構造的改編の進行――を統一的に捉えるものであることが求められている。同時におそらく新自由主義の本質についての認識は、「国民国家」というものの歴史的性格と、それと結びついた先進国の人権や労働権の実現の仕組みの歴史的性格、グローバル化の下での人権や労働権、生存権保障の発展の方法の新たな仕組みの探究、そして人類の蓄積した膨大な富に対する世界の勤労人民のコントロールの新たな仕組みの形成という歴史的課題の探究とつながるように思う。

そのためにも、新自由主義というものが法則的なものとして生み出されていること、その法則的展開がいかに世界を組み替えようとしているのかを捉えることが必要になっている。フーコーの新自由主義論を検討するに当たって、新自由主義というものをいかなる本質をもつものとして把握するのかという筆者自身のスタンスを述べておく必要がある。それは以下のようなものである。

第一に、新自由主義国家権力が出現したのは、グローバル資本の世界戦略が、各国の政府による企業への規制（特に第二次世界大戦後の福祉国家における人権や労働権を実現するための法的規制）を超えて――規制を障害として認識し、その廃棄を目標として――世界戦略を展開するようになった一九八〇年代であり、それが二〇年ほどかけて世界的動向として拡大した。

第二に、資本主義体制にある先進（先行）国民国家は、高い経済的競争力と世界の発展途上国などからの膨大な利潤の収奪の仕組み、植民地支配、等々に依拠して富を蓄積し、その富の上に豊かな先進国社会を築いてきた。しかしそのような国家に蓄積された富を国民の人権や福祉を支える富として支出する仕組み――それ自体は、ある意味での国民支配の戦略の一環でもある――を、グローバル資本は世界競争にとっての障壁と考えるようになった。そして、その世界競争にとっての障壁を取り除くことを使命とした新たな国家、グローバル資本の世界競争戦略のためにそれまでの国民国家の構造の破壊的改造を目的とした政府が出現することになった。これこそが新自由主義国家権力にほかならない。

第三に、現実の先進資本主義国家の社会は、ただ資本の自由（市民革命が解放した資本の力）によってのみ形成されてきたものではなく、その資本による人間破壊を阻止し、人権や福祉を実現しようとして、議会制民主主義――市民革命が解放したもうひとつの自由と方法――に依拠して国家権力を動かそうとする民衆の力と、資本の力とが対抗する中で創り出されてきた社会であった。資本主義とは、労働によって生み出される剰余価値を資本が取得、蓄積し、その巨大化する資本が政治や経済を支配する社会であるが、しかし近代においては、このような資本主義経済の仕組みとともに、議会制民主主義も発明された。それによって生み出される国家（権力）が、資本から相対的に自立した国民主権の権力として機能する面が生まれた。資本の集積した富を資本から再収奪し、また労働者の所得からの税収をあわせて国家財政とし、その管理と再投資の計画を国民主権の下に政府が決定する面が展開することとなった。すなわち資本主義社会とは、国家財政として蓄積された社会の富を、二つの対立し対抗する主体が争奪し合うシステムとして機能したのである。そして国民主権の力は資本（企業）への国家による規制力を生み出し、その力の強さに応じて人権や労働権の向上を進めることを可能にした。現実の資本主義社会は決して資本だけがつくり出した社会ではなく、主権者政治と資本の二つの主体の対抗の中で、社会の富の再配分と再投資の方向が争奪される社会であった。福祉国家は、その対抗の中で、国民主権の側が要求する国民の人権と生存権保障の高い段階での実現を成し遂げようとした。

第四に、しかし現代のグローバル化の到来で、この国民国家の仕組みが、グローバル資本の世界競争でのサバイバルにとって足かせとなり、「世界で企業が一番活動しやすい国」（故・安倍首相の所信表明演説、二〇一三年一〇月一五日）を目指すことを国家が競い合うような時代が到来した。新自由主義国家とは、従来の資本主義国家が採用してきた国民国家のありようを組み替え、グローバル資本の有利な競争拠点としての国家のあり方を目指し、社会を急速に改変し、国民の人権や労働権を守る各種の規制を解除し、社会の全仕組みを資本の利潤形成、資本の世界競争でのサバイバル視点から改変しようとする国家を意味する。

第五に、それが可能になったのは、ウルリッヒ・ベックの指摘するように（『ナショナリズムの超克』）、巨大なグローバル資本の所有、あるいは操作する資本（貨幣）額が個別国家の経済力（国家予算）をも超える程の規模に達し、その経済権力ともいうべき力をもって国家政治を支配し、操作するほどの力を獲得したことが背景にある。ベックはそれを、「世界経済というメタ権力[4]」の出現と把握し、その権力の実態は、巨大な資本操作によって世界経済を動かし、個別国家の命運をも左右する手法にあると指摘している。したがって現代の先進国の新自由主義化は、個別国家の政治的特殊性ではなく——当然日本にあっては、小泉内閣や安倍内閣の特異な政治信条の結果としてではなく——、グローバル資本の戦略がもたらす必然的結果、世界的傾向の一環として把握すべきことを意味する。

第六に、この新自由主義国家の下では、あらゆる富と資源、人間の労働力、知識、自然の総体が、このグローバル資本の利潤獲得の視点から管理され、評価され、それに適した社会システムが探究される。そして、社会が蓄積した価値の剰余のより多くの割合が、世界競争でのグローバル資本の利潤獲得の視点から再投資される方向へと動いていく。そしてそれゆえに、利潤の増大のために、社会の富の濫用と恣意的利用、人権と生存権保障のための公共的な投資の削減、撤退などが展開し、持続可能な自然と地球の維持などのための富の使用が縮減される。その結果、かつてないグローバル規模で社会と地球が危機にさらされることとなる。それは資本というものが未曾有の量において私的に占有され、国民主権にもとづく個別国民国家の統制を離脱し、逆に国民国家の権力を自己の意図の下に操作し支配する新たな歴史段階が出現したことを意味する。そして政府は、資本＝企業を統制する民衆の意思を結集する仕組み（その中心は国民主権の制度としての議会制民主主義）から離脱し、世界競争に勝ち抜くために有利な制度を確立しようとする。そのため、低賃金雇用、企業に対する税制の改革（減税）、生存権保障の公的サービスの商品化による新たな市場の拡大、福祉のための国家支出の削減、民主主義の破壊、等々が推進されていく。国民の人権と福祉の水準を後退させ（規制緩和）、格差と貧困が拡大し、環境危機をはじめとして地球の破壊をも厭わぬ怪物ともいうべき政治・経済権力が姿を現しつつある。この巨大な資本の自己肥大化運動をいかに規制するかが、歴史的課題として問われている。

第七に、もちろん、個別国家権力が消滅するわけではない。しかし孤立した個別国家だけの対応ではグローバル世界に展開する巨大資本を統治することは困難であろう。新たな国家間の共同をどう構築するか、世界経済市場をいかにして人類の良識で、そして民衆の人権と福祉の論理で統治し規制するかが問われている。そしてそのためには、現に存在する国家権力自身を、そういう国家間共同を志向するような権力につくり替えていく政治的たたかいが不可欠になっている。歴史的な侵略と植民地支配への深い反省を自覚し、国家が責めを背負うべき歴史的な負の遺産を克服し、世界の国々、民衆、民族の深い連帯と共同の上に立って、グローバル資本に対する規制の世界的システムの構築を探究すべき歴史課題に直面している。一国規模の人権と労働権のための「規制」――資本＝企業への統制――の回復のためにも、国民主権国家は、グローバル資本に対抗する国際的な連帯のありようを実現することが歴史的課題となっている。

二〇二三年段階における世界の状況を踏まえて一つの補足をするならば、新自由主義がこの二〜三〇年間に世界に引き起こした格差と分断――先進国と途上国間の格差、一国内における格差と貧困の増大――、そして社会と自然の持続の危機が差し迫るなかで、国家間の対立や利害の衝突が拡大し、それらがナショナリズムや民族排外主義、覇権主義的国家を生み出し、民主主義が後退し、新自由主義と国家主義とが一体化され、さらにそれらの国家が軍事的対抗に向かい、大国までもが軍事力の行使によって覇権の獲得に向かうという危険な事態が出現しつつある。

現在私たちが直面しているグローバル化の下での新自由主義は、資本の二五〇年間における「成長」と巨大化が生み出した必然的な到達点であり、資本主義の最も高度に展開した姿であるということができる。それを規制する統治力、資本に対する管理力を国家は、人類はどのような形で取り戻すことができるかが、危機の到来を目の前にしつつ問われる事態が訪れている。

二　フーコーの新自由主義把握の構造と論理

フーコーは、『生政治の誕生』において、すなわち一九七九年の時点で、今日に展開している新自由主義の政治と経済の全体構造を非常に深く把握する理論枠組みを提起している。ここでは、フーコーの新自由主義把握の全体像を描いてみる。（以下の文中での括弧の中の頁数は、断りのないかぎり『生政治の誕生』の頁数を指す。）

フーコーは、アダム・スミスの「見えざる手」の論理の分析から、近代の国家統治と資本主義経済の関係性が含むことになった根本的矛盾ともいうべき課題――すなわち、国家政治は資本主義経済の展開に対してそれを統治しうるかどうかという根本的課題――の存在をクリアに抽出する。そして「自由主義」と「新自由主義」を貫いて探究された問題は、「経済学」と「統治技術」の関係をめぐる問題であったことを明らかにする。その意味では「自由主義」と現代の「新自由主義」とのむしろ連続的な側面――それらを突き動かしている論理の共通性――にもとづいて「新自由主義」とは何かを明らかにする。その「自由主義」の基本的な命題は、政治的統治は、経済（学）を「統治」することはできないという理念であるとする。この方法論による体系的把握によって、「新自由主義」の理念は、そもそも、「自由主義」の中に内在していた論理の展開として描き出される（傍点引用者）。

(1) アダム・スミスの「見えざる手」の論理の捉え直し

フーコーは、アダム・スミスの「見えざる手」の論理は、何よりも、統治主体による経済法則の「不可視性の原理」（「計算することが不可能」、「プロセス全体の認識不可能性」）（三四四－三四七頁）として把握すべきものと捉える（傍点引用者）。自らの利害関心によって行動するホモ・エコノミクス（自らの利害関心に従い、市場において交換される価値の論理にもとづいて行動する経済人）の権利の、国家の主体、すなわち法権利主体としての市民（注――それはホモ・エコノミクスに対して、ホモ・ポリティクスと呼ぶことができるが、この文脈ではフーコーはホモ・ポリティクスという概念は使用していない）の権利への「還元不可能性」（三六〇頁）は、「主権者の問題と主権権力の行使の問題に関する重要な変容を引き起こ」すと捉える。

「市場の問題系、価格のメカニズム、ホモ・エコノミクスの、同時的で相関的な出現によって提起されるのは、以下のような問題です。それはすなわち、統治術は主権空間のなかで行使されなければならない――これは、国家の法権利そのものが語っていることです――しかし厄介なこと、不幸なことに、その主権空間が、経済主体によって住まわれ、住みつかれていることが明らかになる、ということです。」（三六二頁）と指摘する。もし主権空間において、経済主体化されたホモ・エコノミクスが統治を行おうとしても、その主体はそもそも統治に必要な認識を持ち得ず、その主権者として統治を行う営みおよびその統治空間は、有効に機能し得ないのだというのである。

だからこそ、アダム・スミスは、「主権者が無知であり、無知であることができ、無知でなければならない」ということを語っているのであり、政治は「自由放任の原則」に立たねばならないとしていると把握する。

「経済的合理性は、プロセス全体の認識不可能性によって包囲されているだけではなく、その上に基礎づけられてもいるということ。ホモ・エコノミクス、それは一つの経済プロセスの内部において可能であるような合理性の唯一の小島であり、経済プロセスの制御不能性は、ホモ・エコノミクスの原子論的行動様式の合理性に対して意義を唱えるどころか、逆にそれを基礎づけるものであるということです。」（三四七頁）

そしてこのテーマこそは、自由主義と新自由主義を貫く中心的テーマとして、その統治技術を変容させていくと捉えるのである。

「経済に主権者はいないということ。経済的主権者はいないということ。……経済的主権者の不在ないし不可能性というこの問題こそ、結局、ヨーロッパ全体を通じて、そして近代世界全体を通じて、統治実践、経済問題、社会主義、計画化、厚生経済学によって提起されることになるものです。一九世紀および二十世紀のヨーロッパにおける自由主義思想と新自由主義思想のあらゆる回帰、あらゆる反復は、依然として、経済的主権者の存在の問題を提起するための、ある種のやり方なのです。そして逆に、計画化、統制経済、社会主義、国家社会主義として現れることになるもののすべてによって提起されるのは、政治経済学がその創設時からすでに経済的主権者に対してかけていた呪いを、それと同時に政治経済学の存在の条件そのものを、乗り越えることが出来ないだろうか、という問題です。すなわち、それでもやはり経済的主権者を定義することのできるような地点がありうるのではなかろうか、と」（三四九頁）。

しかしそれは乗り越え得ないものだとするのが自由主義だとフーコーは展開する。この原理はやがて、経済への政治的介入の「失敗」――市場の失敗への政治の介入による新たな「失敗」――への総括を介して、市場こそが（すなわち経済的なものこそが）政治（統治）を審判するという新自由主義の論理へと展開し、経済（市場）に全面的に従属した政治（統治術）の展開へとつながっていく。フーコーは、「自由主義」を、経済法則の認識不可能性という基盤の中で、したがって主権政治が（したがってまた主権政治の主体としてのホモ・ポリティクスが）経済を統治する技術を持ち得ないゆえに、この主権政治に対して経済は「自由」（アダム・スミスの言う「自由放任」）を求め、さらにはこの「自由」を実現する政治を求めるというところに、「自由主義」の要求の根源、絶えず繰り返される「自由主義」の出現の必然性をみるのである。

補足するならば、この文脈で使われている「経済的主権者」という概念は何を表しているのかを正確に理解しておく必要がある。アダム・スミスとフーコーの理解において、「自由主義」とは、経済的主体としてのホモ・エコノミクスの経済活動の自由と、政治の主権者（ホモ・ポリティクス）の自由との関係において、前者の自由に後者の主権者としての自由（統治）は関与し得ないもの――なぜならば「経済学」の認識不可能性のゆえに――として把握することから要請されるものに他ならない。したがって、政治的主権者の統治に正統性を依拠する国家政治（統治技術）は、経済に対する「主権者」としての統治・管理をなしえない――「経済的主権者の不在」――と規定されているのである。

しかし自由主義は、フーコーが詳細に分析するように、自由主義の帰結として、資本の自由を実現するようなさまざまな統治技術を開発し、経済社会を統治し管理しようとする。だがそれは、主権者（の自由、自由な政治的主権者）による経済への統治・介入という位相ではなく、経済の論理にその政治が沿っているのかどうかという基準で、政治（統治技術）がその正当性を経済によって審判・審級されるという逆転した関係を土台とした位相においてである。

フーコーは市場と国家の関係について、「市場が一つの真理のようなものを明らかにすべきものとなる」（四〇頁）、「市場が、いまや真理陳述の場所として構成されたのだ」（四一頁）、「真理陳述の審級としての市場が構成された」（四二頁、傍点引用者）とし、そのことによって、絶えず国家統治、国家政策は、経済学から監視され、国家としての正統性を「審級」されていくことになると捉える。すなわち「自由主義の根本的な問い、それは、交換こそが事物の真の価値を決定するような一つの社会において、統治および統治のあらゆる行動の有用性の価値とはいったいどのようなものなのかという問い」（五八頁）が国家政策に絶えず突きつけられることになるとする。別な言い方をすれば、「経済的なものこそが国家に対してラディカルなものであり、国家がしかじかの経済選択に対して歴史的かつ法的な枠組みをなすのではな」（一〇九頁）くなり、その結果「ラディカルに経済的な国家」（一〇四頁）が出現したと把握するのである。

「まさしく市場の自然メカニズムおよび自然価格の形成によって——それを出発点として、統治が行うこと、つまり統治がとる方策や統治が課す諸規則を見るとき——統治実践を偽であるとしたり真であるとしたりすることが可能になる、ということです。市場は、それが交換を通じて生産、必要、供給、需要、価値、価格、などを結びつける限りにおいて、真理陳述の場所を構成するということ。つまり市場は、統治実践を真であるとしたり偽であるとしたりする場所を構成するということです。」（四〇頁、傍点引用者）

しかしそのことは、政治は市場に関与しないということではない。逆に、市場と競争の論理を純粋に展開させるための市場への「統治による介入」が求められる。それによって、「企業モデル」に基づく社会の再編成、競争の論理の社会への組み込みのための「社会政策」が全面展開する。その結果、レッセ・フェールから、国家による強力な政策介入へと変容する。

(2)「自由主義」の展開──「自由主義」から「新自由主義」へ
──オルド自由主義による新たな「自由主義」の展開[5]

「自由主義が定式化するのは『自由であるべし』という命令」ではなく、「私はあなたが自由であるために必要なものを生産しよう、私は自由に振舞う自由をあなたに与えよう」ということであり、「自由であり得るための諸条件の運営であり組織化」である。しかしその結果、「そうした自由主義的な実践の核心そのものに、問題を孕んだ一つの関係」、「すなわち、自由の生産と、自由を生産しながらもそれを制限し破壊するリスクを持つようなものとのあいだの、常に変化し常に動的な一つの関係が、そこに創設される」(七八頁)とフーコーは把握する。

このような「自由主義」は、その統治術において、一つの矛盾を含んで、三段階で展開していくとフーコーは捉える。第一段階の帰結は「安全の戦略」、第二段階の帰結は、「規律権力」、第三段階の帰結は「ケインズ主義による国家介入」である(八〇－八五頁)。彼の描いたパノプティコンとは、この第二段階の「規律と自由主義との結びつき」段階の「統治を特徴づける一般的な政治的定式」であり、「パノプティコン、それは、自由主義的統治の定式そのものである」とする。さらに、「この新たな統治術のなかに、自由を生産し、自由を吹き込み、自由を増加させること、より多くの自由を導入することを、より多くの管理と介入によって行おうとするメカニズムが出現する」（八二－八三頁）と指摘し、その展開の第三段階に「ケインズ式の介入」（八五頁）があるとする。

そしてそれらの歴史的展開を通して、現代の新自由主義に繋がる国家の把握の方法論が展開していくと把握する。それはドイツのオルド自由主義の展開において、明瞭な新たな論理へと展開していくと把握する。

オルド自由主義の目的

ナチズムへの反省とケインズ主義的政策介入への反省に立ち、「経済的自由」の位置づけを起点として、国家による経済への介入に対する批判の論理、「純粋競争」論理を介して、国家に新たな役割を求めるという「（新）自由主義」の政治理論が再出発する。

「ナチスによる権力の奪取以前からすでに四つの要素があったということになります。すなわち、保護経済、国家社会主義、計画経済、ケインズ式介入です。これら四つの要素が自由主義政策に対して大きな障害となっていたのであり、まさにこれらの四つの障害物をめぐって、一九世紀からすでに、ドイツにいた少数の自由主義支持者たちによって、一連の議論が導かれていたのでした。そして、いわばそのように分散した遺産、そのような一連の議論を、ドイツの新自由主義者たちが継承することになったのです。」（一三四頁）

新たな「市場の自由」が主張される。「国家による監視のもとで維持された市場の自由」の代わりに、「市場の監視下にある国家を」（一四三頁）ということである。

「いわば国家による監視のもとで維持された市場の自由を受け入れる代わりに――経済的自由の空間を打ち立てよう、そしてそうした空間を国家によって限定させ監視させよう、というのが、自由主義の最初の定式――オルド自由主義者たちが主張するのは、この定式を完全に反転し、市場の自由を、国家の存在をその始まりからその介入の最後の形態に至るまで組織化し規則づけるための原理として手に入れなければならない、ということです。つまり、国家の監視下にある市場よりもむしろ、市場の監視下にある国家を、というわけです。」（一四三頁、傍点引用者）

そしてその結果、「オルド自由主義者たち」は、「伝統的な自由主義の学説の中にいくつかのずれ、変換、反転をもたらした」（一四四頁）と捉える。

オルド自由主義における「自由」概念の転換

①市場の原理が「交換」から「競争」へ――まず、「市場の原理が交換から競争へとずらされる」（一四五頁）。そしてその結果、「新自由主義」は、「警戒、能動性、恒久的介入」（一六四頁）を基本とする「政治経済学」の下におかれることになる。

「新自由主義者たちにとって、市場における本質的なものは交換のなかにはありません。……彼等にとって、市場における本質的なものは、競争の中にあります。……一九世紀以来、自由主義理論においては、事実上ほとんど至る所で、市場において本質的なのは競争であるということ、つまり等価性ではなく、不平等こそが本質的であるということが認められます。……オルド自由主義者たちはそうした古典的な考え方を取り上げ直し、経済的合理性を保証しうるのは競争であり、競争のみであるという原理を取り上げ直すのです。」（一四六頁、傍点引用者）

「競争が確かに、その内的構造において、厳密なものであると同時にその歴史的で現実的な存在においては脆弱なものであるような形式的構造であるとするならば、自由主義政策の問題はまさしく、競争の形式的構造が作用可能となるような具体的な現実空間を実際に整備することでした。自由放任なしの市場経済、つまり、統制経済なしの能動的政策。したがって新自由主義は、自由放任の徴の下にではなく、逆に、警戒、能動性、恒久的介入といった徴のもとにおかれることになるのです。」（一六四頁）

重要なことは、競争とは、つくり出さなければならないものとして捉えられたことである。「競争は、原始的で自然的な所与では全くないもの」、「社会の基礎にあって、表面に上ってこさせて再発見するだけで良いものでは全くないもの」であり、「諸々の形式的属性を備えた構造」として「競争の形式的構造が作用可能となるような具体的な現実空間を実際に整備すること」が新自由主義政治の任務——「積極的自由主義」（一六五頁、傍点引用者）——として把握されたことにある。具体的には次のような政策理念が採用される。

②独占の放置―― 経済の論理自身によって展開する「独占」は、経済法則の貫徹、いわば経済の論理の自由として承認、放置される。

「個人的権力ないし公権力が介入して独占を創出するのを阻止するための制度的枠組みを打ち立てることは、もちろん必要である。こうして、ドイツ法制のなかに、反独占のための巨大な制度的枠組みが見いだされることになります。とはいえ、それは決して、経済の領野に介入して経済そのものによる独占の産出を阻止することをその機能とするものではありません。そうではなくて、それは、外的なプロセスが介入して独占の現象を創出することを阻止するためのものです。」（一七〇頁）

③失業の放置―― 失業もまた、経済の法則によって生み出されるものであるならば、それは経済の法則の貫徹として干渉してはならない経済の自由の展開として承認される。

「失業率がいかほどであろうと、失業のうちには、直接的ないし第一に介入すべきものは何もありません。完全雇用を、あたかも政治の理想、なんとしても救うべき経済的原則であるかのように見なす必要はありません。……そして、失業人員が経済にとって、絶対的に必要とされることさえあります。レプケが次のようなことを語っていたように思います。失業者とは何だろうか。それは経済的障害者ではない。それは社会的犠牲者でもない。失業者とは何だろうか、それは移動中の労働者である。それは、利益のない活動とより収入のある活動との間を移動中の労働者な

のだ、と。」(一七二頁、傍点引用者)

④不平等の必要——競争の論理こそ、経済の活性化の論理であるならば、平等はその競争の活性化を抑制するものとして、否定される。

「一人一人の消費財への接近における平等化、相対的平等化、均等化は、いかなる場合においても一つの目標とはなりえない。経済の調整つまり価格のメカニズムが平等化の現象によってではなく差異化の作用によって得られるようなシステムにおいて、平等化を目標とすることはできない。差異化の作用は、あらゆる競争のメカニズムに固有のものであり、差異によって作用するままにしておかれる場合にのみその機能とその調整的諸効果を持つような諸々の変動を通じて打ち立てられる。……社会政策は、平等を自らの目標として定めることはできないのだ。社会政策は逆に、不平等を作用させておく必要がある。」(一七六頁)

⑤社会保障の性格(所得移転政策の禁止と「社会政策の個人化」、「民営化」)——福祉政策による「所得移転」は、これまた競争を抑制するものであり、唯一許される所得移転は、極度の貧困によって、市場に自由主体として登場することができない貧窮者を、再び競争主体として登場させる位置につかせる限りにおいて——すなわち市場における競争主体の形成という目的に合致する限り——である(一七七頁)。そして社会政策の個人化、個人が自己責任でリスクに備えること、そのための富(収入)をも競争的に獲得させることが経済を活性化させると捉える。

「経済ゲームとは、まさしくそれに伴う不平等の諸効果によっていわば社会を一般的に調整するものであり、当然のことながら誰もがそれに参加しそれに従わなければならないものである、と。したがって、なすべきは平等化ではないということ、より正確に言うなら、一方から他方への所得の移転ではないということです。〔所得の移転は、それが所得のうち貯蓄や投資を産出する部分からなされる以上、危険なものです。〕唯一なしうること、それは、最も高い所得から、いずれにしても消費あるいは過剰消費に割かれると思われる部分を採取すること、そしてそれを、決定的障害や不測の事態によって過少消費の状態にある人々に移転することです。」（一七六頁）

「……あらゆる個人が、個人として直接的にもしくは相互保険という集団的中継によって、自分の身を守るのに十分なだけの所得をうるようにすることのみです。……社会政策がその道具としなければならないのは、所得の一部の別の場所への移転ではなく、あらゆる社会階級に対して可能な限り一般化された資本化であり、個人保険および相互保険であり、そして私的所有であるということです。……社会政策の個人化。要するに問題は、社会保障によって人々をリスクから守ることではなく、個々人に一種の経済空間を割り当てて、その内部において個々人がリスクを引き受けそれに立ち向かうことができるようにすることなのです。」（一七七－一七八頁）

総括

かくして、「新自由主義」の統治は、「いかなる瞬間においても、そして社会の厚みのいかなる地点においても、調整の役割を果たすことができるように」することであり、「経済的統治ではなく社会の統治」（一八〇頁）——経済の論理そのものへではなく、競争の環境の管理、競争の創出のための統治——となる。その統治の合理化の論理は「最大限の節約という内的規則に従う」こと、「コスト（経済的かつ政治的な意味で理解されたコスト）を可能な限り削減しつつ、その諸効果を最大に高めることを目指す」（三九二頁）ことにおかれる。そこに目指される社会をフーコーは次のように性格づける。

「差異のシステムが最適化されているような社会。揺れ動くプロセスに対して場が自由放任されているような社会。個々人や少数者の実践に対する容認のある社会。ゲームのプレーヤーに対して作用するのではなく、ゲームの規則に対して作用するような社会。そして最後に、個人を内的に従属化するというタイプの介入ではなく、環境タイプの介入が行われるような社会。」（三一九頁）

すなわち、そこに出現するのは、競争の原理を社会全体につくり出し、競争を機能させる格差をつくり出し、失業を競争とより高い生産性を実現するための「流動」として保証する仕組みであり、福祉は決してその格差を縮小するためではなく格差の中で競争に向かう「主体」をつくり出す「主体化の方法」として最低の水準で実施され、政治経済学の視点から社会全体のコストを下げるための政策的介入が計算されて、国家介入の手法（統治技術）が拡大的に展開するのである。それこそが新自由主義の本質となる。市場への不介入という出発点の原理は、競争をつくり出す環境管理と、その中で競争の主体として生きる人間をつくり出す主体化の環境管理として、社会への全面的な介入、人間の生の全面的な管理へと展開する。佐藤嘉幸の指摘するように、「つまり新自由主義とは、古典的自由主義の『自由放任』の原理とは異なり、市場の中に競争を構築しようとする『積極的自由主義［libéralisme positif］』であり、『介入主義的自由主義［libéralisume intervenant］』なのである[6]。そして、「自由主義が『自由放任』によって市場に自主的に競争が発生すると捉えたのに対して、新自由主義は市場には自生的に競争は発生しないと考え、市場に介入して競争を生み出そうとする[7]」のである。そして「技術、科学、法、人口に関わる所与の総体……社会に関わる所与の総体……が今やますます統治の介入の対象となっていく」（一七五頁）のである。そしてこの新自由主義の統治技術の展開の中に、フーコーは「生政治」の展開をみるのである。

この「オルド自由」は、フランスとアメリカによって、継承されていく。フーコーは、フランスに関しては「負の所得税」の論理（二五〇―二五五頁）を検討している。さらにアメリカにおいて、「新自由主義」は全面展開する。フーコーは、アメリカに関して、①「人的資本理論」、②「犯罪性と非行性に関する分析」（ゼロ・トレランス問題）を取り上げ検討する。

(3)「人的資本理論」――「生政治」の展開へ

新自由主義は、労働と労働者を、全く異なった視点から位置づける。すなわち、労働力を労働者の所有する資本として捉え、労働者はその資本から賃金という形の所得を受け取ると捉える。そして労働者は、市場において、自己の所有する資本（労働力）から所得を引き出すことを目的とする経済人

（ホモ・エコノミクス）として行動すると捉える。新自由主義は、このようなホモ・エコノミクスを社会の主体として登場させようとする「主体化政策」をとる。このホモ・エコノミクスは、アダム・スミスの想定したホモ・エコノミクスとは大きく異なっている。

「……そこでのホモ・エコノミクスとは、交換相手のことでは全くありません。ホモ・エコノミクス、それは、企業家であり、自分自身の企業家です。そしてだからこそ、交換相手としてのホモ・エコノミクスを、自分自身の企業家としてのホモ・エコノミクスによって絶えず置き換えることが、事実上、新自由主義によって行われるあらゆる分析に賭けられるものとなります。自分自身に対する自分自身の資本、自分自身にとっての自分自身の生産者、自分自身にとっての［自分の］所得の源泉としてのホモ・エコノミクス。……」（二七八頁）

この資本は「人的資本」として捉えられる。そして、「（このような形での）経済分析の領野への労働の再導入は、一種の加速ないし拡張によって、それまで経済分析から完全に逃れていた諸要素に関する経済分析をついに可能にする」（二七九頁）。その結果、次のようなことが起こる。

①「一つの社会が人的資本一般の改良という問題を自らに対して提起するやいなや、個々人の人的資本の管理、選り分け、改良が、もちろん結婚やそこから生じる出産に応じて、問題となったり、要請されたりせざるを得ません。」（二八一頁）

②「これはもちろん教育投資と呼ばれるものを行うことを意味します。」（二八二頁）

③「子供によって受け取られる文化的刺激の総体。こうしたすべてが、人的資本を育成する諸要素

を構成することになります。……このようにして、アメリカでいわれるような子供の生に関する環境分析に到達するということです。……人的資本への投資可能性という観点から子供の生を測ることができるようになるということです。」（二八二―二八三頁）

④「しかじかの刺激、生のしかじかの形式、両親や大人やその他の人々とのしかじかの関係といったすべてが、どのようにして人的資本のうちに結晶することが可能となるのでしょうか。……したがって、必要なこと、あるいはいずれにしても可能なこと、それは、健康保護に関わる問題のすべて、公衆衛生に関わる問題のすべてを、人的資本を改良できたりできなかったりする要素に関連づけて再考することです。」（二八三頁）

⑤「人的資本はどのように組み立てられているのか。人的資本はどのようなやりかたで増大したのか。人的資本のうちで投資という資格で導入されたのはどのような要素であるのか。こうしたことに関する精密な分析だけが、それらの国々の実際の成長を説明することができるのだ、というわけです。」（二八五頁）

重要なことは、新自由主義は、「（個人の―引用者注）そのような行動様式のすべてを、（人的資本を所有する―引用者注）個人企業という観点、投資と所得からなる自分自身の企業という観点から分析する」（二八四頁）という点である。決して発達の権利保障、生存権保障（福祉）としてではなく、競争市場でホモ・エコノミクスが、「企業」（市場で、資本から所得を得ようとする行動主体）として行動する競争の自由を促進し保証する視点から、である。それは確かに市場で競争する「個人的主体の側への移行」（三一〇頁）であるが、「主体そのものの側への移行がなされるのはただ……主体を、その行動様式を経済学的なものとするような側面、局面、理解可能性の網目のようなものによって取り上げることができる限りにおいてのみのこと」（三一〇頁）である。別の言い方をすれば新自由主義の「政治経済学」の視点からなのである。その下で、個人は、企業（家）として自己の能力資本から所得（利潤）をいかに取得するかという利害関心に立って、ホモ・エコノミクスとして「主体化」され行動する。すなわち経済の論理で統治される（統治可能な）主体性を獲得させられるのである。現に我々は、なんと激しく、この統治可能な主体性を背負わされて、ホモ・エコノミクスとして主体的にこの競争に参加させられ、統治されていることか。自己の能力資本、子どもの能力資本にいかに多くの所得を投資し、この市場的競争空間においていかにより多くの「所得（利潤）」をそこから引き出すかという、ホモ・エコノミクスとしてのサバイバル戦略の探求に走らされていることか。

「いまや問題は、統治を、『私こそが国家である』といいうる主権者個人の合理性にもとづいて規則づけることではなく、［そうではなくて］統治されている人々の合理性にもとづいて規則づけることとです。経済主体として統治されている人々、そしてより一般的には、語の最も一般的な意味における利害関心の主体として統治されている人々の合理性にもとづいて、統治を規則づけること。」（三八四頁）

そのようにして、「伝統的には経済的ならざるものであった社会行動様式を経済学的観点から解読しようという試みが」展開する。しかしそれは同時に、経済による統治の監視、批判の方法——政治に対する経済の審級――へと反転する。

「新自由主義者たちのこうした分析の使用において興味深い第二の点、それは経済学的格子によって、統治行動をテストすることが可能になるということです。経済学的格子によって、統治行動の有効性を評価すること、公権力の活動における乱用、過剰、無用性、過多な浪費に対して反対することが可能とならなければならないということ。」（三〇三頁）

「古典的自由主義においては、統治に対し、市場の形式を尊重して自由放任することが要求されていました。それに対してここでは、統治活動一つひとつの測定と評価を可能にする市場の法則の名のもとに、自由放任が、統治の非自由放任へと反転させられています。自由放任はこのように反転し、そして市場は、もはや統治の自己制限の原理ではなく、統治に対抗するための原理です。それは統治を前にした絶え間のない経済的法廷のようなものです。一九世紀が、統治行動のいきすぎを前にしてそれに対抗するために一種の行政的裁判機関を打ち立てようとしていたのに対し、ここには、厳密に経済と市場の観点から統治の行動を評価すると主張する経済的法廷があるということです。」（三〇四頁）

すなわち、経済の論理、市場の論理が国家行政（統治技術）を審級するのである。かくて、新自由主義は資本による新たな社会統治の政治技術（政治権力）の確立へと反転する。

「自由主義的統治は、確かに、社会の名のもとで自己制限を企てる。社会は、自由主義的統治に対し、統治しすぎていないかどうか絶えず自問することを強いるのであり、その点において、統治のあらゆる過剰に対する批判の役割を果たす。しかし、社会はまた、統治による不断の介入の標的をなすものでもある。これは、形式的に付与された自由が実践面において限定されるということではない。そうではなくて、社会は、自由主義システムが必要とする自由を生産し、増殖させ、保証するために、標的とされるのだ。この様な社会は、「自由主義的最小統治の諸条件の総体」と「統治活動の転移の表面」とを同時に表すものなのである。」(ミッシェル・スネラール「講義の位置づけ」)、『生政治の誕生』四〇四頁)

この本は『生政治の誕生』と命名されているが、結果としてフーコーは「生政治」そのものの本格的展開の入口で止まっている。しかし、「自由主義」と「新自由主義」の検討を通してこそ、「生政治」を語ることができるとしていることが重要である。何故に「人口」に総括されるような人間の生の全体が統治の対象になるのか、しかも直接的な統制というよりも、環境管理を介して、生(「人口」)を管理しようとする統治技術が必然的に生み出されてくるのか、その論理は、かなりの部分が、以上の「自由主義」と「新自由主義」の分析によって解明されているとみることができるのではないか。

「……生政治についての分析は、私が皆さんにお話ししている統治理性の一般的体制を理解して初めて可能になるように私には思われます。つまり、真理の問題と呼びうる一般的体制、統治理性内部における経済的審理の問題にまず関わる一般的体制を理解して初めて、生政治について分析することができるように思われるということです。したがって、自由主義という体制、国家理性に対立するものとしてのこの体制において――というよりもむしろ、おそらく［国家理性を］その基礎を問題化しないまま根本的に変容させるこの体制において――何が問題であるかということを十分に理解し、自由主義と呼ばれるこの統治の体制がどのようなものであるかを知ったとき、生政治がいかなるものであるかを把握することができるように、私には思われるのです。」（二八頁）

(4) 補足――新自由主義の教育政策へのさらなる展開

これらのフーコーの把握に依拠しつつも、その延長において、具体的にどのような新自由主義教育政策が展開しうるのかを検討することが課題となる。具体的には次のような課題が存在すると思われる。

第一に、佐藤嘉幸は、「ゼロ・トレランス」を、環境介入権力の一つの具体化として把握する。「犯罪あるいはトラブルが起きる前に、犯罪を起こすリスクのある逸脱者をあらかじめ公共空間から分離、排除する、という戦略」（「保険統計的戦略」）の具体化とみる。「環境介入権力とは、環境に介入してリスクを統治可能なものへと変換し、リスクをもたらすと見なされたものたちを単に社会の外へと排除する、リスク管理と排除の権力」であると捉える。[8] それは資金と専門性を必要とする教育的な働きかけではなく、ある規範を超えるものを冷酷に排除する環境管理によって「逸脱」を統治しようとす

る「教育」方法――非教育の方法――であり、かつ安価な（経済的効率性の高い）方法となる。(9)

第二に、学校選択とバウチャー制度。教育における市場的競争システムの方法としての学校選択制度、私立と公立を同一地平において「公平」に競争させるバウチャー制度。そして親と子どもを競争の主体として、自らに教育投資を注ぎ込む教育における企業的行動単位としてのホモ・エコノミクスを生み出す戦略。

第三に、公的学校制度を「民営化」し、教育サービス提供主体を「企業」化する仕組み。そして本来公的かつ権利保障的な営みである教育の事業と、そこに蓄積される公共的教育資産を、資本が使用し、占有し、利潤獲得の手段として支配する仕組みの形成。

第四に、人権保障としての機会均等と権利保障としての理念にたつ公教育、特にその義務教育部分を格差化し、教育機会の選択過程を競争過程へと転換する学制改革（6・3・3制の解体、再編）。

第五に、「人的資本論」の新たな展開としての学力評価システムの形成。それと不可分に結びついた「知識基盤社会論」の展開、そしてその学力を詳細に数値化し、評価し、政策的に方向付ける人間能力の形成と管理システムの形成。ホモ・エコノミクスが自己の能力資本を学力として、そこに投資し、最高度に管理された人間形成競争を演じさせるための教育環境形成政策。

第六に、大学の競争化、大学教育における競争主体としての学生のホモ・エコノミクス化。

三　フーコーの新自由義概念の継承と批判の視点

この講義記録は一九七九年一月〜四月に行われたものである。したがって、二〇〇〇年代のような新自由主義の本格的な展開は、今だの時代である。サッチャー政権（一九七九年〜）やレーガン政権（一九八一年〜）の政治は、これ以降に展開していく。にもかかわらず、フーコーの新自由主義の「統治術」把握は、今日展開している新自由主義の基本像を相当正確に捉えている。どうしてそういう認識が可能となったのだろうか。その分析の方法論と新自由主義の全体像認識の枠組みとはどのようなものか。

(1) フーコーの捉える新自由主義政策の全体像

①新自由主義は、何よりもまず、経済法則の不可視性、認識不可能性を根拠として、政治は、市場に介入するべきではないという基本理論、その認識を土台とした統治技術の体系的政治と把握される。

②市場の論理とは、交換の法則の貫徹としてではなく、競争の論理としてこそ把握される。競争の保証こそが、市場の正義を貫徹させる基本原理とされる。したがって、この競争こそが「経済法則」

を貫徹させる基本であり、この競争に政治が直接介入して経済法則それ自体を統治することは許されない。

③したがって国家のとるべき統治とは、この市場の自由、競争を保証することであり、その環境を整えることである。それは競争のメカニズム（環境）をつくり出すことである。そこから新自由主義の統治政策の多様な基本性格が導き出される。

④それは、「市場の自由」と市場への国家の不介入、「独占の放置」、「失業の放置」、「所得保障としての福祉政策」の禁止、「社会保障の民営化」等々となる。

⑤これらの政策（「統治技術」）の基本は、競争の環境整備であり、その競争主体として個人を「主体化」することにある。たとえば福祉は、個人を市場において、自己の労働力という「資本」からより多くの所得（賃金）を取得しようとする経済人（企業家）としての主体性を確立させる環境づくりにあり、その限りで許容される。

⑥この視点はやがて、「人的資本」論の新たな展開と結びついて、人間の労働を新自由主義の論理の中で把握する仕組みの展開へと導く。個人は、競争市場において、自己の資本（労働力）に投資し、そこからより高い所得を得ようとする経済人（ホモ・エコノミクス）として把握される。出生から家庭教育から、教育のすべての過程、さらに養育と療護のすべての過程――すなわち個人の「生」の全体――が、この経済人にとっての主体的関心となる。そして環境を管理する統治（権力）は、それに対応して、「生政治」という独自の方法と領域を展開させる。

⑦かくして、新自由主義は、市場の自由、国家統治による経済過程への不介入という地点から、環境管理権力として、人間の「生」そのものに介入する肥大化した社会統治、管理、統制を伴った統治術（「生政治」）の行使へと展開する。

この論理からすれば、新自由主義はまさに統治技術（政治支配の方法）の特質としてこそ把握されるものとなる。市場の自由、「自由化」「民営化」等の部分政策を新自由主義政策の本質として把握する新自由主義理解は矮小な把握となる。

(2)「自由主義」と「新自由主義」の連続的把握、共通する本質についての理解

フーコーの新自由主義把握の重要な方法的特質は、そもそも、アダム・スミス以来の、資本主義経済理解に組み込まれた基本テーマ、すなわち政治による経済に対する統治不可能性という問題をめぐる論争の中にあると捉えたことにある。

アダム・スミスの「見えざる手」の理論は、経済法則の認識不可能性に立つ論理であり、そこにこそ「自由主義」の基本理念があると捉える。そして、経済学＝市場は、国家の正統性を審判する位置（「真理陳述の審級としての市場」四二頁）へと転換する。しかし現実の歴史において「自由主義」の展開は、新たな経済への統治を拡大し、「規律権力」を生み出し、やがて、ナチズム、統制国家、福祉国家、ケインズ主義による強力な国家介入、国家の肥大化をもたらす。その介入の失敗は、統治が、市場の

論理へ介入し経済法則それ自体をコントロールしようとしたことにあるという反省が生まれる。そこに新たな「新自由主義」の理論――統治による経済への介入を避けるとともに、市場的競争の論理を促進して、「純粋」な経済の論理が機能する場をつくり出すことを統治の中心的な任務とする新たな政治経済学――の発見、新たな統治術としての新自由主義が展開していくと把握する。これらを通して「経済」は、統治に対する審級を絶えず更新し続ける。

もうひとつの把握は、「主権者」と「ホモ・エコノミクス」の関係である。人間は「主権者」であるとともに、「ホモ・エコノミクス」として経済的市場空間で、「見えざる手」の下に行動する主体でもある。主権者による政治的統治が、市場の不可視性、認識不可能性を克服できないとするならば、主権者はいかなる経済統治も行い得ず、むしろ市場におけるホモ・エコノミクスの自由によって主権者は監視され、その統治を審級されることになる。すなわち経済に対する主権者政治の側からの統治の否定へと帰結せざるを得ない。そして自由主義政治はまさにそういう意味での主権者としての市民の行動を抑制する。すなわち国民主権国家は、経済の論理による審級とホモ・エコノミクスの「自由」によってその政治支配を制限され、「主権者の権力を失墜させ」（三六〇頁）られるのである。

(3) 統治主体による経済法則の「不可視性の原理」をどうみるか

フーコーの分析の一つの特徴は、経済の論理それ自体についての分析・検討がなく、したがって資本の本質についての分析（『資本論』）を展開しないことにある。したがって、フーコーの新自由主義分析は、新自由主義的政策（統治技術）の下での「経済」の進展がどのような矛盾を展開するのかという分析をもたない。確かにフーコーは、自由主義と新自由主義には、その純粋経済の論理についてのオプティミズムがあることは指摘している（二一七頁）。新自由主義の理論自体は、市場の競争の論理が保証されるならば、資本主義経済は無限に発展すると把握する。矛盾が発生する原因はそれに関与する統治術の方にあるとする。フーコーはもちろんそれと同じではない。しかしアダム・スミスの提起した「経済学の不可視性、認識不可能性」については検討の対象とはしていない。そして社会主義は、少なくとも今までにおいては、そのような経済学的真理を把握していないと述べる。社会主義（『批判』）について次のように述べている。

「……今のところ、社会主義の自律的統治性があるとは私には思えません。」（一一二頁）／「社会主義にふさわしい統治性はいかなるものとなりうるのだろうか。社会主義にふさわしい統治性はあるのだろうか。厳密に、内在的に、自律的に社会主義的でありうるのは、いかなる統治性であろうか。いずれにせよ、実際に社会主義的な統治性があるとしても、それは社会主義およびそのテクストの内部に隠されているのではないということだけは心得ておきましょう。そのような統治性を社会主義から演繹することはできません。それは発明されなければならないのです。」（一一三頁）

すなわち、フーコー自身は資本主義の矛盾、その市場経済、競争を核とする市場の経済学自身については何も語らない。資本による労働者の搾取という問題も登場しない。ただ、その不可視性の論理、認識不可能性の認識に立つ政治がいかに展開するかという論理を実に深く解明する。そしてその不可視性それ自体が克服されるという希望も見通しも語らない。そして市民社会についても、主権者（の政治的統治）によるホモ・エコノミクスの利害関心と経済世界の統治の可能性についても積極的には語らない。その意味では、フーコーは、新自由主義の矛盾の中に、新たな可能性が生まれるという展開はとっていない。「人的資本論」について相当な展開をし、新自由主義の論理においてそれが生政治へと展開していく深い分析をしつつも、労働というものが価値の源泉であること（労働価値説）については語らない。したがってまた、労働力を資本として把握するという方法論、認識自体がもっている非科学性を直接の批判の対象とはしない。

にもかかわらず、フーコーが、一九七九年の時点で、現在展開している新自由主義の政治的な統治技術を相当的確に捉えていること、それを可能にしたフーコーの理論のラディカル性が、検討の対象となる。

(4)「権力」と「経済学」による審判という論理

フーコーは、「国家の理論をなしで済ます」という。そして国家の機能としての「統治術」の変容を捉えようとする。フーコーは、「いくつかの実践、いくつかの振舞い方、いくつかの統治性が、確かに断片的であるにせよ連続的なやり方で段階的に国家化されていくプロセスを標定する」。しかし「国家の本性、構造、および諸機能を、それ自体としてそしてそれ自体のために分析することからはじめないようにする」という意味で、「国家の理論をなしで済ます」（九三頁）という方法をとる。

しかし、この方法においては、どのような政治・経済の諸主体によって権力争奪が行われ、その結果として生み出された権力はどのような政治的要求を提示するのかは、解明の対象とはならない。市民社会において、人間が主権者とホモ・エコノミクスに分裂しつつ対抗する中で、ホモ・エコノミクスが主導権をとるその必然性についても、純粋経済学の支配の貫徹こそが「自由主義」の本質となるという以上の解明はない。その意味では、問題の最終焦点は、「経済学の不可視性、認識不可能性」をいかに超えるかという問題が最後に提示される形になり、その難問を解決し得ない（しなかった）社会主義が批判の対象ともなる。新自由主義を何よりも政治権力の作用の転換として把握しようとするフーコーの新自由主義理解は、その点で、意図的な欠落があるとも言える。はたして、市場そのものの、経済そのものの矛盾の解明を介さないままで、新自由主義の理解は可能となり得るのだろうか。フーコーは、そこに踏み込んでいるのかいないのか？

また、新自由主義の土台には、確かにフーコーが鋭く捉えた市場経済の「経済学」による政治のコントロールと審級が貫かれているにしても、新自由主義権力が策定する新自由主義政策は、その権力それ自体の性格分析を介さなければ、その背景にある政治的な闘争の性格それ自体を分析しなければ、現実を反映したリアリティーをもちえないというべきであろう。

おわりに

本論文の検討は、「学習ノート」的なものにとどまる。現時点では、フーコーの新自由主義概念の理解をも含めて、フーコー理解の入口にしか立っていない。フーコーの「人的資本論」の展開に学びつつ、知識基盤社会論批判を進め、新自由主義の学力論の経済的な背景の分析を踏まえ、能力と学力に対する新自由主義的把握の矛盾とその克服の筋道、論理を検討していきたいと考えている。

参考文献

①ミシェル・フーコー『フーコー・コレクション6　生政治・統治』ちくま学芸文庫、二〇〇六年
②ミシェル・フーコー『監獄の誕生』新潮社、一九七七年
③ミシェル・フーコー講義集成Ⅶ『安全・領土・人口』筑摩書房、二〇〇七年
④佐藤嘉幸『新自由主義と権力』人文書院、二〇〇九年
⑤田中智志『教育思想のフーコー』勁草書房、二〇〇九年
⑥佐貫浩『知識基盤社会論批判』花伝社、二〇二〇年

注

（1）この本に記録されているフーコーの講義は一九七八―七九年度に実施されたものである。デヴィッド・ハーヴェイは『新自由主義――その歴史的展開と現在』（作品社、二〇〇七年、渡辺治監訳）において、世界の新自

由主義への流れの始期を一九七八年においている。
(2) フーコーは「国家の理論をなしで済ます」(九三頁)とも述べ、国家とは「多種多様な統治性の体制によってもたらされる動的効果に他ならない」(九四頁)とする。
(3) ウルリッヒ・ベックは、この新自由主義の展開が、どういう世界政治をもたらすかについて、『ナショナリズムの超克』(島村賢一訳、NTT出版、二〇〇八年)で展開している。ベックは、グローバル化によって、「一国社会と国際社会という次元を超えて今ここで動いている世界内政治は、その出発点において一つの完全にオープンなメタ権力ゲームになった」と把握し、「その権力ゲームにおいて境界線、基本的な規則、基本的な区別が国内/国際という次元だけでなく、世界経済と国家、国家を超えて行動する市民社会運動、超国家的組織、各国の政府と社会によって新たに交渉して取り決められる」(iv頁)状況が到来したと捉える。そして世界経済と新自由主義は、「世界経済の……国家を超えた合法支配」――「世界市場の権力展開に優先権を与えるために、あらゆる組織的、機能的な国境を越えて、国家の決定と改革の結果に影響を与える継続的な制度化された可能性」(九七頁)――に依拠して国家を支配し、国家と社会を組み替えると捉える。このような世界経済へと展開する新自由主義の様相は、フーコーの新自由主義把握には反映されていない。
(4) ウルリッヒ・ベック、島村賢一訳、『ナショナリズムの超克』七四頁。
(5) オルド自由主義――ヴァルター・オイケン主催の『オルド』という雑誌を中心に結集して、フライブルグ学派、あるいは「オルド自由主義者」と呼ばれる学者たちの学派が形成された。オーストリア人のフォン・ハイエクも含まれる。『生政治の誕生』一二七―一三二頁参照。
(6) 佐藤嘉幸『新自由主義と権力――フーコーから現在性の哲学へ』(人文書院、二〇〇九年)三四頁。
(7) 佐藤、同三八頁。
(8) 同右七二―七三頁。
(9) そのような視点から、新自由主義との関連で、ゼロ・トレランスについて分析したものとして、世取山洋介「ゼロ・トレランス政策にもとづく学校懲戒の変容の教育法的検討」(日本教育法学会定期総会公開シンポジウム

報告二〇一五年五月三一日――日本教育法学会年報四五号、二〇一六年）がある。

第12章

新自由主義と「ホモ・ポリティクス」vs「ホモ・エコノミクス」

――ウェンディ・ブラウン著『いかにして民主主義は失われていくのか――新自由主義の見えざる攻撃[1]』の提起するもの

ウェンディ・ブラウンは、ミシェル・フーコーに依拠しつつ、また一定の批判を展開しつつ、フーコーが描く新自由主義の統治の方法を、金融資本の支配が強力に展開している現代に即して捉え直し、あわせてフーコーがほとんど展開しなかったそれに対抗する「ホモ・ポリティクス」の論理を対置する。そして、「新自由主義は、単に民主主義の意味ないし内容を市場的価値観でいっぱいにしているだけでなく、人びとが当たり前のこととして理解している民主主義のもろもろの原則、実践、文化、主体、制度に攻撃を仕掛けている」（一頁）事態を告発し、それに対抗する「ホモ・ポリティクス」の回復を提起する。

彼女は、「この本の思想の多くはミシェル・フーコーのものである」（四頁）としつつ、「わたしはフーコーとともに、フーコーに逆らって、またフーコーから離れて、彼が本当のところ関心を持たなかったか、異議を唱えていた主題、例えば民主主義、市民性（シチズンシップ）、政治思想史といった主題について考えたいと思う」（八四頁）と、その基本姿勢を記している。

一　ブラウンのフーコーに対する理論的な立ち位置

フーコーは、『生政治の誕生』[2]において、経済的「自由主義」――〝主権政治による市場的経済法則の認識不可能性〟という視点に立ったアダム・スミスの「見えざる手の論理」や、戦後ドイツの「オルド自由主義」など――の歴史的展開をたどりつつ、一九七〇年代末の時点において、市場（経済世界）が、議会制度にたった主権政治に対する審級者としての位置を獲得し（「国家が市場によって定義され管理されるべき」ものとなるとフーコーは把握する。『生政治の誕生』六六頁）、市場の規範――新自由主義段階におけるその中核としての競争の論理――を経済世界に埋め込む「新自由主義権力」へと主権政治を転換させるメカニズムを展開した。フーコーは、人間のすべての「生」にたいして、資本の利潤を最大化する「規範」をあてがうように人間の「生」の環境を整備し、そのことによって国民を経済的競争社会の「競争主体」、より多くの利潤を生み出す人的資本として自己の価値を高めようとする主体たらしめようとする「主体化の権力」、「環境管理権力」として、新自由主義の政治権力の特質を把握した。その中で、人びとは、「ホモ・エコノミクス」として、新自由主義的競争規範を内面化しつつサバイバル競争世界に生きるようになるとした。

ブラウンは、このフーコーの展開に依拠しつつ、「（本書の）目的は、新自由主義が人と国家を新たに構成することによって、民主主義的諸原則を空洞化し、民主主義的制度を侵食し、ヨーロッパ近代の民主主義的イマジナリーを骨抜きにする、その概要と鍵となるメカニズムを説明するという点である」（二二頁）として、その「ホモ・エコノミクス」というエトスの新自由主義的肥大化において、どういう社会変化、民主主義の変化が起こるのかを説得的に展開しようとした。

その土台には、彼女のフーコーに対する批判がある。彼女は「フーコーにとって、新自由主義は、デヴィッド・ハーヴェイやその他のマルクス主義者が主張するように資本主義的蓄積の危機から生まれたものではなく、自由主義的統治性の危機から生まれた」（六〇頁）と把握しているとする。そしてその背景には、「一九七〇年代のマルクス主義への敵意によって生み出された制約」（七九頁）、「マルクス主義に対する深い敵対心」（八一頁）があり、そのことが「新自由主義に伴う独特の支配を評価する際には損失になる」（七九頁）と指摘し、「フーコーは歴史的、社会的力としての資本そのものから目をそらしていたのである」と批判する。そのことはまた「経済は不可知であるから触れるべきではないという主張を、フーコーが受け入れている」（八二頁）こと、したがってまた「経済は市民社会から切り離されているという彼（フーコー）の信念」（八二頁）があることを指摘する。そしてそれらの結果、フーコーの論理が含んでいる問題点について次のように指摘する。

「フーコーの分析の座標は、彼に次のような問いを発することを許さない。新自由主義的合理性は、民主主義、つまり民主主義の原理、制度、価値、表現、連合、諸力といったものにたいして、どのような影響をもっているのか？　何よりもまず、民主主義的イマジナリーに対するこの合理性の影響とは何か？　それは、人民主権におけるデモスという理念そのものにたいしてなにをおこなうのか？　政治的自律性、政治的自由、市民の声、政治、平等といった価値にたいして？」（七八頁）

そして彼女は、「わたしの論点は、マルクスをもちいてフーコーを正そうというのではなく、マルクスの資本分析のある次元をもちだして、フーコーの新自由主義的理性の評価と結合させて新自由主義の脱民主化に関する豊かな説明を生み出すことである」とこの著書の目的を記している。

二　新自由主義による社会と生活の再規定の展開

その上で、ブラウンは、「新自由主義を一連の国家政策、資本主義の一段階、あるいは資本家階級の利益を回復するために市場に放たれたイデオロギーなどと理解するのとは対照的に、わたしはミシェル・フーコーらとともに、新自由主義を規範的理性の命令であると考える。その命令が優勢になるとき、それは経済的価値、実践、方法に特有の定式を人間の生のすべての次元に拡大する、統治合理性のかたちをとる」（二六頁）とし、フーコーが展開した新自由主義分析の独自の鋭い視点を継承しようとする。そして「重要なのは、新自由主義的合理性が市場モデルをすべての領域と活動へ――貨幣が問題ではない領域であっても――散種し、人類を市場の行為者であり、つねにどこでもホモ・エコノミクスでしかありえないものとして設定するという点にある」（二七頁）と捉え、新自由主義の人間規定にその最も大きな特質をみる。

「三〇年前、新自由主義の黎明期には、ホモ・エコノミクスは未だ利害と収益の追求を志向していたが、絶えず自らを企業家化し、人的資本として定式化するようになった。フーコーが言うように、主体はいまや、社会体の内部における企業形式の拡散と波及に従属することになったのである。今日、ホモ・エコノミクスはこの企業家精神という面を維持しているが、金融化された人的資本として、かなりの部分で再形成もされている。つまりそのプロジェクトとは、自身の実際の、あるいは比喩的な信用格付けに常に注意を向けることをつうじて、自身の価値を高めるか、投資を誘致するために自己投資することであり、またこうしたことを自己の存在のすべての領域において行うということである。」(二九頁)

ブラウンは、「現代の新自由主義的合理性による主体の『経済化』」(二九頁)は、①私たちを「あらゆる場所においてホモ・エコノミクスであり、ホモ・エコノミクスでしかありえない」(二九頁)状態に置き、②「交換や利害の形象ではなく人的資本というかたちをとり、自身の競争地位を強化し、その価値を評価しようと」(三〇頁)し、③「人的資本としてのホモ・エコノミクスはますます、生活のあらゆる領域において自身のポートフォリオの価値を高めることに関心を払うようになり、その活動は自己投資および投資誘致の実践を通じて行われる。……教育、訓練、余暇、再生産、消費やその他多くのものの追求はますます、自己の未来の価値を高めることにかかわる戦略的な決断と実践として構成されていく」(三〇頁)と把握する。

その新自由主義の合理性に基づく支配（「経済化」の統治）は、「新自由主義政策が一九七〇年代と一九八〇年代にはしばしば命令と権力によって強制されたのにたいして、今日のヨーロッパ大西洋世界の新自由主義は特有のガバナンス技術をつうじて実行されるのであり、端的に言えば暴力、独裁者の命令、あるいはあからさまな政綱ですらなく、合意と同意（buy-inとは本来は株などを買い入れることであるが、賛同する、引き受けるといった意味で使う）を利用する『ソフトパワー』をつうじて実行されるのである。新自由主義は洗練された常識として、それが着地し、定着し、支持を獲得した場所であればどこでも、制度や人間を作り直す現実原則として統治する」（三二頁）。「その理性の様式は、毛細管のようなやり方で、職場、学校、官公署、社会的かつ政治的な言説、そして主体の幹や枝のなかに入り込んでくる。シロアリの比喩でさえ、完全に適切ではない。フーコーなら、いかなる優勢な政治的合理性もたんに破壊的であるだけではなく、新しい主体、行為、関係性、世界を生み出すことをわたしたちに思い出させてくれるだろう」（三三頁）。そのようにして、新自由主義的価値とそれによって構成された制度、そしてホモ・エコノミクス化された人間の行動様式が統合されていくと把握する。

さらに、「人間を人的資本と見なすことは、多くの波及効果をもっている」（三四頁）。以下のような「波及効果」があるとブラウンは指摘する。

第一に、「わたしたちは自分自身にとってのみ人的資本なのではなく、企業、国家、自分たちが所属するポストナショナルな集団にとっても人的資本」（三五頁）である。だから、企業・国家から役に立つかどうかで、その個人が評価されるという関係に置かれる。すべての「人的資本」（個人）に価値があるとは認定されなくなる。人間の価値は、「資本」にとっての価値へと再規定され、絶対的な安全、保護、生存は保障されなくなる。

第二に、「平等ではなく、不平等が、競争する資本の手段であり関係性である」（三六頁）。その結果、「こうして平等は、新自由主義化された民主主義にとっては先験的(アプリオリ)なもの、あるいは原理ではなくなる」（三六頁）。

第三に、「すべてが資本となるとき、労働はカテゴリーとして消滅し、その集合的な形態である階級もまた消滅して、疎外、搾取、労働者間の連帯を分析する基盤もなくなってしまう。同時に崩壊するのは、労働組合、消費者団体、資本どうしのカルテルを除くその他の経済的連帯の理論的根拠そのものである。」（三六頁）

第四に、「ホモ・エコノミクスしかいなくなったとき、そして政治的なものの領域そのものが経済用語で表されるようになったとき、公共物や公共善にかかわる市民性(シチズンシップ)の基盤が消失してしまう。……公共財へのかかわりとして定義される市民性が、市民をホモ・エコノミクスに還元する市民性(シチズンシップ)に取ってかわられることによって、集合的な政治的主権を主張する市民、すなわちデモスという概念そのものも消滅する」（三七頁）。「新自由主義が生み出す政治的状況とは、民主主義的公衆と、そうした公衆が最善の場合に表すすべてのもの、すなわち知識に裏づけられた情熱、他者に敬意を表す熟慮、意欲的な主権、公衆を押さえつけたり傷つけたりする権力をしっかり抑制すること、といったものを支える民主主義的制度が不在であるような状況なのである」（三八頁）。

第五に、「国家の正当性と任務がもっぱら経済成長、グローバルな競争力、高い信用格付けの維持に結びつけられるようになるとき、自由民主主義的正義への関心は後退していく。経済は国家、そしてヨーロッパ連合のようなポストナショナルな集団の組織および規制の原理となる」（三八頁）。「ホモ・ポリティクス、すなわち自分自身を統治しデモスの一員として統治する生き物が完全に克服されてしまったため、自己をいかにつくりだすか、人生においてどんな道を進むかといった開かれた問いは、もはや存在しなくなった」（四〇頁）。「自由と平等の領域と意味が政治から経済へと測定されなおすとき、政治権力はそれらの敵、それら双方への干渉として形象化されるようになる。政治的なものに対するこのあからさまな敵意は、次には、近代の自由民主主義的国家が包摂、平等、自由を人民主権の諸次元として保証するという契約を切り捨ててしまった」（四一頁）。「それぞれの用語が経済に配置換えされ、経済用語に焼き直されたので、包摂は競争へ、平等は不平等へ、自由は規制緩和された市場へと反転し人民主権はどこにもなくなった。定式的にまとめるなら、そこにあるものは、新自由主義的合理性が自由民主主義的理性と、その理性を超える民主主義的イマジナリーの両方を空洞化するための手段である」（四一頁）。そしてそのプロセスの統治の方法は、「市場の評価基準に従うガバナンスが、古典的な自由民主主義の、正義や多様な利害の均衡をとることへの関心に、とってかわ」（四二頁）る。

第六に（補足すれば）、「その新たに経済化された形態において、新自由主義国家は、人的資本を開発し再生産する経費を可能な限り削減しようとする。こうして新自由主義国家は、公共の高等教育を、個人が借金で賄う教育に置き換え、社会保障を個人の貯蓄と際限なく続く雇用に置き換え、あらゆる種類の公共サービスを個人が購入するサービスに置き換え、公共の研究と知識を私企業がスポンサーとなる研究に置き換え、公共のインフラに使用料を課す。こうしたことそれぞれが不平等を強化し、新自由主義化された主体は以前なら誰でも共通に支給されていたものを個人で手に入れるよう要求され、主体の自由はさらに制限される」(四一頁)。

新自由主義は、このようにして、社会のあらゆる領域に浸透し、それらを「経済的合理性」の視点から改造するのである。そして人間は「ホモ・エコノミクス」として再規定され、その規範に沿って改造されていく。

三 「ホモ・エコノミクス」と「ホモ・ポリティクス」

「ホモ・エコノミクス」と「ホモ・ポリティクス」をその行動様式の価値規範という点で対比させるならば、およそ**図表1**のようなものとなるだろう。

図表1

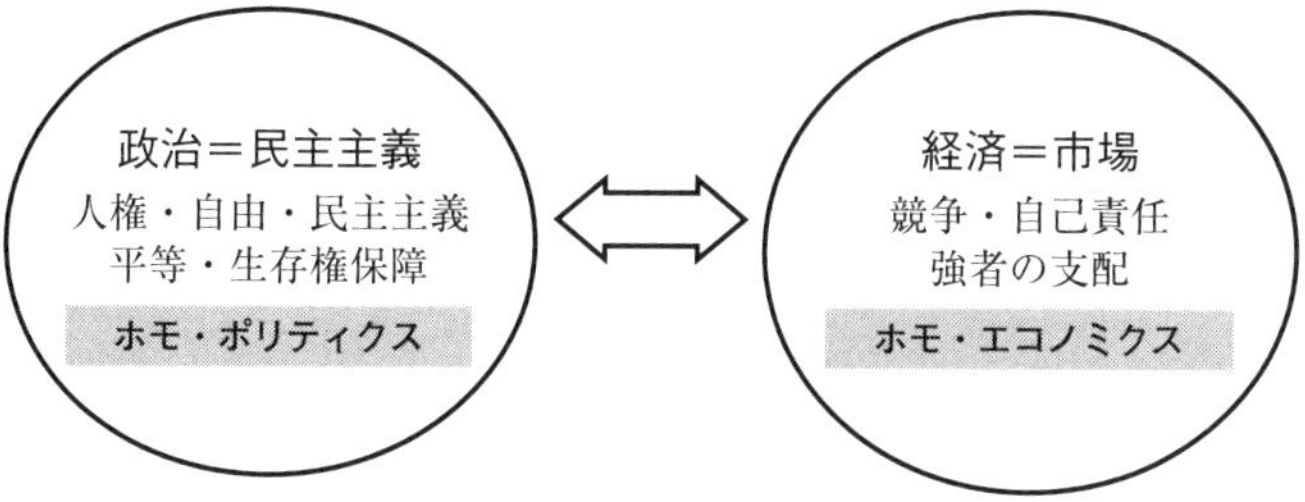

政治＝民主主義
人権・自由・民主主義
平等・生存権保障
ホモ・ポリティクス

⇔

経済＝市場
競争・自己責任
強者の支配
ホモ・エコノミクス

	ホモ・ポリティクスの規範	ホモ・エコノミクスの規範
平　等	平等、差別禁止	不平等、能力主義の名による不平等、競争参加の平等、競争による格差は正義
自　由	人間の自由	市場の自由、資本の自由、競争の自由
人　権	人権の平等、一人一票制、人権保障	資本量による発言権の差、人的資本としての価値、自己責任
力＝方法	言論（表現の自由）、民主主義、	市場における競争、経済力
価値配分	平等と正義による価値配分、生存権保障	競争による価値配分、配分の不平等、差別的な能力主義
主　権	国民主権、議会制民主主義	資本が「主権」者、経済と市場による政治の審級
正義の決定	民主主義と合意による規範の形成、個々人が決定主体	市場競争による勝ち残りが経済的正義を証明、市場と競争が正義を決定
生存権	生存権保障、ケアの関係	競争こそ正義、自己責任による生存の実現
政策選択	議会による民主主義的決定	企業の戦略による決定、経済世界の規範による国家政策の審級
参加・統治	主権者としての政治参加、主権者による統治	ステイクホルダーによるガバナンス、企業による統合
人間の価値	存在的価値の実現、人間の尊厳	人的資本としての価値、人間としての存在の絶対的価値の否定

注：ミシェル・フーコー『生政治の誕生』および、ウエンディ・ブラウン『いかにして民主主義は失われていくのか』を参照にしつつ、佐貫が作成したもの。

四　ブラウンによる「ホモ・ポリティクス」の復活の視点

ブラウンは、フーコーの『生政治の誕生』が、限界と制約を伴っていることを、「資本の世界形成の力」（八一頁）が位置づけられていない（注：資本と労働との対抗の視点の欠落、「初期マルクス」および「後期マルクス」の「命題」の「拒絶」であると指摘する。八二頁）点などにおいて批判しつつ、「ホモ・エコノミクス」の把握に関しては、「より一般的には、新自由主義が主体を人的資本につくりなおすことの隠れた意味について、フーコーは驚くほど想像力が足りなかった」（八三頁）こと、「ホモ・ポリティクス」の論理の独自の意味を歴史的にも、また現代の可能性としても考察していないことを批判し、その可能性の追求を正面に掲げる。

「この図式（注・フーコーの「主権（国家）、経済、主体」という三角形の構図を指す——引用者注）に欠けているのは……私たちがホモ・ポリティクスと呼ぶ生き物である。それは人民主権とそれ自身の個人の主権の実現によって、そしてその実現のために駆動される生き物であり、またアメリカやフランスの革命を起こした生き物、アメリカの憲法を生み出した生き物であると共に、自らを統治する主権者としての個人として知られる生き物である。……あたかもフーコーは、政治理論において国王の首を切り落とすのを忘れたかのようだ。」（九四頁）

「ホモ・ポリティクスは、いかに精彩を欠いていようと、近代のほとんどの期間はホモ・エコノミクスと肩を並べて存在しており、両者の外形と内容は、常に部分的には変化しているが、その変化はお互いどうしの関係性によるものであると、私は示唆するつもりである。またホモ・ポリティクスは新自由主義的理性の支配による最も重大な犠牲者であり、その理由はとりわけ、ホモ・ポリティクスの民主主義的な形態が、新自由主義の理性が統治の合理性として具現化したときにそれに対抗する主要な武器となり、別の主張や別の構想によってそれに反論するための資源となりうるからであると、論じるつもりである。フーコーの言うように『権利の主体と利害関心の主体』だけが存在するのではなく、政治の主体、デモスの主体は存在する。それは権利、利害関心、個人の安全保障、あるいは個人の有利性といったものに還元し得ない……。この主体、ホモ・ポリティクスは、民主主義が何を意味しようとも、個人的目的の個人的供給の確保を超えたところで、民主主義の実質と正当性をかたちづくる。この『超えたところで』には、政治的平等や自由、代表、人民主権、公共財と公共性（コモン）に関する熟慮と判断といったものが含まれる。」（九五頁）

ブラウンは、「二〇世紀の終わり頃になってはじめて、ホモ・エコノミクスは（その極めて新自由主義的な反復において）ついにホモ・ポリティクスを打倒し、人間および政体双方の継承において、その領土、言葉、対象を奪うのである。もしこのプロセスが完全なものになるならば、もしホモ・ポリティクスがほんとうに敗北してしまうとしたら、民主主義的未来、あるいは他の公正な未来のあらゆる可能性に逆らうことになり、地球は闇に陥るであろう」（九六頁）と述べている。

ブラウンは問いかける。

「数世紀のあいだ、自由民主主義は包括的で共有された政治的平等、自由、人民主権、の言語と契約を担ってきた――見方によっては、独占してきたとも言える。この言語が消失する、あるいは民主主義の反対物を意味するように悪用されるとき、何が起こるだろうか?」(四四頁)。

以上のブラウンの展開を踏まえるならば、新自由主義の特質を「ホモ・エコノミクス」と「ホモ・ポリティクス」との対比において把握することの意味が明確になるだろう。そして新自由主義に対抗する主体として「ホモ・ポリティクス」の役割が不可欠であることが見えてくるだろう。ミシェル・フーコーの鋭い視点を批判的に検討しつつ、その論理の新たな展開によって、現代における民主主義復権の見取り図を拓こうとするこのブラウンの視点を、わたしたちの教育実践と教育運動、教育学理論の土台に据える必要があるのではないだろうか。

注

(1) ウェンディ・ブラウン、中井亜佐子訳『いかにして民主主義は失われていくのか―新自由主義の見えざる攻撃』みすず書房、二〇一七年。

(2) ミシェル・フーコー『ミシェル・フーコー講義集成Ⅷ『生政治の誕生』コレージュ・ド・フランス講義一九七八ー七九年度、慎改康之訳、筑摩書房、二〇〇八年。

第13章

道徳の教科化による公教育の質の転換

――勝田守一の道徳教育論の把握にかかわって

一　国民の道徳性をめぐる異常事態の出現

道徳の教科化が、それほどの抵抗もなく粛々と学校教育において実現され、定着しつつあるかに見える。その事態の異常さ、危うさを、今一度、率直に指摘しておきたい。少なくとも、戦後およそ半世紀の間、道徳の教科化には、世論も、教育学世界も強力に反対し、それを強行することはできなかった。ところが、教育の政策決定の仕組みの根本的な改変――教基法の改定、教育行政の性格の改変、安倍首相の意向をストレートに教育政策決定の審議ルートに乗せる諮問機関（教育再生会議等）の設置など――を介して、一挙に道徳の教科化が導入された。そのことが、以下のような重大な公教育の質の転換を引き起こしつつある。

第一に、人間の内的な道徳的規範、価値意識を、文科省が教科書検定で許容した範囲の徳目に沿って教科書教材によって教え込む道徳教育がついに始まった。戦後教育における戦争反省の核心にあった修身科廃止が、再度ひっくり返されたといっても良い。

第二に、どんな価値規範を教えるかを、文科省が、一九〜二二項目（徳目）として指定し、それに沿うように教材の内容を厳密に規定して、それ以外の価値項目は排除されることになった。その価値内容選択にはなんの学問的根拠も存在しない。本来教科内容は科学や文化の世界の独自の論理、あるいは何らかの国民的な合意によって決定されるべきものであるが、それなしに、国家が授業で教える価値内容を実質的に規定するという恐ろしい事態が出現したのである。検定教科書には、文科省が編集してきた「私たちの道徳」などに掲載されていた「文部（科学）省資料」――いわば国選教材――が、小学校六学年分全一七二〇教材中二四四教材（一四・二％）も入っており、特に道徳教科書発行全八社中六社以上に掲載されている一六教材の中で、一三教材に及んでいる(1)。基本的人権、民主主義、平等、生存権保障、労働の権利、平和、地球環境の維持や持続など、現代社会の正義水準にかかわる諸価値がなぜここに掲げられていないのかも、全く根拠が示されていない。個人の内面の価値や思想にかかわる領域で、このような一面的な国家統制、国家による教育価値選択が公然と行われる事態が出現したこと、そして一面的な国民が抱くべき「道徳規範」が確定され、それが次第に人々の意識の根底にすり込まれていく事態が始まってしまったことは、あらためて問うてみれば、恐ろしい事態であり、日本には思想・信条の自由があるのかと問わねばならないほどの事態である。

第三に、教科「道徳」の時間が、非常に拘束的で、その学習の性格が、がんじがらめに縛られ、方向づけられていて、この内容と方法を改変していくことが非常に難しいものになっている。それは、①非常に一面的なテーマ設定（徳目）が強制・拘束されている。②教科書教材の使用が強制され、それ以外のものを使用することが非常に制限されている。③授業時間内で一つの「徳目」を完結させるように設定されていて、テーマをじっくり議論する時間的な設定が難しい。④カリキュラム・マネジメントによって、個々の教師、あるいは個々の学校での自由な扱いが非常に難しい。⑤この徳目に沿う子どもの行動や態度が評価の対象とされて（観点別評価で「態度」まで評価される）、子どもの道徳的態度の管理に繋がる可能性が高い、などがある。教科「道徳」の時間においては、その教育や学習が今指摘した仕組みで、特別に国家管理され、教育の自由が剝奪されようとしている。

第四に、たとえ教師によるどのような抵抗や工夫が行われるにせよ、全体としてみれば、教科書教材そのものの影響力、規範や価値意識形成力が、時間とともに国民の間に浸透していくことは避けられない。文科省が作成した道徳教材、ナショナリズムをあおる教材、東アジアの二〇〇〇万人を無残な死に追いやった日本の侵略戦争を伝えず、さらに日本の過去を一面的に美化するような教材、また今こそ正面から向かいあわなければならない自由や平等や人権や環境維持などの現代的・歴史的課題が正面から扱われていない教材が、これからを生きていく国民の中核的な道徳的「説話」とされ、一面的な国民意識、歴史意識、社会意識が形成されていくという状況は、一億を超える人口をもつ民主主義国家のありようとして異様な事態であることを、あらためて痛感する。

（補注）ここでは、子どもの道徳性の形成が、学校教育の大きな役割であることを前提として、その課題を担う教育を「道徳性の教育」と呼ぶ。戦後の教育は、修身科の廃止を受けて、教科としての道徳を設置しないことを第一の原則としつつ、道徳性の教育を、一般の教科学習と学級活動や生活指導などの学校の教育指導の全面で取り組むものとした（道徳教育の「全面主義」）。だから「全面主義」とは、①教科としての道徳科を設置しない、②教科や生活指導など学校教育の全体において道徳性の教育を展開する、という二つの内容をもつものと捉えるべきものである。その意味では教科「道徳」が設置されていなかった戦後の時期において、道徳性の教育は、この「全面主義」に沿って、学校教育の重要な内容として遂行されてきたのである。しかし、教科「道徳」を復活しようとする政策は、教科としての道徳が設置されていないがゆえに、道徳（性の）教育が学校の中でしっかり行われていないとし、「道徳教育」の欠落を印象づけようとしてきた。そして、道徳教育のためには、それに対応する固有の教科が不可欠だという観念が強められてきた。道徳性の教育をめぐるこの交錯した意識状況をもう一度再整理するために、学校で行われる道徳的価値の形成に関する教育を「道徳性の教育」と呼び、教科としての「道徳」といったん区分して論じる。

二　道徳的価値をどう扱うのか——勝田守一の道徳教育論の構造

蓄積されてきた戦後の教育学の論理、そして憲法・教育基本法（旧法）の教育の自由の論理からすれば、そもそも道徳を今回のような性格で独立した教科として設定する根拠自体がなくなっているはずなのである。修身科が廃止されたのは、①その理念と価値そのものにおける非科学性と天皇崇拝、

図1　勝田守一の道徳性の教育の全体構造

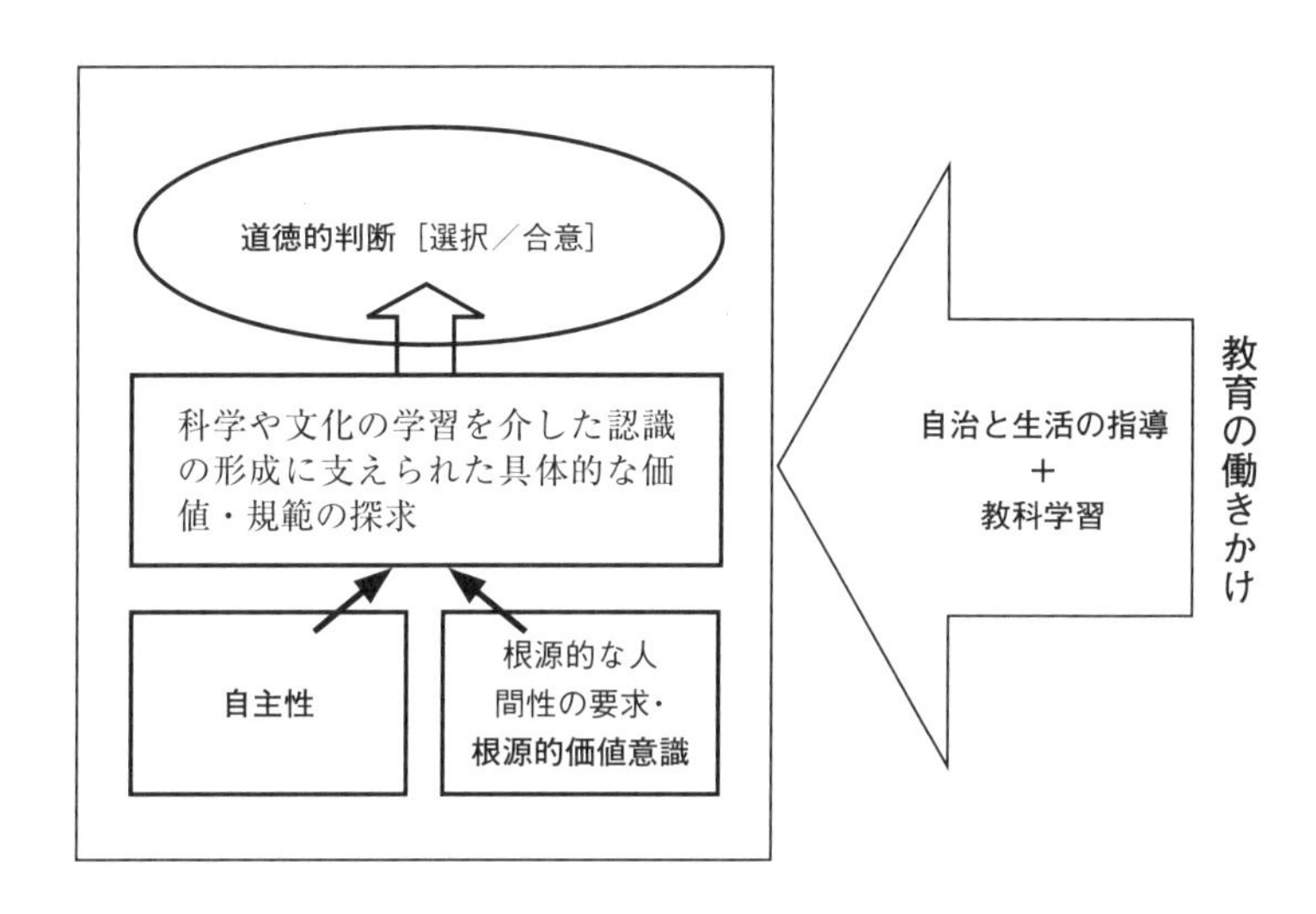

反民主主義的性格によるとともに、②国家が一方的に価値を選択し、それを国民に教え込む、その形式そのものが民主的な教育の原理に反するものと認識されたことによる。

(1) 勝田理論の枠組み

戦後の教育学において、道徳性の教育をいかに進めるべきかを考察した中心に勝田守一がいた。まず、勝田の理論の性格を、道徳的価値についての位置づけから捉えてみたい。そのため、上のような構図を勝田理論の枠組みとして仮説的に提起する（図1）。

構図に即してその論理を説明しておこう。

①勝田は、道徳で最も重要なことは「自主性（自主的判断）」にあると考えていた。それは、

国家が道徳的規範と価値を押しつけて、国民がそれに従わせられたことへの根本的反省に立つとともに、そもそも道徳性を個の内面の道徳的価値規範に従って行動すること——そうでなければ個々人の道徳性を問うこと自体が成り立たない——と考えるならば、自主性のないところに道徳性は成立し得ないと考えた。

②しかし時々の望ましい価値判断を行うための規範や価値はどのようにして選択することができるのかについて、勝田は、構図の土台部分にある道徳的規範の核心として、自主性とともに「根源的な人間性の要求」——ここではそれを根源的価値意識として論じる——があり、その内容を時々の状況の中でいかなる価値や規範として具体化するかの探究が必要であるとして、次のようにも述べていた。

（「根源的な人間の要求」について）「この要求は人間が人間であるかぎり普遍だろう。この要求が失われたら人間は滅亡するだろう。」／「人間のつくり出した道徳的理想が私たちを鼓舞してくれるのは、それらが時代の限界と矛盾を含んでいながら、人間の基本的な要求を、この世においてみたす方向をはっきりと指示してくれるからである」（四五二－四五三頁）。「しかし私たちの社会では、現在でもなお、基本的な要求をみたそうとするとき、矛盾にぶつからないわけにはいかない。……そのような矛盾は、戦争において最大に達する。……」／「そういう矛盾の中で、私たちは、やはり、基本的な要求をどうして現在の社会のいろいろな条件の下で、実現していくようになるのかという生き方を、探り求めていくのが、道徳的な行為の問題だということができるだろう(2)」。

③根源的価値意識の探究のためには、認識の形成、発達が不可欠だと勝田は考えていた。構図で言えば、土台にある根源的価値意識と真ん中にある認識の形成による価値の探究との共同作業として遂行されるものと把握した。しかも勝田は、その過程こそが「学校の道徳教育のほとんどすべてだ」として、次のように述べていた。

> 「知的な発達とは、子どもの科学的認識の力を養うことです。そのために必要なだいじな知識をかれらの認識や判断の力を育てるために、教えることです。言語の力、数学や自然科学の知識や能力はいうまでもありません。これらの力が発達することは、同時に自主的な判断の能力を育てることです。しかし、そればかりではありません。社会を科学的に知的に洞察し、その正しいあり方を見抜く力が必要です。歴史とか地理とか、あるいは社会科といわれる学科の勉強が、その役割を担っています。」／「…これらの知的な力が子どもたちの生活の知恵となり、社会への責任と結びつくように導くのが、じつは学校の道徳教育のほとんどすべてだといってよいのではないでしょうか」[3]（傍点は引用者）

④また勝田は、道徳教育における自治活動の役割も不可欠なものとした。「（自治活動は）ひとり一人の自己にもとづきながら、集団への結合の仕方を合理化していく道」と捉え、「集団を合理化するためには、自治活動によって、下からの協力の関係をつくりあげ、そうすることによって、他の人間、他の自己に対する責任と義務を自己のものとする訓練」の場となると捉えていた[4]（傍点は引用者）。社会的な道徳性は他者との関係性のなかに成立するものであり、関係性を律する道徳規範の形成、訓練

の場として自治活動が不可欠であるとした。
⑤勝田は、道徳的価値の探究は、「自主性」に具体的な内実を与える教科学習および自治・生活指導という価値の探求の場と結合されることで可能になると考えた。その意味で、勝田においては、「全面主義」という構造をもたなくては、子ども自身が道徳的価値の探究、選択と合意の主体となることはできないと考えたというべきだろう。
⑥勝田は、そういう道徳性の構造的な把握に立ったがゆえに、基本的人権の保障、平和や民主主義などの憲法と教育基本法が提示する価値や社会的正義の継承と発展を課題とし、それを担う中心的な教科としての社会科に深い関心と期待をもった。
⑦したがって、勝田は、実際に生きるうえでの価値や規範を、図1の土台部分にある根源的価値意識の内容をあらかじめ確定し、それを教えるために他の教科からは独立した固有の内容と方法をもった授業として設置することは厳しく批判した。だから「全面主義」とは、この構図で示したような価値探究の方法論を組み込みえない授業――「道徳」科――を設置しないという原則をも含むものであったと把握する必要がある。

付け加えれば、この構図に示した道徳的判断のプロセスは、個において、道徳的価値探究のサイクルとして繰り返えされる。その探究の結果として、次第に探求、把握されていく「根源的な人間性の要求」に向かう個々人の道徳的価値規範は、個々人の中でその後の価値的選択を行う自主性のベクトルを強めていくものとして機能していく。さらにまた、自治や生活的共同への探究を介して、他者との関係性を構築するための規範が探究されていく。だから個々人の中においては、自主性は、次第に「根源的な人間性の要求」や他者との共同に向かう価値的態度を伴った「自主性」へと高められていく。勝田においては、自主性はそのようにして、歴史的社会的な価値探究と結合されて発展していくものとして把握されているとみるべきであろう[5]。

この構図では、勝田のいう「根源的な人間性の要求」を根源的価値意識とも言い変えている。もちろん、そのような根源的価値意識をはたして設定できるのかどうかは、それ自体が大きな論争課題となるだろう。その点にかかわって、次のことを確認しておきたい。

第一に、勝田は、道徳性を単なる「自主性」だけで規定することができるとは考えなかった。その土台に根源的価値意識があるのだとした。しかしまた、具体的な徳目がアプリオリに人間に、したがってまた個々人に人間的本質として備わっているのだとも考えなかった。あるいはまた個々人が獲得すべき道徳性が、アプリオリに規定されうるとも考えなかった。勝田はそれを、人類の長い、歴史的な、人間が人間としてその命と存在をよりよいものとして実現するための共同的・歴史的な営みによって達成されてきたその到達点として把握しようとしたとみることができる。その到達点は、文化や科学の到達点として、あるいは社会的な正義規範の合意的到達点（憲法規範などを含む）として存在していると把握した。したがってまたその到達点、合意点がどのようなものであるのかの科学的探究、その批判的吟味と継承なくして、根源的価値意識がどのような価値内容をもつものであるのかは、明らかにならないと考えた。

第二に、生きる過程で実現すべき道徳性、道徳的価値は、その一つ一つの過程に沿った科学的、文化的、共同的な探究を経ることによって把握することができると考えた。そしてその過程において「自主性」という自らによる主体的道徳的価値の探究という方法論が決定的に重要であると把握したと捉えることができる。そこでは、「自主性」とは他者から超絶したものではなく、今までの到達点（科学・文化・社会的正義の到達点）との対話を含み、他者との議論・対話による自治的共同性の探究――自主的な探求――を含んだものであったと考えることができる。

結論として言うならば、勝田において実現されるべき道徳的価値とは、①その道徳的価値の樹立における「自主性」の原理、②人間のもつ根源的価値意識への信頼に依拠しつつ、その歴史的到達点（を含んでいると考えられる）としての文化・科学・社会的正義の合意水準の批判的継承、③社会的共同を実現し高める自治的合意によって探究されるものということができる。だから勝田は、②にかかわって教科の学習が不可欠であると考え、また③にかかわって「自治」や「生活指導」が不可欠であると把握したとみることができる。

(2) 勝田論批判の批判的検討

しかし奥平康照氏は、「規律や規範が子どもの自主的な選択に委ねられるとすると、社会的公共的な道徳的価値規範の形成についての道徳教育の果たす役割が曖昧になる。……上田（薫）も勝田も、その先を理論的に明示することはなかった」と述べる。また、「価値規範の相対化論や自主的選択論は、現実社会に客観的に存在している道徳的価値規範という事実に対して、いかなる考えと実践的立ち位置をとることができるのか。社会的規範の維持・形成は他人任せにしておいて、教師と子どもは価値規範に批判的に対しているだけでいいのか。この問いのあることを十分に承知しながら、上田も勝田も解答への道筋を明示してはいなかった[6]」と批判していた。

道徳的価値からの「逃走理論」と規定することで、勝田の「自主性」論をより強く批判したのは、松下良平氏であった[7]。氏は、勝田の道徳理論を道徳的価値に関する「逃走理論」と規定し、またその対極に道徳的価値に関する「闘争理論」（平和や民主主義を上から教え込もうとする理論）を置き、自らは、イデオロギーから解放された普遍的な道徳的価値の探究を目標とし、その道徳的価値の「伝達」として道徳教育の成立根拠を確かなものにしようとした。しかし結論から言えば、「伝達」すべき普遍的道徳的価値を確定することが道徳教育の成立根拠を支えるという松下の道徳教育論が設定した前提それ自体が、妥当なものであったのかどうかが批判的に検討されなければならない。

先にも指摘したように、戦争反省を踏まえ、また国民主権原則の上に構想された戦後の道徳教育は、道徳教育で伝達すべき絶対的な価値をもはや前提とするものではなく、第一に、個々人の道徳性、道徳的判断力をいかに高めるのか（道徳的自主性の確立）、そして第二に、現に社会的に合意されてきた社会的価値や規範を「絶対性」から解放しつつどう批判的に継承・発展させていくのかを課題としたものへと転換したのである。それは決して道徳性の教育が、社会の中で実現されるべき規範に対する無視、無関心、無関与の態度をとることを意味しない。個の尊厳と基本的人権の保障――自由権、労働権、生存権、学習権、平等権等々――、そして平和や民主主義をいかに実現していくかという人類の歴史的価値探究の到達点を踏まえ、それをさらに高める課題を正面に据えた営みとして再設定されたのである。それとも、それでは道徳教育は成立しない、特定の道徳的規範を選び出し、それを内面化させる独自の授業時間としての「道徳教育」が、教科学習や自治と生活指導の方法による価値や規範の探究とはべつに不可欠だというのだろうか。奥平論文についても、同様の疑問が提示される。[8]

あらためてこの論点について補足しておく。両氏は、勝田が道徳性において自主性を強調するが、道徳教育の目的となる(すなわち道徳教育で教える＝伝達する)固有の道徳的価値を提示していないということを批判しているように思われる。松下氏はそれを勝田の道徳的価値からの「逃走」という。しかしこれは勝田の道徳教育における最も重要な論理を無視したものである。

道徳教育の全面主義とは、単に道徳教育の場をどこにするかというだけの論理ではない。それは、そもそも普遍的な道徳的価値を決定し、それを各自が守るべき価値として習得するというような道徳教育の方法自体を退けたことにあるとみるべきである。だから勝田は、子どもに教えなければならない道徳的価値を確定するということはしていない。確かに先に指摘した「根源的な人間性の要求」という概念を提示している。しかし、それはこういう価値内容に具体化されるものであり、道徳教育ではその価値内容を普遍的な価値として習得させるのだとは主張していない。この根源的価値意識が何かということ自体、教科の学習と自治的活動の中での探求に依拠して、それに近づくことができるとしているのである。この根源的価値意識を、個々人の判断を超え、また人々の合意を超え、さらに社会的歴史的な合意点を超えて、人々の議論と判断を超越した客観的な価値項目として決定できるとは考えていないのである。社会的に到達された社会規範、社会的正義規範すらも絶対的な道徳的規範として伝達しそれに従わせるような価値項目としてではなく、一つの社会的合意の到達点として学ばせ、それをいかに継承・発展させるかは、まさに個々人の価値観形成の方法で、すなわち価値観と思想形成の自由と科学的な探求の下で吟味させ、判断させようとするのである。

そしてそのためには、価値や科学を吟味継承するそれぞれの方法（価値や科学批判の方法）が組み込まれた各教科の方法論を介して学ばせることが必要だとしたのである。さらにまた勝田が強調するように、共同と自治の中での合意に参加させることで、あらたな道徳的、社会的正義の継承・発展に主体的に参加させ、その生きている場に自らが生きていくための道徳的規範を具体化させようとしたのである。だからその方法を超えて、あるいはその方法を介さないで、ある固有の道徳規範を選び出して、それを伝達するという徳目主義的な道徳教育はもはや成立しないとしたのである。それでも、勝田理論は、道徳的価値に関する「逃走理論」、「公共的道徳的価値」についての消極的な理論であったと批判するのだろうか。

以上の検討を踏まえると、今回の教科「道徳」の設置は、戦争反省を踏まえて戦後教育学が共通の認識としてきたはずの道徳性の教育の基本枠組み、「全面主義」が否定されるに至ったという、新たな危険な局面の到来を意味することとなるだろう。

三　関係性としての道徳性とケアの論理の関係をめぐって

道徳性は、他者との関係性規範としてこそ成立し、その意味では共同性を前提としてこそ成立する。実は、政治の方法そのものが、共同性をいかに成立させるかについての探究の過程であった。その市民革命を経た到達点が、まさに現在の憲法的正義であったということができる。個人の尊厳、基本的人権の保障、平等、生存権保障、平和的生存権の保障——これらは皆、他者との関係性の中で保障されるものであり、個を支える関係性を構築していく規範である。そして人権が自由権から社会権へと発展していくにつれ、社会全体による個々人への権利保障とケアは、より豊かに、制度として実現されるようになってきた。教育の権利、福祉の権利、労働権の保障、生存権保障等々は、制度化された社会的ケアという側面をもつ（ここでは、個の存在を社会生活上、あるいはその存在意識において独自の価値あるものとして承認し、支える方法の全体を広くケアと呼ぶ）。そして現在の高度な憲法的社会正義を個々人が受け入れ、自らもまた他者との関係性を取り結ぶ規範、自らの道徳的規範として実践しようとするのは、この規範によってまた自らもその尊厳を守られ、その存在を受け入れられていると感じているからではないだろうか。

しかし、社会の新自由主義的改変によって、この社会権実現の水準が切り下げられ、競争が強められ、生存が自己責任化され、他者や社会からのケアが感じられなくなり、そして現実に社会の格差・

貧困が拡大し、生きられない現実が社会全体に広がりつつある。子どもは、競争といじめが蔓延し、粗野な暴力的な支配と被支配、そして格差・貧困が当たり前の論理として働いているかに見える関係の中で生きさせられている。

個の尊厳の規範に立って他者と共に生きることができるための道徳性が、自らの存在それ自体が生かされる社会的正義＝社会的道徳規範への信頼の上に獲得されうるものだとするならば、今その前提が揺らいでいる。社会と他者への信頼を失うなかで、社会の道徳性への関心を失い、他者との共同的関係性を成り立たせる道徳性を自らも担おうとする意欲が衰退する事態が展開しているのである。その事態に対して、秩序を取り締まるための上からの規範の強化策——規則に従わせる道徳教育——が学校教育にもち込まれようとしているのである。

このような事態を踏まえるならば、どうやって、互いに支え励まし合い、存在を支え合う関係性を取り戻すかこそが、道徳性の回復にとって最も根本的な課題となる。その点で、子ども自身の認識において、道徳性という概念を転換しなければならない。子どもにとって、道徳（性）とは、社会の決まりや規範、学校や教師の指導にしたがうこと、他人に迷惑をかけないこと、あるいは悪い自分を抑える「正しい」心の働きを取り戻すこと、というようなイメージとして把握されている。教科「道徳」に提供される道徳教科書教材のメッセージはそこに焦点化されている。全体として外から提示される「正しい」規範に自分を沿わせることを求めている。しかし子どもたちが道徳性とは何かを探究するのは、**自分の人間的尊厳を実現するため、生きられない思いを抱えて生きている事態の原因を理**

解しそれを克服する方法を見いだすため、他者とともに安心して生きられる関係性を回復するため、教室を互いの安心と自由を保障し合う関係の場にするため、勉強がわかり面白いものになるような授業を教室の中に実現するため、未来に希望が見いだせるような社会のあり方をともに考えるため、そして自分の力に確信をもって生きていく自信を回復するため、人間として誇れる生き方を今の生活に実現するためなのではないか。すなわち自分を抑制し、規範で自分を縛り、そこからはみ出る自分を自己制御する営みとしてではなく、自分をより豊かに実現し、自分を抑圧しているものを取り除き、他者と共に生きていくための方法と力を取り戻すための営みとして捉え直すことである。

それは、あまりに道徳教育の意味を肥大化させる言い方かもしれない。けれども、子どもの思いの中に、様々な生きられない思いや疑問や、苦しみや、ストレスがあることをそのままにして、規範の強制でそういう思いを押さえ込み、「よい子」を演じさせても、それは我慢を強いることであり、今の事態を受け入れさせるものとなる。それとは異なった生き方、関係性をみんなで勇気と知恵を出し合い、切り拓くのが、道徳教育の目的だという呼びかけが必要なのである。しかも、それは単なる「言葉」の呼びかけに止まらず、教師の子どもに対する眼差しの転換、教室が個々の子どものケアの場となること、いじめなどの事態に対して人間の尊厳を守る教師と友達の真剣な眼差しが満ちること、勉強がわからない苦しみに対してみんなで励まそうとする関係がつくり出されること、等々として具体化されることが不可欠である。そこに、場の力としての道徳性の形成力が働き、子どもたちもまた高い道徳性を獲得していくだろう。それらの過程もまた学校教育の「全面」において、推進されていくものだろう。ケアとは、その関係性と空間が、個の存在を受けとめ、共感し、その誇りある生き方を支えようとする構えが――特に教師の指導の方法に――組み込まれているということなのである。そしてそのような空間こそが、子どものなかに、自らをまた道徳性の担い手であることを引き受けようとする姿勢を生み出すのである。

四　教科「道徳」への対抗戦略

(1) 道徳性の教育の課題把握

何よりも基本的に重要なことは、学校と教師が、子どもたちの中にある道徳性の形成の課題を子どもの現実から把握することである。道徳教科書から課題を読み取り道徳教育に取り組むということでは、すでにその時点で、政策の意図に乗っ取られてしまうだろう。

いじめ、差別、強者への従属、共感的な理解の欠落、自分の考えを言い出せない雰囲気、ときには学級崩壊や深刻ないじめの展開、等々……。教師は、そういう課題に日々向かいあっている。それらの課題は、多分、教訓的な道徳教材を表面的に教室にもち込んでもほとんど効果がないと、教師自身が感じているかもしれない。

大事なことは、目の前の子どもたちの道徳性の課題にいかに切り込むか、そしてその点にかかわる子どもたちの生き方を変え、教室を、子どもたちが一人ひとりの人間としての尊厳を支え合う場へとつくり替えていくことである。そしてそれは、教師が現に全力をかけて挑戦しようとしている教育課題の中核を占めているはずのものなのである。そのための全体的な計画をもつことこそが、教師の道徳教育に、一貫した目標と方向性を与えるものとなる。その一貫した目標と計画性の中で、初めて教師は、たとえ強制されているとしても、自己の教科「道徳」の授業をも主体的に意味づけることができるものとなる。それなくして、ただ「正解」とされる道徳的態度を子どもに獲得させることを目的とする「道徳教育」は、子どもにとって全く白々しい教育とならざるを得ない。また、そのリアルかつ切実な目標と計画なくして、教科「道徳」を質的に転換させる組み替えはできない。

(2)「全面主義」の立場に立つこと

そのためにも、道徳教育の「全面主義」の立場に立つことが必要である。真に現代的な道徳性の形成は全面主義の立場に立たないと不可能である。子どもたちが、自分のものとしての道徳的規範や価値観を獲得していく基本的な場は、教科学習、学級活動や学級生活であり、それを教師は学習指導と生活指導(生徒指導)を通して支えるのである。文学や芸術の学習や鑑賞を通して、人類はどんな感情や美意識、人間としての価値意識や心のあり方を獲得してきたのかを学ぶ。科学の方法を学ぶことによって、人類はいかにして真理と真実、社会的正義、生き方や共同のあり方を探求しようとしてきたかを学び、その方法もまた批判的に獲得する。社会科などを通して、人権や自由や民主主義や平和という価値もまたそのような人間の歴史的な探求の成果であることを知り、それを継承していく課題に取り組む。自治や民主主義やコミュニケーションに依拠して自分たちの生きていく関係性をどう構築していったら良いかを学級活動や自治活動などをとおして実践的に学び、その方法を身につけていく。

そこでは人間の尊厳とは何か、人間的正義とは何かが鋭く争われる。コミュニケーションを通して正義を探究し合い、合意を形成し、自分たち自身を規律していく過程で平和の方法や自治の大切さ、法（決まり）の意味も体得していく。科学や文化の継承をめぐる対立や議論、あるいは自治による格闘などが組織されていない空間で、徳目だけを押しつけるというようなやり方では、真の道徳性は獲得できないのである。教科「道徳」はともすればそういう場にならざるを得ない設定なのである。

だから教科「道徳」を生かすためには、この時間を、教科学習や自治の取組の一環に組み入れる工夫が不可欠であり、あわせて、先に述べた個々の教師の側の「計画性」が不可欠となるのである。

(3) 道徳的課題とは何かを捉えさせる工夫

それらを踏まえたうえで、教科「道徳」に可能なことは何かと考えたとき、最も基本的なことは、道徳性の課題を深く気づかせ、自覚させることであろう。

それは、なによりも、どうすれば良いかを子ども自身が考えるという姿勢を形成するということである。「姿勢」というと「態度」に近いものに聞こえるかもしれないが、姿勢を形成するのは、課題への意欲的で意味的な執着である。そこにどんな問題が起こっているのか、どんな矛盾や人間性を否定するような事態が生まれているのか、自分だったらそこで実現されるべき「正義」とは何だと考え、どう主張するかという位置へ進み出ることである。

教科「道徳」の場での抽象的な課題設定と状況設定の枠内では、具体的な態度を選びとることのリアリティは希薄であり、現実との対決に求められる決断や勇気も必要とはされない。逆に「どういう態度、徳目を選択することが望ましいですか」という「正解さがし」と「評価」に左右されて態度が選ばれるという事態が増加するだけであろう。必要なことは、今子どもたちが直面している困難や矛盾を、自分たちで解決していく課題として認識することである。そしてその課題に向かう勇気あるプロセスへと一歩を踏み出していくことである。その現状認識と問題に取り組む構えの形成なしに、望ましい「態度」を選ばせても、ほとんど無意味であろう。

そのためには、やむを得ず扱わざるを得ないとしても、教科書教材が、子ども自身が取り組むべき道徳的課題にとって、いかなる価値をもつのか、もち得るのか、もち得ないのかを、しっかり読み解かなければならない。たとえば教材「お母さんの請求書」(「ブラッドレーの請求書」)であれば、家事労働の意味、男女平等、ジェンダー問題の課題をそこから読みとらせるには、どうすればよいのかを教材研究として深く進める、等々。

⑷ 道徳的価値と政治的正義の探究を統一的に把握すること

教科「道徳」は、社会はいわば完全なものとして構成されており、この「完全社会」の規律に自己を適合させることが道徳教育の課題だとし、道徳的価値を個人の内面の規範に限定して捉えるものとなっている。だから社会の仕組み、社会制度の側に存在する不正義や矛盾を批判的に吟味するという枠組みをもたない。したがって、そこには「自己責任」論理が深く組み込まれている。しかし人類は、人間の生き方を規定してきた社会制度、社会正義のありかたをこそ問題にし、そこに組み込まれた社会理念を変革し、発展させてきた。その営みは民衆の政治的たたかいとして展開されてきた。憲法的な社会的正義は、その社会的合意として獲得されてきたものである。道徳性の探究の最も中核的な方法は、政治の営みの中にあったのである。

基本的人権の保障、生存権保障、労働と雇用のあり方についての社会的規制の形成、表現の自由、民主主義、平和、平等、等々。世界人権宣言や子どもの権利条約、国連憲章における国家による戦争の廃棄、地球環境維持のための国際条約の締結、等々もまた人類の社会的正義探究の合意の道程と到達点を示している。格差・貧困の拡大自体が社会的正義の後退を意味する。それらのおかしさを問わないで、個人の側の規範だけを課題とすることでは、生きられない現実を改善していくことは不可能である。その意味では社会的正義を、社会批判を含んで探究する社会学習、政治学習、主権者教育は、社会の道徳性の探究にとって不可欠となる。人権や民主主義や平等や福祉やの規範として存在している憲法的理念が文科省の指定する道徳の「内容項目」から意図的に排除されていることは、教科「道徳」の歪みを端的に表している。

市民革命を経過して、主権者こそが、社会制度に組み込まれるべき社会的正義(規範)を決定する位置に就いたはずである。どんな社会的正義を社会の仕組みに組み込むべきかを議論する探究をこそ、道徳性の教育の根幹に据えなければならない。自己の態度のみを反省することに視野を閉ざされて、望ましい「徳目」から自己を吟味するのではなく、自己を規定している社会のありようや他者との関係性に開かれた視野で、問題を検討しなければならない。政治はその社会のありようを最も強力に規定している。そのような探求は、生きている空間の論理や社会の側の分析を不可欠とする。それは道徳の「全面主義」に依拠することなしには不可能であろう。多くの道徳教育論が、道徳を政治の僕(しもべ)にしようとする政策が乱暴に進行する中であるにもかかわらず、道徳と政治とのこの明瞭な関係――政治こそが、道徳性の社会的ありように大きな責任を負っていること、そして政治の方法こそ、社会の道徳性を発展させる最も強力な方法であること――を語らなくなっていることに、根本的な疑問を提示しておきたい。

注

(1) 伊東毅「小学校用道徳教科書の特質」(『人間と教育』一〇一号、二〇一九年春、旬報社)による。

(2)『勝田守一著作集4 人間形成と教育』国土社、一九七二年刊、四五二-四五四頁。

（3）同、四三〇頁。
（4）勝田守一「道徳の教育」『理想』一九五三年一一月号、理想社、三六頁。
（5）藤田昌士「解説」（『勝田守一著作集4』）は、勝田の「自主性」概念の理解について、私と同趣旨の指摘をしている。
（6）奥平康照「子どもの生きる不安に応答する」『教育』二〇一七年一〇月号、かもがわ出版、三三頁。
（7）松下良平『道徳の伝達』日本図書センター、二〇〇四年。
（8）また福島賢二氏は、奥平氏の勝田批判に共感しつつ、「勝田のいう価値選択する主体性論では、……選択する主体がどのように状況付けられているかについて言及されていない。これでは価値選択する主体が『負荷なき自己（状況づけられていない主体）』になっている」と批判し、「勝田とその議論の継承者は、……徳目主義的な道徳教育推進者に対しての批判はできても、徳目主義とはことなるあたらしい道徳教育の構想には繋がらないという循環」の中にいると批判して、「関係モデルとしての道徳教育論」を提起する（福島賢二「戦後道徳教育の議論の争点と実践的課題」民主教育研究所編『人間と教育』一〇一号、二〇一九年春、旬報社、六〇～六一頁）。しかし勝田の人間把握を「負荷なき自己」論と規定すること、勝田の道徳教育論が「関係性」から独立した近代主義的な個の道徳論に止まっているという批判もまた、勝田が当時の状況——平和の危機——に対して格闘しようとしていた時代認識からすれば、妥当なものとは言いがたい。櫻井歓氏は、「（勝田の）道徳性論を道徳の相対主義として位置づけて批判することは、妥当な評価とは言えないと考えられる」と、勝田の理論に即して論証している（「勝田守一道徳教育論の再考―個人の形成における自主的判断力の問題」日大芸術学部紀要、二〇〇六年）。

第14章

道徳的価値を教育はどう扱うべきか

――道徳性の教育の方法と「政治」の方法の関係を軸に

最初に断っておくが、本論文では、学校教育において道徳性をどう獲得させるかという課題に対応した教育を「道徳性を育てる教育」あるいは「道徳性の教育」と呼ぶ。道徳という教科が設定されることで、道徳的価値を獲得させる教育が、あたかもこの「道徳」という教科にすべて担われていくかのニュアンスが強められ、したがってまた教科「道徳」の設置を批判する議論が、道徳的価値の育成の教育そのものを否定しているかに受け取られることもあるが、それは全く違っている。教科「道徳」がないことが道徳教育を消極化しているとする議論も多い中で、「道徳」科を設置しないことこそ、道徳性の教育の実現にとって基本であるとした戦後教育改革の理念を明確に捉えるためにも、「道徳性の教育」という概念にこだわりたい。その点で、本論文は、道徳性の教育の実現のためにこそ、教科「道徳」の設置を批判するという立ち位置をとるものである。ここでは、以下の論点を検討する。

第一に、そもそも学校教育で、どのような形で道徳的価値を扱うことが可能なのかを、教育学原理として検討する。そしてあらためて、戦後教育改革の理念――道徳教育における「全面主義」などの理念――が、子どもの道徳性の形成についてどのような方法論を提起していたのかを検討する。

第二に、開始された教科「道徳」がもつ問題性を明らかにし、それが道徳的価値の創造、継承、子どもによる主体的摂取を歪める性格をもつことを明らかにする。

第三に、そのような問題性をもつ教科「道徳」が政策として実施された段階で、私たちはこの教科としての「道徳」に対してどういう立場を取るべきなのかを検討する。

第四に、ともすれば道徳と政治は領域も方法も別のことであると把握されがちであるが、実は政治という方法は、社会の正義の規範を実現していく最も基本的で重要かつ強力な方法であり、そのような質をもった政治の方法を、子どもたちの生きる方法として獲得させることが道徳的価値の創造と変革・発展のために不可欠であることを明確にしたい。

一 道徳性の教育の方法について

(1) 道徳的価値の歴史的なありようの変化

道徳的価値をどう捉えるかにかかわって、一つの前提を提示しておきたい。道徳的な価値を、個人の内面にある価値規範としてのみ把握するならば、それは個人の中で完結すると見なすこともできる。しかし、内面の価値規範は、内心の自由や価値観形成の自由の下にありつつ、それ自体が、価値的体系性や一貫性を求め、個の良心や正義規範として働き、それは不可避的に、個が他者や社会に働きかけ、関係をつくり出していく際の規範としても働く。そして他者とともに共同的に生きていく営みを介して、個の内面の規範とは相対的に独立した「社会規範」としての道徳的規範が形成されていく。もちろん、この両者は相互に働きかけ合いながら発達、展開していく。したがって、私たちが道徳性の形成、発達という場合、**「個の内面的道徳規範」**と社会的な人と人との関係性を律する**「社会的道徳規範」**の二つを対象として扱うこと、そして道徳性の教育においてもその両者の道徳性への働きかけが課題化されることを忘れてはならない。

歴史的な流れの中で見ると、人類はその共同性を実現しようとして、共に生きるための規範を見いだし、それは民衆の生活規範や慣習等としても蓄積されてきた。しかし、国家が出現し、その国家秩序に沿って人々の行動様式や価値規範を意図的に統制するための道徳規範や観念が、支配的なものとして創り出されていった。階級社会では、支配的道徳は、支配秩序維持のために民衆に強制され——身分制度、儒教的な忠・孝の思想など——その規範を犯す者には権力による制裁が課されていった。しかし明治政府は、より完璧な道徳規範の国民への教化の制度を修身科教育などの国家的公教育体制としてつくり出した。この道徳規範の強制・教化によって、国民の天皇への忠誠が高度に形成され、侵略戦争に国民が動員され、その結果として、社会も教育も破滅に向かって突き進んだ。

一九四五年からの戦後教育改革は、このような戦前・戦中の道徳教育への根本的反省にたって出発した。それは、国家が国民の道徳的価値規範を決定、教化する仕組みそのものを根底的に批判し、それとは全く異なった仕組みで国民の道徳性の形成を展望するものであった。その教育改革理念で最も根本的なことは、新しい民主主義的な日本国憲法体制下においては、そういう規範自体を国家ではなく、国民自身が決定するとされた。では国民は、その価値規範をどのように「決定」するのか。それは、日本国憲法の精神に即するならば、次の三つの方法として提示されたということができる。

第一には、個々人の思想形成の自由、思想信条の自由（日本国憲法第一九、二〇、二一条）という規範に沿うことである。道徳的規範の多くは思想・信条にかかわるものであり、その価値の自己自身による決定・選択、そのための自由が欠かせない。宗教の自由はその最も典型といってよい。個の内面規範としての道徳的価値は、国家的統制からの自由の下で自主的主体的に獲得されるべきものとされた。人は自らの規範と良心に従って行動することにおいて、主体性を実現し、その結果に責任を負うことができる。その意味で、道徳的価値判断の自主性の規範は、個の道徳性が成立する基盤となる。

第二には、学問の自由（憲法第二三条）、知的探究の自由が保障されることである。何を価値規範として個人が生きるかを選ぶために、この学問的、文化的、科学的探求という真理や価値の追求の方法を、各個人が自由に使いこなせるようにすることが権利として保障されたのである。この探究の自由に対して、権力が「真理」や「価値」の決定と選択を強制してはならないことが明確にされた。教育の自由はその「自由」を中核に含んでいる。その「教育の自由」の下での教科学習、文化活動、自治活動は、子どもの道徳性の獲得・発達のための基本的かつ重要な場と方法となる。

第三には、道徳的価値・規範をめぐる社会的合意の形成という方法である。社会が共同的に生きる場である限り、一定の価値規範が社会的に合意され——多くの場合それは法の制定という形を取る——、その価値（法規範）に沿って社会制度が運営されていくことが不可欠となる。社会的共同のために共有するべき価値規範は、単に個々人が選んだ思想や規範の数学的合計——その多数のもの——によって決定されるものではない。それは民主主義的合意形成の仕組みによって選択・決定され、蓄積されていく。その方法は、議会制民主主義という方法として、憲法的に保障されている。その方法が実現される場は、まず何よりも、国の政治（国家的な議会制民主主義の仕組み）や地方自治体の政治である。さらには、共に生きる多様な共同の場——会社、団体、地域、学校、等々——における自治と討議・コミュニケーションの営みである。それらの営みによって達成された社会的正義の到達点は、憲法的規範や国際条約として合意されてきている。その中心に基本的人権の保障、主権者としての政治参加、平等、ジェンダー平等、表現の自由、生存権保障、労働や教育の権利、平和主義、立憲主義などの規範がある。もちろん社会的犯罪の禁止の規範が含まれる。それらの多くは、単なる個々人の内面的な道徳的倫理規範を越えて、社会制度を構成する理念や法的規範としても合意されていく。その意味において、道徳と政治は深く関与し、浸透し合っている。

重要なことは、今日、道徳的規範の形成は、これらの三つの方法を介して進められるべきものであり、それを越えて、権力や絶対者が、一方的にその価値規範を決定し、絶対的なものとして習得させたり教化したりすることは許されないということである。

⑵ そこから導かれる現代の道徳性の教育の方法

このことは直ちに、道徳性の教育の方法を導き出す。

第一には、道徳的価値の学習と探求では、何を価値とすべきかは、国家権力や政治権力が一方的に決定してはならないということである。このことは、現代の道徳性についての基本原則である。

第二に、学校教育の教育課程の問題としていえば、学問の自由、知的探求の自由の側面は、主として教科学習として遂行され、社会規範の合意形成への参加は、自治や教科外活動、生活上の共同のあり方を生み出し変革していく生活的共同活動（教師の指導領域としては生活と自治の指導）として遂行されていく。後者は、学校生活において起こる関係性をめぐる諸問題を直接に取り上げて解決していく自治と民主主義による協議、およびその過程に対する教師の指導の過程となる。そして、戦後道徳教育の方法として確認されてきた「全面主義」とは、特別な「道徳」という教科を置くことなく、①「教科指導」や②「自治と生活指導」の場で――すなわち学校教育の全教育課程領域で進めるという原則を確認したものであった。

あらためて整理すれば、戦後教育改革において、民主的な道徳教育のあり方として主張された「全面主義」とは、以下のような理念・方法であった。

第一に、道徳的価値の探究は、何よりも科学や文化の探究という方法を不可欠として行われるものであり、教科学習こそがそれを担保する。教科の学習は、人間の価値意識や価値規範の探究・継承の重要な方法の一環となる。

第二に、同時に、共同的関係を律する道徳的規範は、共同的関係を創り上げていく子どもの営み、すなわち学校での生活実践、自治的実践、生きる場の関係を創り上げていく営みの中で、子どもたち自身の協議と合意を介して探究されていくべきものである。

第三に、したがって、学校における道徳性の教育は、教科と自治的生活・文化活動という学校教育活動の「全面」で展開されるべきものであること。またその二つの方法以外の方法に依拠した道徳的価値の形成・教育の独自の方法は存在せず、教科としての「道徳」は存在する根拠をもたない。

(3) いくつかの補足

以上の論点を補足するいくつかの事柄を指摘しておこう。

たとえば生活習慣に組み込まれたような「挨拶」や、礼儀のような規範については、科学や文化継承の批判的吟味（教科的学習）を介し、同時にその規範内容に直接繋がった範囲での共同的な議論（自治的議論）によって、さらに事柄に相応しい多様性をもって、批判的に継承・発展させていくべきものとなる。友情などという「規範」は、それ自体として基準となるような尺度が存在するわけではない。人権や平等や個の尊厳という価値意識と状況認識との総合的判断を踏まえ、固有の文脈の中での価値選択として具体化されるものだろう。だから一般的に言われるような「友情」というような道徳的価値規範が、個々人の判断の多様性、個々の文脈を超えて適用可能なものとして存在するかに考えて、抽象的な状況設定の下で絶対的な規範として「道徳」科で「友情」を教えるなどということはそもそも無理なのである。社会的に合意され、習慣化されたレベルにあるかに見える多くの道徳的規範（指導要領の挙げる道徳の「内容項目」の多く——正直、誠実、節度、勇気、努力、感謝、礼儀、親切、等々）——もまた、同じ性格を指摘できるだろう。もちろんたとえば「正直」について考えさせる文学作品があるとしても、それは文学を学習する教科の方法を介して学習されるべきものとなるのである。あるいは「嘘」で人を欺き貶めるような事態（トラブル）への生活指導を通して、「正直」とは何かを議論、指導するような指導＝学習もある。

そのようにいうと、道徳性の土台になるような人権や平等や暴力の否定、あるいは国民としての態度の形成などにかかわる基本的な規範を身につけさせることが道徳教育の課題ではないかという疑問が提示されるかもしれない。その問いに対しては、たとえば、国民として世界に対して、どういう態度で接するかという規範のありようを考えてみよう。

教科「道徳」にはそういう点で、望ましい日本人像が多く組み込まれてもいる。「素晴らしい日本人の振るまい」や「習慣」や「みんなで共同して動く姿」なども、書き立てられている。しかし日本は同時に、アジアへの侵略や理不尽な虐殺、植民地支配、経済的搾取も多く行ってきた。その全体の中から何を、どんな経験や誇りや反省を伝えるかを考える「科学」の一つに歴史学などがあり、その到達点、成果を踏まえて学校の教科としての「歴史」がつくられ、日本人や、日本のあり方を検討していく歴史学習が組織されてきた。歴史学習は日本の国民が、どう世界と向き合っていけばいいのかを学び検討する教科なのである。そこに政治権力からの自律性――学問の自由、教育の自由、教師の専門性の自由――が保障されるべきことも組み込まれてきたのである。

ところが、教科「道徳」では、日本人の「よいところ」、賞賛された姿、世界への積極的関与や貢献だけが恣意的な視点で抜き出され、新たな日本の歴史物語が、しかも経過からみれば文科省（日本政府）のイニシアチブでつくり出されたような教材が展開しつつある。[1] そしてそれらは歴史科ではなく「道徳」科だという理由で、歴史学の到達点や方法の制約から離脱したものとなっている。

結果的には科学を無視した国家による国民教化のための恣意的ともいうべき歴史物語が、素材とされる個々のエピソードが成立した歴史文脈を無視して創作（捏造）される事態が始まっている。価値を扱う科学の基本原理、価値に対する国家関与の否定の憲法的原理――「教育の（国家からの）自由」――が剝奪された場で、国家が選んだ道徳的な価値規範を教える場が生み出されつつあるのである。教科「道徳」の実施に反対する根本理由がそこにある。歴史を、政治を、文学を、環境問題等々を扱うならば、歴史学、政治学、文学、環境学、等々の基本を踏まえなければならないにもかかわらず、教科「道徳」ではその制約が取り外されているのである。そこでは、国家が直接「価値」を決定しようとし、道徳的価値を扱う教育学（教育実践）の方法が失われ、結果として徳目の教化が生まれざるを得ないのである。

そもそも道徳の「内容項目」がどうして指導要領で一面的、恣意的に、勝手に決定されたのか、そこにどんな科学的、教育学的根拠があるのか、なぜ社会規範の中核にある憲法的規範が取り上げられていないのかが問題とされなければならない。乱暴で恐ろしい権力の介入が、現実化しつつある。

二　道徳性の形成に働く価値のありようについて

道徳性の形成において獲得目標となる「価値」と、絶対化されたものとして道徳教育の教育目標に設定される「徳目」との対比を、整理してみよう。

ここで言う「価値」形態とは、**表1**の左側に示されたような性格をもった価値のあり方を指す。「徳目」もまた価値の一種であるが、ここでは、表の右側のような絶対的な――したがって、その批判や組み替えは許されない――教化の価値内容として提示されるものを「徳目」と呼ぶことにする。現代の基本的人権の保障、国民主権、そして思想・信条の自由が保障され、価値の多様性が承認される中では、特定の価値観や歴史観を絶対的に正しいものとして教え込むことはできない。だから、そういう価値の性格に相応しい仕方で、公教育においてはその価値の「批判的継承」の方法が組み込まれてきたのである。

言うまでもなく、政治認識や歴史認識をめぐって、あるいはまた社会的正義や社会規範をめぐって、それぞれの領域に即して一定の探求の到達点や合意が存在している。その社会的到達点や合意点の批判的継承は公教育の課題となる。その場合、教育はその価値内容を、その領域にふさわしい探求の方法論に依拠して批判的に吟味し、個々人はそれらの学習と探求を介して、価値観形成、思想形成の自由の下で、自らの価値観や思想を自分の中に主体的に再構築することを介して継承する。それは、批判的、変革的継承と呼ぶべきものである。そういう価値のありようと扱い方が適用される価値や規範のありようを、ここでは「価値」形態として示している。当然、今日における道徳的規範としての価値もそういう「価値」形態においてのみ、教育の中で扱うことが許されるのである。**表2**は、道徳の学習指導要領に示された二二の価値項目が、価値形態と徳目形態の配置構図においておよそどのような位置関係にあるか、また各項目に対応する価値形態の内容とどう対応しているかを配置したものである。ここからは、道徳の価値項目には、社会的な規範や正義の到達点がほとんど無視されていることが非常に鮮明に読みとれる。

いくつかの補足を付しておこう。

①この**表1**は、「価値」形態と「徳目」形態との対比に目的があり、違いを明示するための表である。現実の教科「道徳」で扱われる道徳的価値が完全にこの「徳目」的性格となってしまうというものではないが、そういう性格に傾斜する力学が働くということを意味する。

②教科「道徳」は、「価値」形態において道徳性の教育を実施しようと試みても、基本的にそういう条件を大きく奪われている。もし教科となった「道徳」の時間に、「価値」の形態において道徳性の形成を進めようとするならば、その「価値」形態に相応しい教科の方法や、自治の方法をそこ

表1 「価値」と「徳目」の対比

比較の視点	「価値」形態の性格（獲得する価値の性格）←→	「徳目」形態の性格
価値の決定主体と継承の方法	①正義の探求の到達点、科学・文化や政治の到達点にたって、その価値の批判的継承を目指す。価値の決定は**基本的人権を有す個人**と社会的合意。	①現存の社会秩序に沿う規範が絶対的徳目とされ、その規範が個の道徳的規範として求められる。価値規範は**支配者（権力）や社会の側**が決定する。
個の内面規範と社会規範の関係	②個の内面の道徳規範に止まらずに、**社会の側の道徳規範や正義規範**の吟味、批判的継承を目指す。	②絶対的な社会規範としての徳目に照らして**個の内面の規範**を規律する。徳目への批判は許されない。
規範の継承と批判の方法	③規範は、文化、科学の領域の方法論を介し**批判的に吟味**されていく。	③徳目への批判は許されず、教材は道徳的「正解」、**絶対的な徳目**を教化する教材となる。
社会批判や社会変革・社会改善の方法	④社会矛盾の克服、**社会変革**によって新しい規範や正義を実現する。人権・平等・民主主義等の到達点の重視。	④**社会規範の絶対性**を前提に、それに従う内面規範の獲得が道徳的価値の基本とされる。
個の規範の自律性、自主性	⑤自己の主体的、自律的な価値規範に従う人格の形成、**自主的主体的判断力**の形成が目指される。	⑤社会・国家の支配秩序、規範をそのまま受容し、**権威に従う心性**を育てる。
価値・規範の合意、変革の方法	⑥生活の中の問題、矛盾の解決を民主主義的議論、**自治と共同による合意で解決する**。その方法が同時に方法的な道徳的価値となる	⑥徳目に従う行動様式や態度の獲得が目指され、**自治による変革は拒否**される。秩序を批判的に創造する自由と方法を与えない。
道徳主体の形成の方法	⑦問題解決の歴史主体、社会的正義の形成主体として個を育て、生きる場の**主権者、自治主体の育成を目指す**。	⑦**社会・国家秩序に従う国民の形成**が目的。主権者意識の形成と民主主義的政治参加は否定される。
教育内容の決定と主体	⑧**科学の到達点、国家から自律した作成、学校・教師の教育課程編成権**。	⑧**国による「徳目＝項目」決定、科学の到達点の規範なし**。

表２　道徳に関する価値規範の配置の構造図

道徳の価値内容

社会正義・制度正義 ←――――――― ‐‐‐‐‐‐ ―――――――→ 社会正義を問わない個の内面規範

←―社会正義・制度正義―→

←―――――指導要領の項目（徳目）の位置―→

◆右側の項目内容の数字は、指導要領の道徳項目の順番の数字。同じ行に、対応する〈社会正義・制度規範〉と〈指導要領の項目〉を並べてある。

社会正義・制度規範	指導要領の項目
自由権・社会権・思想良心の自由	①自主，自律，自由と責任／正直、誠実
個の尊厳、人権保障	②節度・節制
個の尊厳・人格権等・学習権	③向上心、個性の伸長
表現の自由・身体の自由・幸福追求権	④希望と勇気、克己と強い意志
学問の自由・表現の自由	⑤真理の探究、創造（主に真理探究の個の態度）
個の尊厳・差別禁止・人権保障	⑥思いやり、感謝
平等・個の尊厳	⑦礼儀（挨拶）
個の尊厳・平等・差別禁止	⑧友情、信頼
自由権・多様性の承認・差別禁止	⑨相互理解、寛容
法の主体・立憲主義	⑩遵法精神、公徳心
人権保障・民主主義	⑪公正、公平、社会正義
主権者・政治参加の権利	⑫社会参画、公共の精神
労働権保障・労働基本権	⑬勤労
生活保障・生存権・男女平等	⑭家族愛、家庭生活の充実
子どもの権利・自治の権利	⑮よりよい学校生活、集団生活の充実
自治体の主権者・地域の持続と発展	⑯郷土の伝統と文化の尊重、郷土を愛する態度
政治の主体・主権者	⑰我が国の伝統と文化の尊重、国を愛する態度
国際平和・国連憲章・歴史理解	⑱国際理解、国際貢献（主に親善と友好の態度の問題）
平和的生存権・生存権保障	⑲生命の尊さ
環境維持・温暖化阻止・生態系の維持	⑳自然愛護
生命の尊厳・自然との共生	㉑感動、畏敬の念
生存権保障・医療保障・幸福追求権	㉒よりよく生きる喜び

道徳性の獲得の中心的方法

政治・自治・合意と民主主義 社会問題→社会責任→社会改革 自由権＋社会権の保障による解決 社会に新たな規範を組み込む変革	⇔	個の道徳規範の秩序への適合・改造 個の問題→自己責任→個の反省と改善 「規範」「道徳規範」の遵守 個の道徳意識の改造による秩序への適合

にもち込むほかない、それは、教科「道徳」に対する実践的な抵抗と改変の基本方法となる。

③しかしそれは非常に困難にされている。それは、教科「道徳」が、①「徳目」を学ばせるように構成された教科書教材の使用が特に強く強制されている、②指導要領の「内容項目」（道徳の価値項目）の中に、重要な社会の側の規範の問題点、社会の矛盾や困難が、検討対象として設定されていない（たとえば貧困や生存権の剝奪など）、③「価値」として扱うための教科の方法論が取り除かれている上に、教師の専門性という点でもその価値領域に相応しい科学的指導の専門性が保障されていない（特に中学段階）、④現実の教室の子どもたちの生活の課題に取り組むこととつながって授業を編成（内容、教材、時期、授業方法の工夫、等々）する自由が奪われている、⑤一つの教材を一授業時間（ないしは短時間）で完結させるという授業展開の時間的制約が設定されている。⑥子どもへの「評価」で、個々の子どもの態度や価値観を評価の対象にしてしまい、この評価の力で「望ましい態度」を身につけさせるという教化に陥りやすい、⑦カリキュラム・マネジメントに縛られて、個々の教師や学校の自由が奪われている、などの制約がある。

この**表1**からは、同時に戦後の道徳教育の基本的原則としての「全面主義」とは、この「価値」の形態において道徳性の形成を目指すものであることが、確認できるであろう。

三　「方法としての政治」と道徳的価値をめぐる合意の形成

(1) 個の内面の道徳規範と社会規範の相互交渉過程

図1は、個の内面の道徳規範と社会的規範（社会的な関係性を律する規範）との関係、そしてその両者が「合意形成」というプロセスを介して相互に作用し合う様相を示そうとしたものである。いくつかの補足をしておこう。

①個の内面における道徳規範に焦点を当ててみると、それは、個の自由に任せられるべきもの（個人の宗教的信念や個人の美的志向など、内面の自由として各自の選択に任せられているものなど）と、生きている社会的空間において、他者との関係性を律する規範と密接に結びついているものとがある。前者は、その価値内容において多様性をもつものとなるが、後者は、社会的に合意された規範に沿う社会制度や法規範として、時には法的拘束力をともなって個人を拘束するものともなる。

②「他者との関係性を律する規範」に関しては、民主主義的な手続き、議論を経て、合意されていく。しかし合意は、絶えず合意の再構築過程を通して批判的吟味にさらされ、社会の変革課題と結びついて、つくり直されていく。したがって歴史的にある時点で合意された「規範」が、絶対的なものとして「教化」されるものではない。その意味では合意とは、社会的な規範や正義への接近の

図１　個の内面の道徳規範と社会規範

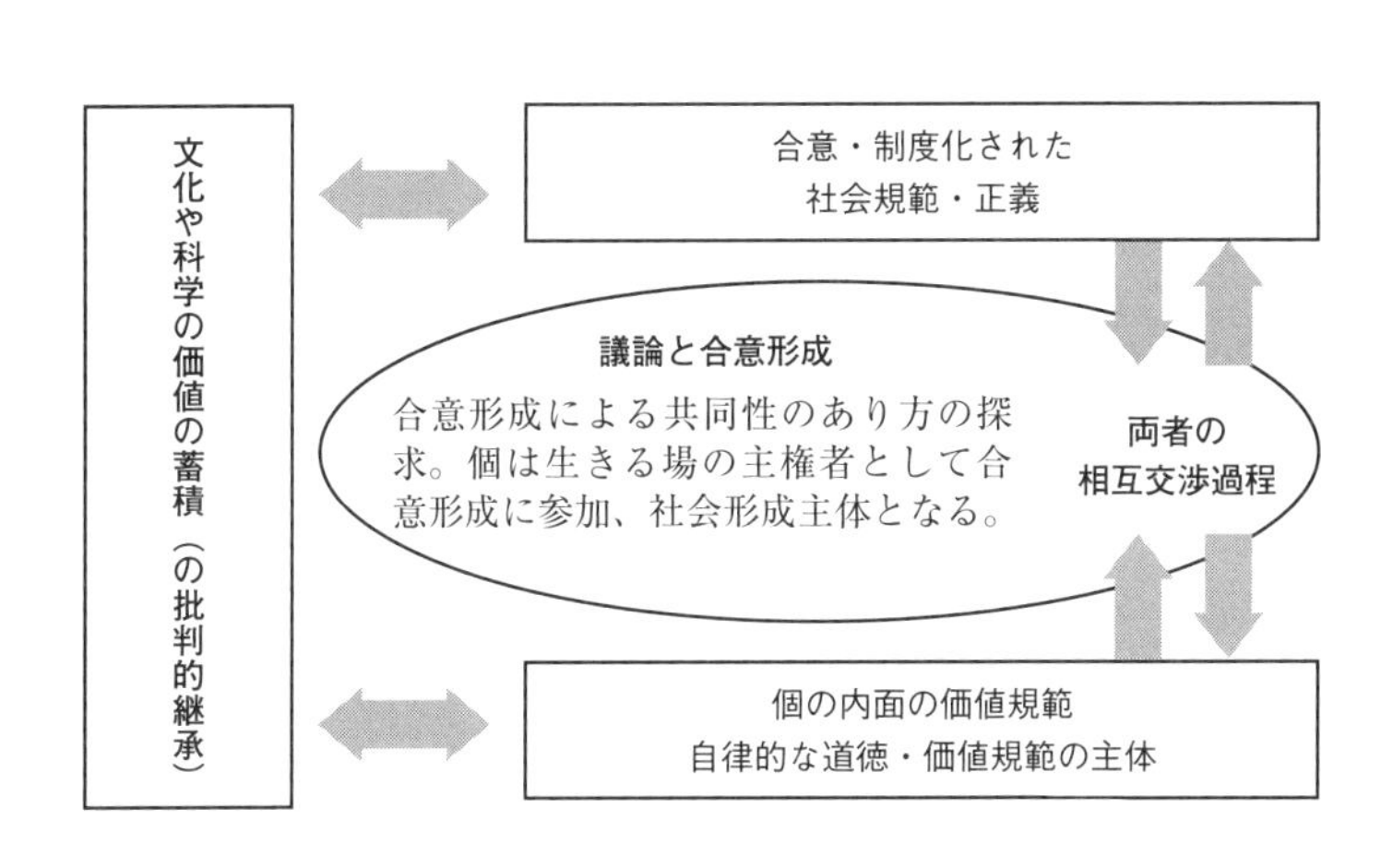

方法論としての性格をもつ営みであり、常に合意は歴史的に見て暫定的かつ発展的性格をもつものとなる[2]。

③個の内面の道徳規範は、共同的に生きるための価値や規範を探求し、また各自が自らの「正義」を表明しつつ合意を創り出そうとする中で、社会的な価値や規範の到達点と相互交渉し、社会化され、発達していく。

④重ねて指摘すれば、今日においては、人々の合意という行為を超越した絶対的な社会的道徳規範は存在せず、基本的人権を保障された個人による社会的合意によって社会的規範が形成され、個々人の内面規範は、その形成に参加することを通して、対話性、応答責任性、普遍性を獲得していく。個は、内面の価値規範の主体的形成と社会規範の形成主体としての役割とを統一しつつ道徳性の主体的・自律的な担い手となっていく。

(2) 道徳と「政治」の関係について

今日、道徳性の形成にかかわって、政治の営みが大きく関与していることについて見ておきたい。先に道徳的価値の形成の方法を指摘したがその第三点目は〈民主主義を介して合意を形成しつつ、個人が社会的規範の決定主体となっていく〉こと、すなわち生きる場の主体、主権者として共同のための社会規範の形成、合意に参加していくことであった。この価値規範と社会規範の相互交渉を媒介する過程は、以下で検討するように、「方法としての政治」「方法としての自治」の実践過程としてとらえることができる。

あらためて確認しておく。基本的人権の保障や民主主義や平等や生存権保障などの価値規範は、直接の人間関係に止まらず、社会制度の規範として最終的には政治の営みによって合意され、法規範とされ、社会制度にも組み込まれてきた。より積極的にいえば、現代の民主政治を介した社会的規範や正義についての合意の形成の営みは、今日における社会の道徳性（の合意点）を形成する最も強力な方法なのである。

そのような合意による社会的な道徳的規範の合意、決定は、「方法としての政治」を不可欠とする。何が正しいか、何が真理であるかを、実証的な科学の方法だけで決定することができない価値の多様性の領域で、そして共同的に生きるための社会制度をつくるために価値や正義を選択しなければならないときには、一人ひとりが対等性をもって議論し、民主主義を介して合意を形成して決定、選択すること――「方法としての政治」の実践――以外に道はないのである。権力が一方的に社会規範を決定し、絶対的道徳規範として国民に教化することは許されない。

「方法としての政治」は別の言葉で言い換えれば、個々人が対等な立場で議論し、その中で民主主義を介して合意を創り出していくという平和的方法のことに他ならない。それは、人々が生きる場の主体となることができる平和の方法である。したがって、社会の道徳的規範の水準の向上、変革には、この政治の方法が不可欠となる。

だから、学校教育で道徳性を形成し高めようとするならば、個々人が関係性を律する価値規範の決定主体になることとともに、自分たちが生きている関係性の世界を機能させるための制度的価値を子どもたち自身が議論し合意していく「方法としての政治」、「方法としての自治」を行使しなければならない。そのためには、

①人類は、社会はどのようにして社会的な規範や制度規範を生み出してきたのかを、歴史や政治の歩みの中から学び継承していくこと（教科の学習）、

②現実の社会制度や社会関係、自分たちの共同の中にある矛盾や困難をどう克服するか、そのために社会規範、関係規範をどう改変していくかの探求に向かわなければならないこと（社会の現実についての課題把握、批判的分析、社会認識の形成）、

③生きる場の主体として、その場に起こる関係性の矛盾、困難を解決していくために、「方法としての政治」を行使して新たな合意形成に挑戦していくこと（自治と生活的共同の形成）、

という学びを、組織していくことが不可欠になる。だから学校で道徳性の形成を推し進めようとすれば、不可避的に子どもたちの自治参加、子どもの世界における「政治」参加が不可欠になるのである。

言うまでもなく、現代における社会的正義や規範とは何かを探求する道徳的価値の探求は、環境問題や平和と戦争の問題、原発の問題、失業の問題、格差や差別の問題の克服等々と不可避的に結びついており、それらは個々人の内面の道徳的正義の規範の変革に止まらず、社会の中に組み込まれた規範それ自体の吟味と変革へも向かわざるをえない。その意味では、道徳的価値の探求は社会批判と社会変革へのベクトルをもつほかないのである。道徳性の教育の取り組みをそういう方向に展開させることは、道徳的価値を政治的論争の世界へ引き出し、歪曲するもの、道徳教育の政治主義化であり、あくまで個々人の内面の規範の吟味と形成に道徳教育を限定しなければならないと主張するならば、その道徳教育は、現実の秩序への同化を強制する教化道徳、「自己責任」の縛りの下に矛盾の原因の解明を閉ざし、支配秩序を無批判に受容させ、ひたすらに現存秩序への同化のための自己の内面の「反省」へと向かわせる「徳目」の押しつけへと堕さざるを得ないのである。だからまた、「徳目」形態の道徳教育の方法論によっては、現代に求められる道徳性の形成は抑制されてしまうのである。

四　教科「道徳」に対する私たちの「対抗」戦略

以上の検討を踏まえるとき、以下の視点が教科「道徳」への基本的な対処方法となる。

第一に、私たちの展開すべき道徳性の教育の基本的な方法は、「全面主義」に立って進めることである。その場は、①各教科の学習、②生活づくり、自治、集団的文化活動などの取り組み――この両者は本来学校教育の教育課程に教科と教科外領域として組み込まれていたもの――である。そしてその場には、科学や文化の習得、批判的継承の方法と、自治および「方法としての政治」、それに対する教師の生活と自治への指導が組み込まれなければならない。

第二に、その点から見れば新たに設置された教科「道徳」の場には、「全面主義」に立って、「価値」の批判的継承を可能にする仕組みが意図的に剝奪されている。そのため、国家が選び出した価値規範や行動様式を教化し、戦後教育改革において否定された道徳の国家的教化へと向かう危険な性格が深く組み込まれている。その意味では教科「道徳」の実施は、基本的に批判の対象であり続ける。

第三に、にもかかわらず現実に実施されている教科「道徳」に対して、それを「実践」せざるを得ない状況もある中で、いかに対処するかが問われている。次のような視点が抑えられるべきであろう。

①教科「道徳」の内容や方法を、以上に検討してきたような本来のあるべき内容や方法に依拠したものへと内容的に組み替える努力を行うこと。子どもたちの道徳性の形成に必要なテーマ、内容、教材などを自主編成することをも含んで、いろいろな対抗、変革のレベルがあるだろう。

②教材の自主編成が困難な場合、教科書教材の批判的分析を行い、子ども自身が社会規範や自己の道徳規範を自主的主体的、批判的に検討していけるような、あるいは教室の生活指導上の課題と結びつけるような教材の読み方、議論の進め方、探求への挑戦を工夫すること。

③子どもの道徳性の形成は、教科学習と自治、生活づくりの全体を通して行うものである。教師自身がそれらを貫いてどういう道徳規範、関係規範をつくり上げていくかという学級づくり、子どもたちの関係性の形成の目標と見通しをもつことが何よりも重要となる。教科「道徳」の授業の目的もまた、教師自身による教室の中の子どもたちの道徳性、子どもの関係性規範の組み替え、発展のための目標、そのための教育実践の展開の一環に位置づけなければならない。

④シチズンシップ教育、主権者教育、環境教育、ジェンダー平等教育、「いじめ問題学習」などを特設したり、総合学習的な形で子どもたちが直面している生き方の課題、矛盾などをテーマにして、人権や平等、平和、格差や貧困、性やジェンダーの課題、等々を学習し、自分たちの生活や考え方を検討していくような試みは、子どもの道徳性の形成にとって大きな意味をもつ。当然それらの学習もまた、検討の対象となる規範や価値を、先に見たような「徳目」の形式において扱うのではなく、「価値」の形式において対象化し、批判的に継承していくことが基本となる。その意味では、それらは道徳性の形成における「全面主義」の方法に依拠し、教科学習や自治の取り組みとしてこそ、挑戦されるべきものである。

注

（1）伊東毅「中学校用道徳科教科書の特質」藤田昌士・奥平康照監修、教育科学研究会「道徳と教育」部会編『道徳教育の批判と創造』エイデル研究所、二〇一九年。同「小学校用道徳科教科書の特質」『人間と教育』一〇一号、二〇一九年春、旬報社、参照。

（2）本論文であらためては論じないが、ここでいう合意の方法は、基本的にはユルゲン・ハーバーマスの言語的コミュニケーションによる合意形成の方法論に依拠している。ユルゲン・ハーバーマス、藤沢賢一郎他訳『コミュニケイション的行為の理論』（上・中・下）、未来社、一九八五－八七年。

あとがき

今、激変の中にある学校教育をどう捉えれば良いのか。社会と世界もまた危機をはらんだ激変の中にある。この中で、教育はどんな責務を背負っているのか、その見極めが本当に難しくなっている。この本はそういう中で、学校教育が何を課題にして、この現実に立ち向かうべきなのかをあらためて考えてみようとして、この間にいろいろ書いてきた問題意識と論理を、少しまとまった形で構造化してみたものである。

最近の教育の激変に直面してみると、意識的な人間の教育改革への働きかけの微力さに比して、生起する社会の激動が教育にもたらす影響の大きさに圧倒されてしまう。ロシアのウクライナ侵略は、世界の歴史を大きく組み替えるほどの影響を与えつつある。その中で、日本の軍拡も、従来の世論の対抗線が、一挙に突破されて、五年で、四三兆円にも上る軍事予算がつけられようとしている。教育をみる人々の意識も大きく動きつつあるように思われる。二〇年以上にわたって展開し続けている新自由主義の教育改編（公教育破壊と言うべきか）も驚くほどに緻密に、かつドラスティックに展開し続けている。一体これらの動きはどこまでいき、そこにどんな帰結がまっているのだろうか。その未来に不安を禁じ得ない。公教育改革の対抗策とその未来を展望することが本当に難しくなっている。しかしそれでも、教育の現実に正面から向かい合い、学校教育における抵抗と改革を通して、子どもの未来と社会の希望を創り出すという営みを手放すことはできない。そういうときこそ教育の原点、教育の本質に立ち返ることが求められているように思う。

大学での教育の仕事を退いてもう六年になる。少し後ろの位置から学校教育の変化を見つめるスタンスを取ってきたが、かえって、いろいろなことに疑問や憤りを感じるようになった。その思いが教育の現場で苦闘されている教職員の方々や子どもたちの思いに繋がっているのかどうか、教育現場を離れているなかで、あまり確かなことは言えない。また第一線で展開されている教育学研究に対して、意味ある問題提起となっているのかどうか、恣意的な思いの表明に過ぎないのか、その点もまた、確かな感覚があるわけでもない。それでも、これだけは言っておきたいという思いが強くなり、言いたいことを文章で刻んでみるという仕方で、出版を思い立った。今日の課題にどこまで迫れるかと考えても、課題の大きさの前に非力の思いを抱かざるを得ないというのが実際のところである。ともに考えていただくための課題を提示したにとどまるかもしれない。関係者の方々の率直なご意見、感想をいただいて、今少し、教育学の研究をつづけていきたい。

旬報社に出版を相談させていただき、引き受けていただいた。旬報社の熊谷満さんが担当してくださり、いろいろお骨折りをいただいた。また教育書の出版が次第に困難を抱え、本がなかなか読まれなくなってきた状況の中で引き受けていただいたことに深く感謝したい。

収録した論文の初出は以下のとおりである（タイトルが異なるものは原題を付記）。いずれも大幅な追加、構成の変更を加えた点をお断りしておく。

第1章　平和を回復するための思いをつなげあう場を教室の中に取り戻す

一　今学校と教室の中にこの戦争を議論する場を作り出す
平和国際教育研究会・歴史教育者協議会・全国民主主義教育研究会　合同研究集会（二〇二二年六月一二日）への呼びかけ、二〇二二年四月

二　ロシアのウクライナ侵略戦争を教育の中でどう学び語り合うか
同合同研究集会基調報告、二〇二二年六月一二日

三　声によって平和を創る――高校生平和ゼミとともに
二〇二三年二月二三日ドキュメンタリー映画『声をあげる高校生たち』完成披露試写会での発言

第2章　社会・世界・自らの生活世界を平和の方法で作り出す
『教育』二〇二三年一月号、旬報社、原題「主権者が『現れる』民主主義の空間を」

第3章　個を切り拓く方法として民主主義をとらえる
『教育』二〇二一年二、五月号、旬報社、原題「教育における民主主義の探求（上・下）」

第4章　「方法としての平和」論再論
『たのしい体育・スポーツ』二〇二〇年夏号、No.三一六、学校体育研究同志会

第5章　気候・人権の危機と教育の課題
『教育』二〇二二年七月号、旬報社
第6章　コロナパンデミックと新自由主義
民主教育研究所年報二〇二一『コロナパンデミックと教育』
第7章　「学力と人格の結合」論と「資質・能力」論
児童言語研究会編『国語の授業』二八三号二〇二三夏、子どもの未来社、原題「危機に立ち向かう共同を教育は創り出せるか——学力・人格・発達を考える」
第8章　評価と「資質・能力」論
『人間と教育』第一一八号、二〇二三年夏号、旬報社、原題「高校における観点別評価をどう考えるか」
第9章　GIGAスクール・AIと知の構造変容
総合人間学会編『総合人間学16——人新世とAIの時代における人間と社会を問う』二〇二二年、本の泉社、原題「知の変容と人間の主体性の回復—教育に引きつけて」
第10章　「危機の時代」の教育と教育的価値としての政治
教育科学研究会二〇二二年大会「政治と教育」分科会報告
第11章　M・フーコーの新自由主義把握の検討
法政大学キャリアデザイン学会紀要『生涯学習とキャリアデザイン』VOL.13 №1、二〇一

五年

第12章　新自由主義と「ホモ・ポリティクス」vs「ホモ・エコノミクス」

教育政策学会年報第二六号『「不当な支配」と「公正な民意」』学事出版、二〇一九年、

原題「書評・ウェンディ・ブラウン『いかにして民主主義は失われていくか』」

第13章　道徳の教科化による公教育の質の転換

『季論21』(『季論21』編集委員会)二〇一九年夏号、本の泉社

第14章　道徳的価値を教育はどう扱うべきか

民主教育研究所年報二〇二〇、第二〇号『学校教育の「道徳」化』、二〇二〇年

二〇二三年六月二〇日

佐貫　浩

著者紹介

佐貫　浩（さぬき　ひろし）

法政大学名誉教授。教育科学研究会常任委員。平和・国際教育研究会会長。著書に『新自由主義と教育改革――なぜ、教育基本法「改正」なのか』（旬報社、2003年）、『学力と新自由主義――「自己責任」から「共に生きる」学力へ』（大月書店、2009年）、『品川の学校で何が起こっているのか――学校選択制・小中一貫校・教育改革フロンティアの実像』（花伝社、2010年）、『現代をどうとらえ、どう生きるか――民主主義、道徳、政治と教育』(新科学出版社、2016年)、『学力・人格と教育実践――変革的な主体性をはぐくむ』(大月書店、2019年)、『「知識基盤社会」論批判――学力・教育の未来像』（花伝社、2020年）、『恵那の戦後教育運動と現代――「石田和男教育著作集」を読む』（花伝社、2021年）他多数。

危機の時代に立ち向かう「共同」の教育

――「表現」と「方法としての政治」で生きる場を切り拓く

2023年8月10日　初版第1刷発行

著　者　　佐貫　浩
装　丁　　木下　悠
組　版　　キヅキブックス
発行者　　木内洋育
発行所　　株式会社旬報社
〒162-0041
東京都新宿区早稲田鶴巻町544　中川ビル4F
TEL 03-5579-8973　FAX 03-5579-8975
HP　https://www.junposha.com/
印刷製本　シナノ印刷株式会社

ISBN978-4-8451-1836-6